suhrkamp taschenbuch
wissenschaft 1775

Als eine der Gründungsfiguren des amerikanischen Pragmatismus wurde der Psychologe William James zu Beginn des 20. Jahrhunderts schnell zu einem vieldiskutierten Philosophen, dessen pragmatistische und religionsphilosophische Texte heute zum Kanon der Philosophiegeschichte gehören. Weniger bekannt hingegen sind James' Arbeiten zum sogenannten radikalen Empirismus, in denen er sich mit theoretischen Problemen von Bewußtsein und Erfahrung auseinandersetzt. Der Band versammelt erstmals in deutscher Sprache vorliegende Aufsätze zum Pragmatismus und radikalen Empirismus, die James als originellen, aber auch systematischen Denker präsentieren. Ein Nachwort des Herausgebers führt in beide Positionen ein, berücksichtigt aber auch die Bedeutung der James'schen Psychologie für die Entwicklung seiner Philosophie.

William James wurde 1842 in New York geboren und starb 1910 in Chocorua, New Hampshire. Er war von 1876 bis 1907 Professor für Psychologie und Philosophie an der Harvard University und gilt (neben John Dewey und Charles Sanders Peirce) als Mitbegründer und Hauptvertreter des philosophischen Pragmatismus. Zu seinen wichtigsten Werken zählen: *The Principles of Psychology* (1890), *The Varieties of Religious Experience* (1902) sowie *Pragmatism: A New Name for Some Old Ways of Thinking* (1907).

Claus Langbehn, geb. 1970, ist wissenschaftlicher Mitarbeiter am Philosophischen Seminar der Christian-Albrechts-Universität zu Kiel.

William James

Pragmatismus und radikaler Empirismus

Herausgegeben, übersetzt
und mit einem Nachwort
von Claus Langbehn

Suhrkamp

3. Auflage 2022

Erste Auflage 2006
suhrkamp taschenbuch wissenschaft 1775

Umschlag nach Entwürfen von
Willy Fleckhaus und Rolf Staudt
Druck und Bindung: C. H. Beck, Nördlingen
Printed in Germany
ISBN 978-3-518-29375-1

www.suhrkamp.de

Inhalt

1. Gibt es ein ›Bewußtsein‹? 7
2. Eine Welt der reinen Erfahrung 28
3. Das Ding und seine Beziehungen 58
4. Wie sich zwei Geister eines Dinges bewußt sein können 77
5. Humanismus und Wahrheit 85
6. Die Bedeutung des Wortes ›Wahrheit‹ 114
7. Die pragmatistische Darstellung der Wahrheit und ihre Fehldeutungen 117
8. Die Philosophie und ihre Kritiker 139

Editorische Notiz 154
Im Diskursuniversum von William James. Ein Nachwort von Claus Langbehn 155

Textnachweise 197
Namenregister 199

1.
Gibt es ein ›Bewußtsein‹?

›Gedanken‹ und ›Dinge‹ sind Namen für zweierlei Arten von Gegenständen, die für den Common sense immer von gegensätzlicher Natur sein werden und die dieser in der Praxis immer einander gegenüberstellen wird. Die Philosophie, die diesen Gegensatz reflektiert, hat ihn in der Vergangenheit unterschiedlich erklärt, und man darf erwarten, daß dies in Zukunft nicht anders sein wird. Zunächst galten ›Geist und Materie‹, ›Seele und Körper‹ als ein Paar gleichwertiger Substanzen, völlig ebenbürtig in Bedeutung und Wichtigkeit. Aber eines Tages stellte Kant die Seele in Frage und führte das transzendentale Ich ein, und seither ist jene bipolare Beziehung sehr aus dem Gleichgewicht geraten. Für Rationalisten scheint das transzendentale Ich heutzutage für alles zu stehen, für Empiristen dagegen für fast gar nichts. In den Händen von solchen Autoren wie Schuppe, Rehmke, Natorp, Münsterberg (jedenfalls in seinen früheren Schriften), Schubert-Soldern und anderen verflüchtigt sich das geistige Prinzip in einen gänzlich geisterhaften Zustand und ist nur noch eine Bezeichnung für die Tatsache, daß man des ›Inhalts‹ der Erfahrung *gewahr ist.* Es verliert die persönliche Form und Aktivität – die es dem Inhalt überläßt – und wird zu einer bloßen *Bewußtheit* oder zu einem *Bewußtsein überhaupt* [dt. jeweils im Original], über das selbst absolut nichts mehr gesagt werden kann.

Ich glaube, daß ›Bewußtsein‹ im Begriffe ist, ganz und gar zu verschwinden, wenn es sich erst einmal in diesen Zustand reiner Durchsichtigkeit verflüchtigt hat. Es ist der Name für ein Nichtsein und hat kein Recht auf einen Platz unter ersten Prinzipien. Diejenigen, die immer noch daran festhalten, halten an einem reinen Echo fest, an einem vagen Gerücht, das der Philosophie von der verschwindenden ›Seele‹ hinterlassen wurde. Während des vergangenen Jahres habe ich eine Reihe von Aufsätzen gelesen, deren Autoren gerade im Begriffe zu sein schienen, den Begriff des Bewußtseins aufzugeben und ihn durch den Begriff einer absoluten Erfahrung zu ersetzen, die nicht auf zwei Faktoren zurückzuführen ist.[1] Aber sie

1 Aufsätze von Baldwin, Ward, Bawden, King, Alexander und anderen. Dr. Perry hat diese Grenze bereits ganz eindeutig überschritten.

waren nicht wirklich radikal genug, nicht wirklich kühn genug in ihrer Widerlegung. In den vergangenen zwanzig Jahren habe ich dem ›Bewußtsein‹ im Sinne einer Entität mißtraut; in den vergangenen sieben oder acht Jahren habe ich meine Studenten auf seine Nichtexistenz hingewiesen und versucht, ihnen sein pragmatisches Äquivalent in der Erfahrungswirklichkeit zu vermitteln. Mir scheint die Zeit reif dafür zu sein, es offen und umfassend zu verabschieden.

Unverblümt abzustreiten, daß ein ›Bewußtsein‹ existiert, scheint – da ›Gedanken‹ unbestreitbar existieren – so absurd zu sein, daß ich befürchte, einige Leser werden mir nicht weiter folgen. Gestatten Sie mir deshalb die sofortige Erklärung, daß ich nur abstreite, daß dieses Wort eine Entität bezeichnet, aber mit höchstem Nachdruck darauf insistiere, daß damit sehr wohl eine Funktion gemeint ist. Es gibt, so meine ich, keinen ursprünglichen Stoff oder keine ursprüngliche Seinsqualität, die derjenigen entgegengesetzt wäre, aus der materielle Gegenstände bestehen, und aus der entsprechend unsere Gedanken über diese Objekte gemacht wären; aber in der Erfahrung gibt es eine Funktion, die durch Gedanken geleistet wird, und für diese Leistung beruft man sich auf jene Seinsqualität. Diese Funktion besteht im *Erkennen*. Man meint, daß ›Bewußtsein‹ notwendig sei, um die Tatsache zu erklären, daß Dinge nicht nur existieren, sondern auch vermeldet werden und man ihrer gewahr ist. Wer auch immer den Begriff des Bewußtseins von seiner Liste erster Prinzipien streicht, muß dem Vollzug dieser Funktion gleichwohl irgendwie Rechnung tragen.

I

Wenn wir voraussetzen, daß es nur einen ursprünglichen Stoff, eine ursprüngliche Materie gibt, einen Stoff, aus dem alles besteht, und wenn wir diesen Stoff ›reine Erfahrung‹ nennen, dann lautet meine These, daß das Erkennen unschwer als eine besondere Art der gegenseitigen Beziehung erklärt werden kann, in die Teile reiner Erfahrung eintreten können. Die Beziehung selbst ist dabei ein Teil der reinen Erfahrung. Zu dem einen ihrer ›Glieder‹ wird das Subjekt oder der Träger des Erkennens, das kognitive Subjekt,[2] zu einem an-

2 In meinen *Principles of Psychology* habe ich zu zeigen versucht, daß wir kein ande-

deren wird der erkannte Gegenstand. Um das zu verstehen, bedarf es einiger Erklärung. Der beste Weg zu einem Verständnis besteht darin, es einer alternativen Sichtweise gegenüberzustellen. Zu diesem Zweck können wir auf die jüngste Alternative zurückgreifen, und zwar auf jene, mit der die Verflüchtigung einer eindeutigen Seelensubstanz sehr weit fortgeschritten ist, ohne allerdings vollendet zu sein. Wenn nun der Neukantianismus frühere Dualismuskonzeptionen verbannt hat, dann werden wir alle Formen verbannt haben, wenn wir in der Lage sind, unsererseits den Neukantianismus zu verbannen.

Für jene Denker, die ich Neukantianer nenne, verweist das Wort Bewußtsein heutzutage auf nicht mehr als auf die Tatsache, daß Erfahrung in ihrer Struktur notwendig dualistisch sei. Das bedeutet: Nicht Subjekt, nicht Objekt, sondern Objekt-plus-Subjekt sei das allein mögliche Minimum. Unterdessen ist die Subjekt-Objekt-Trennung eine vollkommen andere als die Trennung zwischen Geist und Materie sowie Körper und Seele. Seelen waren als vom Körper losgelöst denkbar und hatten ihr eigenes Schicksal; ihnen konnte etwas widerfahren. Einem Bewußtsein als solchem dagegen kann nichts widerfahren, da es – zeitlos, wie es ist – nur ein Zeuge von Ereignissen in der Zeit ist, in der es selbst keine Rolle spielt. Es ist, mit einem Wort, nur das logische Korrelat des ›Inhalts‹ einer Erfahrung, deren Eigenart es ist, daß sich in ihr *eine Tatsache zeigt*, also ein *Gewahrsein von Inhalt* sich einstellt. Bewußtsein als solches ist völlig unpersönlich – das ›Selbst‹ und seine Aktivitäten gehören zum Inhalt. Zu sagen, daß ich mir meiner selbst oder der Hervorbringung eines Willens bewußt bin, bedeutet nur, daß gewisse Inhalte, die als ›Selbst‹ und ›Willensbestrebung‹ bezeichnet werden, nicht ohne Zeuge sind, wenn sie sich einstellen.

Folglich, so meinen diese späten Schöpfer aus der Kantischen Quelle, sollten wir das Bewußtsein als ›erkenntnistheoretische‹ Notwendigkeit zulassen, selbst wenn wir keinen unmittelbaren Beweis für seine Existenz hätten.

Darüber hinaus sollen wir jedoch nach fast allgemeiner Übereinstimmung auch noch ein unmittelbares Bewußtsein vom Bewußtsein selbst haben. Wenn die Welt der äußeren Realität aufhört, materiell präsent zu sein, und wir sie allein kraft unserer Erinnerung in

res kognitives Subjekt brauchen als den ›vorüberziehenden Gedanken‹. [Anm. d. Übers.: Vgl. u. a. Works VIII, S. 314.]

unser Bewußtsein holen oder sie imaginieren, dann soll das Bewußtsein hervorstechen und als eine Art unmerkliches inneres Fließen gefühlt werden, das, sobald es einmal in dieser Art von Erfahrung erlebt wurde, in gleicher Weise in Repräsentationen der Außenwelt entdeckt werden könne. »In dem Moment, in dem wir versuchen, unsere Aufmerksamkeit auf unser Bewußtsein zu fixieren und zu erkennen suchen, *was* es an sich selbst ist«, heißt es bei einem Gegenwartsautor, »scheint es zu verschwinden: es scheint, als hätten wir eine bloße Leere vor uns. Wenn wir versuchen, die Empfindung ›blau‹ in uns zu erschauen, ist blau alles, was wir sehen können: das andere Element ist so, als sei es durchsichtig. Und doch *kann* es wahrgenommen werden, wenn wir nur aufmerksam genug schauen und wenn wir wissen, daß es etwas gibt, wonach Ausschau zu halten ist.«[3] »Bewusstheit«, sagt ein anderer Philosoph, ist »die unerklärliche, kaum beschreibbare, gleichwohl allen bewussten Erlebnissen gemeinsame und eigenthümliche Beziehung dessen, was wir den Inhalt des Erlebnisses nennen, ›wie auf ein Centrum‹, welches das ›Ich‹ heißt; durch welche Beziehung allein dieser Inhalt subjectiv gegeben ist oder ›erscheint‹ [...]. Während also die Bewusstheit oder Beziehung auf ein Ich das Einzige ist, was einen Bewusstseinsinhalt von Allem, was, ohne irgend jemandem bewußt zu sein, doch da wäre, unterscheidet, so scheint doch dies einzig Unterscheidende aller näheren Erklärung zu spotten. Die Thatsache der Bewusstheit, obwohl die Grundthatsache der Psychologie, kann wohl als vorhanden constatirt, durch Aussonderung bemerklich gemacht, aber sie kann nicht definiert noch von etwas Anderem abgeleitet werden.«[4]

»Kann durch Aussonderung [*analysis*] bemerklich gemacht werden«, sagt dieser Autor. Damit wird behauptet, daß das Bewußtsein ein Element, Moment, Faktor – nennen Sie es, wie Sie wollen – einer Erfahrung von wesentlich dualistischer innerer Beschaffenheit ist, innerhalb deren das Bewußtsein sich seiner selbst ansichtig wird, wenn man den Inhalt wegnimmt. So besehen wäre Erfahrung einer Farbe vergleichbar, mit der die Bilder dieser Welt gemalt wurden.

3 George E. Moore, [»The Refutation of Idealism«, in:] *Mind* 12 [1903], N. S., S. 450. [Anm. d. Übers.: Dieser Artikel ist wiederabgedruckt in Moore, *Philosophical Studies*, London 1922, S. 1-30; die von James zitierte Passage findet sich dort auf S. 25.]

4 Paul Natorp, *Einleitung in die Psychologie* [*nach kritischer Methode*], [Freiburg i. B.] 1888, S. 112 und 14.

Farbe setzt sich ja aus zwei Bestandteilen zusammen, einem Lösungsmittel[5] (Öl, Kleister oder was auch immer) sowie einer Inhaltsmasse in Gestalt der darin aufgelösten Farbstoffpigmente. Man kann das reine Lösungsmittel gewinnen, indem man den Farbstoff sich setzen läßt, und den reinen Farbstoff schließlich, indem man den Kleister oder das Öl ausschüttet. Wir operieren in diesem Fall durch physische Subtraktion; und die übliche Auffassung ist es, daß wir durch mentale Subtraktion die zwei Faktoren der Erfahrung in analoger Weise trennen können – nicht, daß wir sie völlig isolieren, aber doch hinreichend unterscheiden, um zu wissen, daß es zwei sind.

II

Nun, ich behaupte genau das Gegenteil. *Ich bin der Meinung, daß Erfahrung keine solche innere Duplizität aufweist; ihre Trennung in Bewußtsein und Inhalt geschieht nicht durch Subtraktion, sondern durch Addition* – durch Hinzufügung von Erfahrungsreihen zu einer gegebenen bestimmten Erfahrung, die, je nachdem, mit welcher Erfahrungsreihe sie verbunden wird, zweierlei Nutzen oder Funktion annehmen kann. Die Farbe wird auch hier zur Illustration dienlich sein. In einem Topf in einem Farbengeschäft – inmitten anderer Farbtöpfe – fungiert sie in ihrer Gesamtheit als verkäufliche Ware. Auf eine Leinwand aufgetragen – umringt von anderen Farben – repräsentiert sie dagegen ein Merkmal in einem Bild und erfüllt eine geistige Funktion. Entsprechend, so behaupte ich, verhält es sich im Falle einer ungeteilten Erfahrungseinheit, die – in einem bestimmten Zusammenhang mit anderen Erfahrungen zur Geltung gebracht – die Rolle eines kognitiven Subjekts, eines mentalen Zustandes, eines ›Bewußtseins‹ spielt, während dieselbe ungeteilte Erfahrungseinheit in einem anderen Kontext die Rolle eines gekannten Dinges, eines objektiven ›Inhalts‹ also, übernimmt. Kurzum, in einer Gruppierung spielt sie die Rolle eines Gedankens, in einer an-

5 »Bildlich gesprochen kann das Bewußtsein als das eine universale Lösungsmittel (Menstruum) bezeichnet werden, in dem die konkreten Arten psychischer Akte und Tatsachen enthalten sind, ob nun in verborgener oder klar ersichtlicher Form.« George T. Ladd, *Psychology, descriptive and explanatory* [*: a treatise of the phenomena, laws, and development of human mental life*], [London] 1894, S. 30.

deren Gruppierung die eines Dinges. Und da sie in beiden Gruppierungen gleichzeitig auftreten kann, haben wir alles Recht der Welt, sie als subjektiv und objektiv zugleich zu bezeichnen. Der Dualismus, der solchen zweidimensionalen Ausdrücken wie ›Erfahrung‹, ›Erscheinung‹, ›Gegebenheit‹, ›*Vorfindung*‹ [dt. im Original] implizit ist – Ausdrücke, die, zumindest in der Philosophie, die eindimensionalen Ausdrücke ›Gedanke‹ und ›Gegenstand‹ zunehmend ersetzen –, dieser Dualismus, sage ich, wird durch diese Erklärung nach wie vor aufrechterhalten, dabei aber reinterpretiert, so daß er nachprüfbar und konkret wird, anstatt mysteriös und schwer definierbar zu sein. Er ist eine Sache von Beziehungen, liegt außerhalb, nicht innerhalb der einzelnen betrachteten Erfahrung und kann jederzeit spezifiziert und näherhin bestimmt werden.

Der Anfang für diese konkretere Art, den Dualismus zu verstehen, wurde von Locke gemacht, als er das Wort ›Vorstellung‹ gleichermaßen auf Gegenstand und Gedanke anwandte, sowie von Berkeley, als er sagte, daß das, was der Common sense unter tatsächlichen Gegebenheiten versteht, genau das ist, was der Philosoph unter Vorstellungen versteht. Weder Locke noch Berkeley brachten es in ihrem Denken dieser Wahrheit zu vollkommener Klarheit, aber mir scheint, daß die Konzeption, die ich verteidige, nur wenig mehr tut als die ›pragmatische‹ Methode widerspruchsfrei auszuarbeiten, die sie als erste gebraucht haben.

Denkt der Leser an seine eigenen Erfahrungen, dann wird er verstehen, was ich meine. Er möge mit einer Sinneserfahrung beginnen, mit der sogenannten ›Vorstellung‹ [*presentation*] eines physischen Objekts, seinem gegenwärtigen Blickfeld, dem Zimmer, in dem er sitzt, dem Buch, das er liest, als dem Zentrum dieses Blickfeldes; vorläufig lasse man ihn diesen komplexen Gegenstand im Sinne des Common sense ansehen, d. h. als etwas, das ›wirklich‹ ist, was es zu sein scheint, nämlich eine Sammlung von physischen Gegenständen, die aus der sie umgebenden Welt anderer physischer Gegenstände herausgeschnitten sind, zu denen sie in wirklichen oder möglichen Beziehungen stehen. Gleichzeitig nun sind es gerade *jene selben Dinge*, die sein Geist, wie wir sagen, wahrnimmt; und die gesamte Wahrnehmungstheorie seit Demokrits Zeiten ist nur ein langer Streit über das Paradox gewesen, daß das, was offensichtlich nur eine Wirklichkeit ist, an zwei Orten zugleich sein soll, im äußeren Raum nämlich wie im Geist der Person. ›Repräsentationalistische‹ Theorien der Wahrnehmung vermeiden zwar das logische Paradox, mißachten aber anderseits die Form alltäglicher Wahrnehmung auf seiten des Lesers, die kein dazwischentretendes mentales Bild kennt, sondern das Zimmer und das Buch unmittelbar so sehen zu lassen scheint, wie diese physisch existieren.

Das Rätsel, wie das eine identische Zimmer an zwei Orten existieren kann, ist genau besehen eben das Rätsel, wie ein identischer Punkt auf zwei Linien liegen kann. Er kann, wenn er auf ihrem Schnittpunkt liegt. Wenn nun die ›reine Erfahrung‹ des Zimmers ein Schnittpunkt zweier Prozesse wäre, welche sie mit je unterschiedlichen Reihen anderer Erfahrungen verbinden würden, dann würde sie in gleicher Weise zweifach gelten und entsprechend zu jeder Gruppierung gehören können, und man könnte in etwas freierer Rede formulieren, daß sie an zwei Orten existiert, obwohl sie numerisch zu jedem Zeitpunkt ein einzelnes Ding bleiben würde.

Nun, die Erfahrung ist ein Glied verschiedenartiger Prozesse, denen in vollkommen unterschiedlicher Richtung gefolgt werden kann. Das eine mit sich selbst identische Ding hat so viele Beziehungen zum Rest der Erfahrung, daß man es in verschiedenen Assoziationssystemen zur Geltung bringen und so behandeln kann, daß es zu gegensätzlichen Kontexten gehört. In einem dieser Kontexte bildet es Ihr ›Bewußtseinsfeld‹ [*field of consciousness*], in einem anderen ist es ›das Zimmer, in dem Sie sitzen‹, und es tritt in beiden Kontexten in seiner Ganzheit auf und bietet dabei keine Grundlage für die Behauptung, daß es sich durch eines seiner Teile oder einen seiner Aspekte dem Bewußtsein und durch einen anderen der äußeren Wirklichkeit hinzufüge. Welches sind nun die beiden Prozesse, in die die Zimmer-Erfahrung auf diese Weise gleichzeitig eingeht?

Einer von ihnen ist die persönliche Biographie des Lesers, der andere ist die Geschichte des Hauses, von dem das Zimmer ein Teil ist. Das Vorliegende* [*presentation*], die Erfahrung, kurz gesagt das *Das* [*the that*] (denn bis wir entschieden haben, *was* es ist, muß es ein bloßes *Das* bleiben) ist auf seiten des Lesers das letzte Glied einer

* Anm. d. Übers.: Nachdem James den Ausdruck ›presentation‹ oben in dem für ihn problematischen Zusammenhang mit dem Sehen von Gegenständen gebraucht, entsprechend aber auch einschränkende Anführungszeichen verwendet hat, verwendet er den Begriff an dieser Stelle so, als sei er in diesem anderen Kontext am richtigen Platze. ›Presentation‹ und reine Erfahrung sind dasselbe, was die unspezifische Übersetzung mit das ›Vorliegende‹ nahelegt.

Reihe von Empfindungen, Gefühlen, Entscheidungen, Bewegungen, Klassifizierungen, Erwartungen usw., die in der Gegenwart enden, und das erste Glied einer Serie ähnlicher ›innerer‹ Operationen, die sich in die Zukunft erstrecken. Auf der anderen Seite ist dasselbe *Das* der *Terminus ad quem* vieler vorheriger körperlicher Arbeitsvorgänge wie zum Beispiel Zimmern, Tapezieren, Möblieren, Heizen usw., und der *Terminus a quo* vieler zukünftiger Arbeitsvorgänge, von denen es betroffen sein wird, wenn es dem Schicksal eines physikalischen Raumes ausgesetzt ist. Die physischen und die mentalen Vorgänge bilden eigentümlich unvereinbare Gruppierungen. Als Zimmer hat die Erfahrung den Ort seit dreißig Jahren ausgefüllt und auch genauso lange dieses Umfeld besessen. Als Ihr Bewußtseinsfeld mag sie niemals vor diesem Zeitpunkt existiert haben. Als Zimmer wird sie weiterhin die Aufmerksamkeit auf sich ziehen, um unendlich viele neue Einzelheiten in ihm zu entdecken. Als Ihr mentaler Zustand allein werden nur wenige neue unter einem aufmerksamen Auge zum Vorschein kommen. Als Zimmer sind ein Erdbeben oder eine Männerbande und in jedem Fall eine gewisse Zeit erforderlich, um sie zu zerstören. Als Ihr subjektiver Zustand wird das Schließen Ihrer Augen oder irgendein momenthaftes Spiel Ihrer Phantasie dazu ausreichend sein. In der wirklichen Welt kann Feuer sie zerstören. In Ihrem Geiste können Sie das Feuer ohne Auswirkung über sie hinwegfegen lassen. Als ein äußerer Gegenstand wird sie monatlich so und soviel für Sie kosten, um es zu bewohnen. Als innerer Gehalt können Sie sie beliebig lang umsonst bewohnen. Kurzum, wenn Sie ihr in geistiger Richtung folgen und allein in Hinsicht auf Ereignisse der persönlichen Biographie zur Geltung bringen, ist hinsichtlich dieser Erfahrung alles mögliche wahr, was falsch ist – und alles mögliche falsch, was wahr ist, wenn Sie sie als ein erfahrenes wirkliches Ding behandeln, ihr in physischer Richtung folgen und zu anderen Gegenständen der Außenwelt in Beziehung setzen.

III

Soweit scheint alles klar zu sein, aber meine These wird dem Leser wahrscheinlich weniger plausibel werden, wenn ich von Wahrnehmungen zu Begriffen, also von gegenwärtigen zu nicht unmittelbar präsenten Dingen übergehe. Nichtsdestotrotz glaube ich, daß hier das gleiche Gesetz auch weiterhin gilt. Wenn wir begriffliche Mannigfaltigkeiten, Erinnerungen oder Phantasien nehmen, dann sind auch sie ihrem ersten Zwecke nach bloße Momente reiner Erfahrung und als solche einzelne *Dasse*, die in dem einen Kontext als Objekte und in einem anderen Kontext als mentale Zustände auftreten. Sie ihrem ersten Zwecke entsprechend zu erörtern, will heißen, ihre Beziehungen zu möglichen perzeptiven Erfahrungen zu ignorieren, mit denen sie verknüpft werden können, zu denen sie hinführen, bei denen sie enden und die sie dann in diesem Sinne auch ›repräsentieren‹ können. Indem wir sie zuerst in dieser Weise erörtern, beschränken wir das Problem auf eine bloß ›gedachte‹, nicht unmittelbar gefühlte oder gesehene Welt. Wie die Welt der Wahrnehmungen erreicht uns diese Welt zunächst als ein Chaos von Erfahrungen, aber schon bald zeichnen sich die Grundlinien einer Ordnung ab. Es zeigt sich, daß jedes beliebig aus ihr ausgewählte Beispiel – ebenso wie unsere perzeptiven Erfahrungen – mit verschiedenen Gruppen anderer Erfahrungen verbunden ist, daß diese Erfahrungen sich durch unterschiedliche Beziehungen mit ihm verbinden[6] und daß eine von ihnen die innere Geschichte einer Person bildet, während die andere als eine unpersönliche ›objektive‹ Welt fungiert, entweder räumlich oder zeitlich, oder auch bloß logisch oder mathematisch oder sonst irgendwie ›ideal‹.

Das erste Hindernis für den Leser, zu erkennen, daß diese nicht-perzeptiven Erfahrungen sowohl Objektivität als auch Subjektivität besitzen, wird wahrscheinlich darin bestehen, daß ihm *Wahrnehmungen* in den Sinn kommen, jene dritte Gruppe von anderen Erfahrungen, mit denen die nicht-perzeptiven Erfahrungen in Beziehung stehen und die sie insgesamt ›repräsentieren‹, indem sie sich zu diesen wie Gedanken zu Gegenständen verhalten. Diese wichtige Funktion nicht-perzeptiver Erfahrungen verkompliziert die Frage und macht sie nur verworrener; denn wir sind so sehr daran gewöhnt, Wahrnehmungen als die einzig wirklichen tatsächlichen Gegebenheiten zu betrachten, daß wir – sofern wir sie nicht überhaupt aus der Diskussion heraushalten – dazu neigen, jene Objektivität völlig zu übersehen, die in nicht-perzeptiven Erfahrungen selbst

6 Die Beziehungen sind natürlich hier wie sonst auch *erfahrene* Beziehungen und als solche derselben ursprünglich chaotischen Mannigfaltigkeit nicht-perzeptiver Erfahrung zugehörig, zu der auch die aufeinanderbezogenen Glieder selbst gehören.

liegt. Da diese nun einmal kognitiv auf Wahrnehmungen bezogen sind, betrachten wir sie als durch und durch subjektiv, sagen, daß sie gänzlich durch einen Stoff namens Bewußtsein konstituiert sind, und verwenden diesen Ausdruck schließlich in einer Weise für eine Art von Entität, die ich anzufechten suche.[7]

Wenn wir von Wahrnehmungen also einmal gänzlich absehen, ist meine Behauptung die, daß jede einzelne nicht-perzeptive Erfahrung ebenso wie eine jede perzeptive Erfahrung zweifach zur Geltung gebracht zu werden pflegt und in dem einen Kontext als ein Objekt oder ein Feld von Objekten fungiert und in einem anderen als mentaler Zustand: und all dies ohne die mindeste innere Selbstentzweiung in Bewußtsein und Inhalt. Auf die eine Weise zur Geltung gebracht, ist sie allein Bewußtsein, und in einer anderen Weise allein Inhalt.

Diese Objektivität von nicht-perzeptiven Erfahrungen, dieser ganze die Wirklichkeit betreffende Parallelismus von unmittelbar Gefühltem und mittelbar Gedachtem, findet sich in einer Passage in Münsterbergs *Grundzügen* so gut dargestellt, daß ich die betreffende Passage hier wörtlich wiedergeben möchte. Münsterberg sagt:

Ich mag an sie [die Gegenstände] vielleicht nur ›denken‹, und psychologisch mag der Gedanke von der Wahrnehmung fernabliegen, in der erlebten Wirklichkeit weiß ich mich von dem Gedachten genau so abhängig, wie von dem Wahrgenommenen; mein Ich richtet sich nach beidem in genau gleicher Weise, ohne zu fragen, ob ich psychogenetisch in verschiedener Weise dazu komme. Das Buch, das hier vor mir auf dem Schreibtisch liegt, und das andere Buch, an das ich denke, das ich im Nebenzimmer liegen gelassen und das ich mir sofort holen will, beide sind gleichermaßen in diesem Augenblick mir gegebene Wirklichkeit, die ich anerkenne und berücksichtige. Wer da zugibt, daß dieses wahrgenommene Ding erkenntnistheoretisch nicht Vorstellung in mir ist, sondern Wahrnehmung und Ding als eins und dasselbe von mir wirklich da draußen erlebt werden, der soll nun auch nicht das nur gedachte Objekt in das denkende Subjekt verstecken. Der Gegenstand, an den ich denke und

7 Über die repräsentative Funktion nicht-perzeptiver Erfahrung im Ganzen werde ich mich in einem späteren Beitrag äußern: sie führt zu weit in die allgemeine Erkenntnistheorie, als daß in einer so kurzen Abhandlung wie dieser viel darüber gesagt werden könnte.

von dessen Dasein ich weiß, ohne ihn dabei auf meine Sinne gegenwärtig wirken zu lassen, behält in meinem Erlebnis Ort und Stelle dort in der Außenwelt.

Was aber vom Hier und Dort gilt, ist nicht anders für das Jetzt und Damals. Ich weiß von dem Dinge, das jetzt gegenwärtig ist und das ich wahrnehme, aber ich weiß auch von dem Dinge, das gestern war, und heute nicht mehr ist und an das ich mich deutlich erinnere; beide können mein gegenwärtiges Verhalten bestimmen, beide sind Teile der Wirklichkeit, die ich berücksichtige. Vieles Vergangene weiß ich wohl nur noch unsicher, wie ich auch über manches undeutlich Wahrgenommene ungewiß bin, aber seine zeitliche Entfernung verändert mein Verhältnis zum Objekt keineswegs prinzipiell; aus dem gewußten Objekt wird deshalb nicht eine bloße Erinnerungsvorstellung. [...] Die Dinge im Zimmer hier, das ich überblicke, und in der fernen Heimat, an die ich denke, die Dinge in dieser Minute, und in der lange entschwundenen Knabenzeit, die mir in die Erinnerung tritt, sie bestimmen mich, in gleicher unmittelbarer Wirklichkeit, wie mich die reine Erfahrung fühlen läßt; sie sind mir meine reale Welt, nicht erst durch Vorstellungen vermittelt, die jetzt und hier in mir entstehen [...]. Jenes Nicht-in-mir-sein meiner Erinnerungen und Erwartungen meint deshalb natürlich durchaus nicht, daß den Objekten da draußen objektiver allgemeingültiger Wert zukommt; auch die Wahrnehmung des Träumenden und Halluzinierenden entbehrt solchen Allgemeinwert. Aber selbst wenn wir die Centauren oder die goldenen Berge des Märchens vorstellen, so sind sie für uns doch da draußen im Fabelland und nicht ›in uns‹.[8]

Dies ist gewiß der unmittelbare, ursprüngliche, naive oder praktische Weg, unsere gedachte Welt aufzufassen. Gäbe es keine sinnlich wahrgenommene Welt, die – mit Taine zu sprechen – als deren ›Reduktionsmittel‹ [*reductive*]* dient, indem sie ›stärker‹ und unver-

8 [Hugo Münsterberg,] *Grundzüge der Psychologie*, Bd. 1 [: Allgemeiner Teil, Die Prinzipien der Psychologie, Leipzig 1900], S. 48. [Anm. d. Übers.: Hier handelt es sich um eine Wiedergabe des deutschen Originaltextes der Seiten 47-49 und nicht um eine Rückübersetzung des englischen Textes.]

* Anm. d. Übers.: Der französische Psychologe und Philosoph Hippolite Adolphe Taine (1828-1893) hat den Ausdruck ›réducteur‹ in seinem Buch *De l'intelligence* (Paris 1870) verwendet, vor allem in dem Kapitel »Nature et réducteurs de l'ima-

fälschter ›draußen‹ ist (so daß die ganze nur gedachte Welt vergleichsweise schwach und innerlich erscheint), dann würde unsere gedachte die einzige Welt sein und eine vollständige Wirklichkeit für uns bilden. Dies ist in der Tat der Fall in unseren Träumen und Tagträumen, solange sie nicht von Sinneswahrnehmungen unterbrochen werden.

Wie nun aber – um an unser vorheriges Beispiel anzuknüpfen – das gesehene Zimmer *auch* ein Bewußtseinsfeld ist, so ist das vorgestellte oder erinnerte Zimmer eben *auch* ein mentaler Zustand; und die Verdoppelung der Erfahrung hat in beiden Fällen ähnliche Gründe.

Das gedachte Zimmer nämlich hat viele gedankliche Verbindungen mit vielen gedachten Gegenständen. Einige dieser Verbindungen sind unbeständig, andere dauerhaft. In der persönlichen Geschichte des Lesers verbindet sich mit dem Zimmer ein einziges Datum – er hat es eben vielleicht nur einmal gesehen, vor einem Jahr. In der Geschichte des Hauses stellt es andererseits einen dauerhaften Bestandteil dar. Einige Verbindungen haben die – um sich eines Ausdrucks von Royce zu bedienen – merkwürdige Hartnäckigkeit eines Faktums; andere weisen die Wankelmütigkeit der Einbildungskraft auf – wir lassen sie kommen und gehen, wie es uns beliebt. Im Verbund mit dem Rest des Hauses, mit dem Namen der Stadt, dem Besitzer, dem Erbauer, dem Wert und dem Ausstattungsplan nimmt das Zimmer eine eindeutige Stelle ein, zu der es zurückkehrt und als die es sich kraftvoll behauptet, wenn wir es daraus zu lösen suchen.[9] Kurzum, es steht mit diesen anderen Erfahrungen in einem Zusammenhang, während es keine Tendenz zeigt, mit anderen Häusern, anderen Städten, anderen Besitzern usw. in einem Zusammenhang zu stehen. Diese beiden Komplexe – seine mit ihm fest und lose zusammenhängenden Erfahrungen – werden unvermeidlich in einen Gegensatz gestellt. Den ersten Komplex nennen wir das System externer Wirklichkeiten, inmitten deren das Zimmer als ein ›wirkliches‹ existiert; den anderen nennen wir den Fluß unseres inneren Denkens, in dem jenes als ein ›mentales Bild‹

ge«. In der englischen Übersetzung (*On Intelligence*, übersetzt von T. D. Haye, London 1871) findet sich der Ausdruck ›reductive‹, der hier mit Rücksicht auf den französischen Begriff und unter Berücksichtung des Hinweises von James auf Taine mit ›Reduktionsmittel‹ übersetzt wird.

9 Vgl. Arnold L. Hodder, *The Adversaries of the Sceptic*, New York 1899, S. 94-99.

einen Moment lang fließt.[10] Das Zimmer hat damit wiederum zweifache Geltung. Es spielt zwei verschiedene Rollen und ist *Gedanke* und *Gedachtes* [dt. jeweils im Original], also Gedanke an ein Objekt und gedachtes Objekt zugleich; und all dies ohne Paradox oder Rätsel, gerade so wie derselbe materielle Gegenstand aufgrund seiner Beziehungen zu entgegengesetzten Bereichen der ihn umgebenden Welt niedrig und hoch, klein und groß oder schlecht und gut sein kann.

Als eine ›subjektive‹, so sagen wir, repräsentiert die Erfahrung; als eine ›objektive‹ wird sie repräsentiert. In numerischer Hinsicht ist hier das, was repräsentiert, und das, was repräsentiert wird, dasselbe; aber wir dürfen nicht vergessen, daß der Erfahrung *per se* kein Dualismus von Repräsentiertwerden und Repräsentieren innewohnt. In ihrem reinen Zustand, oder wenn sie isoliert ist, gibt es keine Selbstaufspaltung ihrer in ein Bewußtsein und in das, ›wovon‹ das Bewußtsein ist. Ihre Subjektivität und Objektivität sind allein funktionale Eigenschaften, die als solche nur dann hervortreten, wenn die Erfahrung zweimal – eben je abhängig von ihren zwei unterschiedlichen Kontexten – anhand einer neuen retrospektiven Erfahrung ›zur Geltung gebracht‹, d. h. benannt wird, und die ganze vergangene Verquickung nun ihren neuen Inhalt macht.

Das augenblickliche Feld des Gegenwärtigen ist zu jeder Zeit das, was ich ›reine‹ Erfahrung nenne. Objekt oder Subjekt ist diese soweit nur gewissermaßen oder potentiell. Solange sie als solche besteht, ist sie einfache, nicht näher bestimmte Wirklichkeit oder Existenz, ein einfaches *Das*. In dieser *naiven* Unmittelbarkeit ist sie freilich *gültig*; es *gibt* sie, wir *wirken* auf sie ein, und ihre retrospektive Verdoppelung in einen mentalen Zustand und eine Wirklichkeit, auf die sich dieser Zustand bezieht, ist nur eine der Einwirkungen. Der ›mentale Zustand‹, der erstmals in der Retrospektion explizit als solcher betrachtet wird, wird sich korrigiert oder bestätigt zeigen, und die retrospektive Erfahrung ihrerseits wird einer ähnlichen Prozedur unterzogen werden; aber die unmittelbare und dahinfließen-

10 Der Einfachheit halber beschränke ich mich in meiner Darstellung auf die ›externe‹ Wirklichkeit. Daneben gibt es aber noch das System der idealen Wirklichkeit, in der das Zimmer eine Rolle spielt. Beziehungen des Vergleichs, der Klassifizierung, der Reihenfolge, des Wertes sind ebenso hartnäckig und weisen dem Zimmer einen bestimmten Ort zu, ganz anders als die Zusammenhanglosigkeit seiner Orte in der bloßen Rhapsodie unserer aufeinanderfolgenden Gedanken.

de Erfahrung ist immer ›Wahrheit‹,[11] praktische Wahrheit, *etwas, auf das eingewirkt werden kann*, und zwar in ihrer eigenen Bewegung. Würde die Welt an dieser Stelle wie eine Kerze erlöschen, würde sie als absolute und objektive Wahrheit übrigbleiben, denn sie wäre ›das letzte Wort‹, würde keinen Kritiker haben, und niemand würde jemals den in ihr enthaltenen Gedanken jener Wirklichkeit gegenüberstellen, auf die dieser bezogen ist.[12]

Meine These dürfte hiermit deutlich geworden sein. Bewußtsein impliziert eine Art externer Relation und bezeichnet keinen speziellen Stoff oder eine spezielle Weise des Seins. *Die Eigenart unserer Erfahrungen, die darin besteht, daß sie nicht nur sind, sondern man ihrer auch gewahr ist (was zu erklären man ihrer ›bewußten‹ Beschaffenheit anträgt), wird besser durch die Beziehungen erklärt, die sie miteinander haben und die überdies selbst Erfahrungen sind.*

IV

Hätte ich nun damit fortzufahren, die Kenntnis von perzeptiven Erfahrungen durch begriffliche zu erläutern, würde sich wiederum herausstellen, daß es eine Sache externer Relationen wäre. Bei der einen Erfahrung handelte es sich um das kognitive Subjekt, bei der anderen um die gekannte Wirklichkeit, und es wäre mühelos möglich, ohne Rückgriff auf den Begriff des ›Bewußtseins‹ zu erklären, was Kenntnis hier wirklich und praktisch bedeutet – ein Hinführen nämlich *zu* und ein Gipfeln *in* Wahrnehmungen, vermittelt durch eine Reihe von Übergangserfahrungen, die die Welt bietet. Aber da

11 Man beachte die Zweideutigkeit dieses Ausdrucks, der manchmal objektiv und manchmal subjektiv verwendet wird.

12 Dr. Ralph B. Perry hat in der *Psychological Review* [11 (1904), S. 282-296; der Aufsatz trägt den Titel »Conceptions and Misconceptions of Consciousness«] vom Juli dieses Jahres eine Auffassung von Bewußtsein veröffentlicht, die der meinigen näher kommt als jede andere mir bekannte. Dr. Perry meint, daß jedes Bewußtseinsfeld als Gegenwärtiges allein ein ›Faktum‹ ist. Nur in der Retrospektion wird es ›Meinung‹ oder ›Gedanke‹, wenn eine neue Erfahrung, die dasselbe Objekt denkt, es verändert und korrigiert. Aber die korrigierende Erfahrung wird ihrerseits korrigiert, und damit ist Erfahrung im Ganzen ein Prozeß, in dem das, was ursprünglich objektiv ist, für immer subjektiv, d. h. zu unserem Verständnis vom Gegenstand. Ich empfehle Dr. Perrys bewundernswerten Aufsatz meinen Lesern mit Nachdruck.

mir hier nicht genügend Platz zur Verfügung steht, soll dies jetzt nicht weiter ausgeführt werden.[13] Statt dessen sollen im folgenden einige Einwände erörtert werden, denen die vorliegende Theorie sich zweifellos ausgesetzt sehen wird.

V

Zuallererst wird dies gefragt werden: »Wenn Erfahrung keine ›bewußte‹ Existenz aufweist, und wenn sie nicht zum Teil aus ›Bewußtsein‹ gemacht ist, woraus ist sie dann gemacht? Materie kennen wir, Denken kennen wir und bewußten Inhalt auch, aber neutrale und einfache ›reine Erfahrung‹ ist etwas, das wir mitnichten kennen. Sagen Sie, aus *was* sie besteht – denn aus irgend etwas muß sie bestehen –, oder seien Sie bereit, sie aufzugeben!«

Eine Erwiderung auf diese Anfechtung fällt leicht. Obwohl ich oben aus Gründen des Argumentationsflusses von einem Stoff reiner Erfahrung gesprochen habe, muß ich nunmehr mitteilen, daß es keinen *allgemeinen* Stoff gibt, aus dem die Erfahrung in ihrer Gesamtheit gemacht ist. Es gibt so viele Stoffe, wie es ›Eigenschaften‹ an den erfahrenen Gegenständen gibt. Fragt man, woraus ein beliebiges Stück reiner Erfahrung besteht, dann ist die Antwort immer dieselbe: »Es ist aus dem *Das* gemacht, aus gerade dem, was erscheint, aus Raum, aus Intensität, aus Flachheit, Bräune, Schwere oder was auch immer.« Die Analyse von Shadworth Hodgson läßt hier nichts zu wünschen übrig. Erfahrung ist nur ein Sammelname für all diese wahrnehmbaren Eigenschaften, und außer Zeit und Raum (und, wenn Sie möchten, außer dem ›Sein‹) zeigt sich kein anderes universelles Element, aus dem alle Dinge gemacht sind.

13 Eine ansatzweise Erklärung habe ich in *Mind* 10 (1885), S. 27[-44] [»On the Function of Cognition«] geliefert, sowie in der *Psychological Review* 2 (1895), S. 105[-124] [»The Knowing of Things Together«]. Vgl. auch Charles A. Strongs Artikel [»A Naturalistic Theory of the Reference of Thought to Reality«] im *Journal of Philosophy, Psychology, and Scientific Methods* 1 (1904), S. 253[-260]. Ich selbst hoffe, mich sehr bald wieder in dieser Zeitschrift mit diesem Aspekt beschäftigen zu können.

VI

Der nächste Einwand ist respekteinflößender, er klingt sogar ziemlich vernichtend, wenn man ihn zum ersten Mal hört.

»Wenn es ein und dieselbe reine Erfahrung ist, die – zweimal zur Geltung gebracht – einmal als Gedanke, einmal als Ding dient«, so der Einwand, »wie ist es dann möglich, daß sich ihre Eigenschaften in den zwei Geltungsdimensionen auf so fundamentale Art und Weise unterscheiden. Als Ding ist die Erfahrung ausgedehnt; als Gedanke füllt sie keinen Raum oder Ort aus. Als Ding ist sie rot, hart und schwer; aber wer hat jemals von einem roten, harten oder schweren Gedanken gehört? Doch sogar gerade eben noch haben Sie gesagt, daß Erfahrung aus dem besteht, was eben erscheint, und was erscheint, sind eben solche Adjektive. Wie nun kann die eine Erfahrung in ihrer Dingfunktion aus ihnen gemacht sein, aus ihnen bestehen und sie als ihre Eigenschaften besitzen, während sie sie in ihrer Gedankenfunktion abstreitet und anderem zuschreibt. Hier besteht ein Selbstwiderspruch, vor dem uns einzig die Wahrheit eines radikalen Dualismus von Gedanke und Gegenstand retten kann. Nur wenn der Gedanke eine Art von Seiendem ist, können die Adjektive in ihm ›intentional‹ existieren (um den scholastischen Ausdruck zu benutzen); nur wenn das Ding von anderer Art ist, können sie konstitutiv und energetisch in diesem existieren. Kein einfaches Etwas kann dieselben Adjektive aufweisen und einmal durch sie qualifiziert sein, ein anderes Mal aber bloß aus ihnen ›bestehen‹, als aus etwas, das nur gemeint wird oder dessen man lediglich gewahr ist.«

Die Lösung, auf die dieser Opponent besteht, wird – wie viele andere Common-sense-Lösungen auch – um so unbefriedigender, desto mehr man über sie nachdenkt. Zunächst wäre zu fragen: Sind Gedanke und Ding *tatsächlich* so heterogen, wie man gemeinhin sagt?

Niemand streitet ab, daß sie einige Kategorien gemeinsam haben. Ihre Beziehungen zur Zeit sind identisch. Beide können darüber hinaus Teile haben (denn Psychologen behandeln Gedanken im allgemeinen so, als hätten sie welche); und beide können komplex oder einfach sein. Beide existieren in Arten, können verglichen, addiert, subtrahiert und in Reihenfolgen arrangiert werden. Unsere Gedanken werden durch alle nur möglichen Adjektive bestimmt, die mit Bewußtsein – welches als solches reine Durchsichtigkeit ist – unvereinbar zu sein scheinen. Sie sind zum Beispiel natürlich und einfach oder umständlich. Sie sind schön, fröhlich, intensiv, interessant, weise, idiotisch, zentral, marginal, fade, verwirrt, vage, präzise, rational, beiläufig, allgemein, speziell und vieles anderes darüber hinaus. Außerdem sind die Kapitel über ›Wahrnehmung‹ in den Psychologiebüchern voller Fakten, die für die wesentliche Homogenität von Gedanke und Ding sprechen. Wenn ›Subjekt‹ und ›Objekt‹ durch eine ›ganze Seinssphäre‹ getrennt wären und keine Eigenschaften gemeinsam hätten, wie könnte es dann so schwer sein zu sagen, welcher Teil eines vorgelegten und erkannten materiellen Gegenstandes durch die Sinnesorgane hineinkommt und welcher Teil ›aus dem eigenen Kopf stammt‹? Empfindungen und apperzipierende Vorstellungen verschmelzen hier so sehr, daß man genausowenig in der Lage ist zu sagen, wo das eine beginnt und das andere endet, wie im Falle dieser in letzter Zeit ausgestellten raffinierten Rundpanoramen, bei denen der reale Vordergrund und die bemalte Leinwand ineinander übergehen.[14]

Descartes war der erste, der den Gedanken als das absolut Unausgedehnte bestimmte, und spätere Philosophen haben diese Beschreibung als eine richtige akzeptiert. Aber welche mögliche Bedeutung hat die Aussage, daß unserem Gedanken keine Ausdehnung zuschreibbar ist, wenn wir an einen Zollstock oder an einen rechteckigen Hinterhof denken? Das *adäquate* mentale Bild eines jeden ausgedehnten Gegenstandes muß all die Ausdehnung des Gegenstandes selbst aufweisen. Der Unterschied zwischen objektiver und subjektiver Ausdehnung ist allein einer der Beziehung zu einem Kontext. Im Geist behalten die mannigfachen Ausdehnungen keine notwendig starre Ordnung in bezug aufeinander bei, während sie in der physischen Welt dauerhaft aneinander gebunden sind und zusammen die große umfassende Einheit bilden, an die wir glauben und die wir den wirklichen Raum nennen. Als ›äußere‹ bringen sie sich gleichsam gegeneinander in Stellung, schließen einander aus und halten ihre Distanz aufrecht; als ›innere‹ dagegen bestehen sie

14 Spencers Beweis für seinen ›Verklärten Realismus‹ (seine Lehre, daß es eine absolut nicht-geistige Wirklichkeit gibt) bietet sich hier als ein glänzendes Beispiel für die Unmöglichkeit an, eine radikale Heterogenität von Gedanke und Gegenstand zu etablieren. All seine sorgfältig zusammengestellten Unterschiede wandeln sich nach und nach in ihr Gegenteil und sind voller Ausnahmen.

in loser Ordnung und bilden ein *Durcheinander* [dt. im Original], in dem die Einheit verloren ist.[15] Aber daraus den Schluß zu ziehen, daß die innere Erfahrung völlig unausgedehnt sei, scheint mir fast schon lächerlich zu sein. Die zwei Welten unterscheiden sich nicht durch Anwesenheit oder Abwesenheit von Ausdehnung, sondern durch die Beziehungen der Ausdehnungen, die in beiden Welten existieren.

Bringt uns der Aspekt der Ausdehnung nun nicht auch im Falle anderer Qualitäten auf den Weg zur Wahrheit? Allerdings, und ich bin überrascht, daß die Fakten nicht schon vor langer Zeit zur Kenntnis genommen worden sind. Warum zum Beispiel nennen wir ein Feuer heiß und Wasser naß und weigern uns doch zu sagen, daß unser mentaler Zustand entweder naß oder heiß ist, wenn er diese Gegenstände betrifft? In ›intentionaler‹ Hinsicht jedenfalls, und wenn der mentale Zustand ein lebendiges Bild ist, sind Hitze und Nässe ebensosehr in ihm wie in der körperlichen Erfahrung. Der Grund hierfür ist, daß wir bei Sichtung des allgemeinen Chaos all unserer Erfahrungen feststellen, daß es einige Feuer gibt, die jederzeit Stöcke verbrennen und unsere Körper wärmen können, und daß es bestimmtes Wasser gibt, das jederzeit Feuer löschen kann, während es andere Feuer und Wasser gibt, die überhaupt nicht wirksam sind. Die allgemeine Gruppe von Erfahrungen, die *wirken* und die ihre Eigenschaften nicht nur intrinsisch besitzen, sondern sie auch *als* Eigenschaft und energetisch realisieren, wobei sie sich auch gegeneinander wenden, wird zwangsläufig jener Gruppe gegenübergestellt, deren Glieder, die dieselben Eigenschaften besitzen, es nicht vermögen, sie auf ›energetische‹ Weise kundzutun. Ich setze mich der Erfahrung eines lodernden Feuers aus, das ich neben meinem Körper plaziere, mich aber dabei nicht im mindesten erwärmt. Ich lege einen Stock darauf, und je nachdem, wie es mir gefällt, brennt dieser Stock oder aber er bleibt grün. Ich nehme Wasser und gieße es auf das Feuer – und es ergibt sich absolut kein Unterschied. Ich erkläre all dies, indem ich die ganze Erfahrungskette als eine unwirkliche bezeichne, als eine mentale Kette. Ein mentales Feuer ist etwas, das keine wirklichen Stöcke verbrennt; ein mentales Wasser ist eines, das selbst ein mentales Feuer nicht notwendigerweise

15 Ich spreche hier vom abgeschlossenen Innenleben, in dem der Geist frei mit seinen Materialien spielt. Natürlich ist das freie Spiel des Geistes eingeschränkt, wenn es versucht, reale Gegenstände des realen Raumes abzubilden.

löscht (obwohl das natürlich der Fall sein kann). Mentale Messer können scharf sein, aber sie durchtrennen kein wirkliches Holz. Mentale Dreiecke sind spitz, aber ihre Ecken können nicht verletzen. Bei ›wirklichen‹ Gegenständen erwachsen uns dagegen immer Folgen; und das führt dazu, daß wirkliche Erfahrungen von mentalen Erfahrungen, also Gegenstände von unseren (versponnenen oder wahren) Gedanken über sie, abgesondert und unter der Bezeichnung ›physische Welt‹ als der beständige Teil des ganzen Erfahrungschaos heraufbeschworen werden. Deren Kern sind die perzeptiven Erfahrungen, sind sie doch die ursprünglich *starken* Erfahrungen. Diesen fügen wir zahlreiche begriffliche Erfahrungen hinzu, wodurch wir sie auch in der Einbildungskraft stark machen und mit ihrer Hilfe die entlegeneren Teile der physischen Welt erschließen; und um dieses Zentrum der Wirklichkeit zieht dann die Welt locker verbundener Phantasien und bloßer rhapsodischer Gegenstände wie eine Wolkenbank herum. In den Wolken werden alle Arten von Regeln verletzt, die im Zentrum eingehalten werden. Ausdehnungen können dort auf unendlich viele Weisen festgelegt werden, wie auch Bewegung hier keinem Newtonschen Gesetz folgt.

VII

Es gibt eine besondere Klasse von Erfahrungen, denen wir – ob nun als subjektive oder objektive – ihre verschiedenen Eigenschaften als Kennzeichen *zuschreiben*, weil sie die mit ihnen verbundenen Erfahrungen in beiden Kontexten aktiv affizieren, wenn auch in keinem Fall so ›stark‹ oder einschneidend, wie es Dinge tun, die durch ihre körperlichen Energien aufeinander einwirken. Ich beziehe mich hier auf *Werturteile* [*appreciations*], die eine zweideutige Seinssphäre bilden, indem sie einerseits zu den Gefühlen gehören, andererseits objektiven ›Wert‹ besitzen und doch nicht wirklich innerlich oder äußerlich scheinen, als hätte eine Entzweiung eingesetzt, die aber nicht vollendet worden wäre.

Erfahrungen mit schmerzvollen Gegenständen zum Beispiel sind gewöhnlich auch schmerzvolle Erfahrungen; Empfindungen der Schönheit oder Häßlichkeit gelten im allgemeinen als Paradebeispiele schöner oder häßlicher Empfindungen; Intuitionen des moralisch Erhabenen sind erhabene Intuitionen. Manchmal wandert das Adjektiv herum, als ob es unsicher wäre, wo es sich binden sollte. Sollen wir von verführerischen Anblicken oder von Anblicken verführerischer Dinge sprechen? Von verruchten Wünschen oder von Wünschen nach dem Verruchten? Von gesunden Gedanken oder von Gedanken über gesunde Dinge? Von guten Impulsen oder von Impulsen zum Guten? Von Gefühlen des Zorns oder von zornigen Gefühlen? Diese Eigenschaften, die im Geist wie im Gegenstand sind, modifizieren ihren Kontext, schließen bestimmte Begleiterfahrungen aus und legen sich auf andere fest, haben also solche, die ihnen zugehörig sind, und andere, die nicht kompatibel sind, allerdings nicht so unumstößlich wie im Falle physischer Eigenschaften, da Schönheit und Häßlichkeit, Liebe und Haß, Freude und Schmerz in bestimmten komplexen Erfahrungen durchaus zusammenbestehen können.

Wäre jemand aufgefordert, eine evolutionäre Deutung vorzunehmen, wie die vielen ursprünglich chaotischen reinen Erfahrungen nach und nach in eine geordnete innere und äußere Welt unterschieden wurden, so würde die ganze Theorie davon abhängen, daß es ihm gelänge zu erklären, wie oder warum die Qualität einer Erfahrung, die einmal aktiv war, weniger aktiv wurde und wie und warum sie als eine zuweilen energetische Eigenschaft anderswo in den Status einer inaktiven oder bloß innerlichen ›Eigenschaft‹ absinken konnte. Dies wäre die ›Entstehung‹ des Psychischen aus dem Schoße des Physischen, in der die ästhetischen, moralischen und sonstigen emotionalen Erfahrungen eine Zwischenstufe darstellen würden.

VIII

Vielen Lesern aber wird wahrscheinlich noch ein letzter Aufschrei des *non possumus* entfahren. »Alles sehr hübsch ausgedacht«, werden sie sagen, »aber unser Bewußtsein selbst widerspricht Ihnen intuitiv. Was uns angeht, so *wissen* wir, daß wir bewußt sind. Wir *empfinden* unser Denken, das lebendig in uns fließt, als etwas, das in einem absoluten Gegensatz zu den Gegenständen steht, die es so unaufhörlich begleitet. Wir können dieser unmittelbaren Intuition nicht die Treue versagen. Der Dualismus ist ein fundamentales *Gegebenes*:

Kein Mensch soll zusammenfügen, was Gott auseinandergesetzt hat.«

Mit meiner Antwort darauf komme ich zum Schluß, und es betrübt mich sehr, daß dieser für viele materialistisch klingen wird. Ich kann allerdings nichts dafür, denn auch ich habe meine Intuitionen und muß ihnen folgen. Was auch immer bei anderen der Fall sein mag – wie ich mir über anderes gewiß bin, so auch darüber, daß der Strom der Gedanken in mir (den ich nachdrücklich als ein Phänomen anerkenne) nur ein ungenauer Name für etwas ist, das sich bei eingehender Prüfung als vornehmlich aus dem Strom meines Atems bestehend erweisen wird. Das ›Ich denke‹, das Kant zufolge alle meine Vorstellungen muß begleiten können, ist das ›Ich atme‹, das sie wirklich begleitet. Neben dem Atmen gibt es andere innere Tatsachen (zerebrale muskuläre Anpassungen usw., worüber ich das eine oder andere in meinen *Principles of Psychology* gesagt habe), die die Aktivposten des ›Bewußtseins‹ vermehren, soweit letzteres der Gegenstand unmittelbarer Wahrnehmung ist; aber der Atem, der stets das Ursprüngliche des ›Geistes‹ [*spirit*] war und der zwischen Stimmritze und Nasenlöchern nach außen strömt, ist – so meine feste Überzeugung – die Essenz, aus der Philosophen jene Entität konstruiert haben, die sie als Bewußtsein bezeichnen. *Diese Entität ist fiktiv, während konkrete Gedanken vollkommen real sind. Aber konkrete Gedanken sind aus demselben Stoff gemacht wie Gegenstände.*

Ich wünsche, ich könnte mir glauben, dies mit diesem Beitrag plausibel gemacht zu haben. In einem anderen Beitrag werde ich versuchen, den allgemeinen Begriff einer aus reinen Erfahrungen gebildeten Welt noch deutlicher zu machen.

2.
Eine Welt der reinen Erfahrung

Es fällt schwer, im philosophischen Klima unserer Zeit eine seltsame Unruhe zu übersehen – die Aufhebung bisheriger Grenzmarkierungen, eine Aufweichung von Oppositionen, die wechselseitige Befruchtung ehemals abgeschlossener Systeme und ein Interesse an neuen, wie vage auch immer gehaltenen Vorschlägen, so als ob die Unzulänglichkeit der bestehenden Schullösungen das einzige wäre, was sicher ist. Die Unzufriedenheit mit diesen scheint im wesentlichen in dem Gefühl zu gründen, daß sie zu abstrakt und akademisch sind. Das Leben ist nun einmal ein Durcheinander und übervoll, und wonach sich die jüngere Generation zu sehnen scheint, ist ein Mehr an diesem Temperament des Lebens in der Philosophie ihrer Zeit, selbst wenn es auf Kosten logischer Strenge und formaler Reinheit ginge. Der transzendentale Idealismus neigt dazu, die Welt in unbegreiflicher Schwankung zu sehen, trotz seines absoluten Subjekts und der Einheit seiner Zwecke. Der Berkeleysche Idealismus gibt das Sparsamkeitsprinzip preis und versucht sich in panpsychischen Spekulationen. Der Empirismus flirtet mit der Teleologie, und – von allem am befremdlichsten – der natürliche Realismus, seit langem in Ehren begraben, erhebt sein Haupt erneut aus der Tiefe und trifft überall dort, wo man es am wenigsten vermuten würde, auf freudig sich ihm entgegenstreckende Hände, bereit, ihm wieder auf die Beine zu helfen. Mir ist klar, daß jeder von uns durch persönliche Gefühle befangen ist; und meine eigene Unzufriedenheit mit den bestehenden Lösungen befähigt mich offensichtlich, die Zeichen einer großen Umwälzung zu deuten, ganz so, als stünde die Herausbildung realerer Anschauungen und fruchtbarerer Methoden bevor und also eine wahrhafte Landschaft entstehen könnte, die weniger beschnitten, geradlinig und künstlich ist.

Wenn die Philosophie wirklich am Vorabend einer bedeutenden Neuordnung steht, dann wäre die Zeit günstig dafür, eigene Vorschläge vorzubringen. In mir ist in den vergangenen Jahren eine bestimmte Art von *Weltanschauung* [dt. im Original] erwachsen. Ob nun richtig oder falsch – ich bin an einem Punkt angelangt, wo ich die Dinge kaum mehr in Form eines anderen Modells betrachten kann. Ich schlage deshalb vor, dieses Modell in gebotener Kürze so deutlich wie möglich zu beschreiben und diese Beschreibung in das brodelnde Faß der Öffentlichkeit zu werfen, wo es – von Rivalen bedrängt und von Kritikern zerrissen – schließlich entweder nicht mehr beachtet wird oder – falls es mehr Glück hat – still in die Tiefe sinkt und so als ein mögliches Ferment neuer Entwicklungen oder als Kern einer neuen Kristallisation dient.

I. Radikaler Empirismus

Ich verleihe meiner *Weltanschauung* [dt. im Original] den Namen ›radikaler Empirismus‹. Empirismus gilt als das Gegenteil von Rationalismus. Der Rationalismus tendiert dahin, Allgemeinheiten hervorzuheben und das Ganze in der logischen wie auch ontologischen Ordnung als das dem Teil gegenüber Vorgängige auszuweisen. Der Empirismus dagegen legt in seiner Erläuterung die Betonung auf das Teil, das Element, das Einzelne, und sieht im Ganzen eine Ansammlung von etwas und im Allgemeinen eine Abstraktion. Entsprechend beginnt meine Beschreibung der Dinge mit den Teilen und behandelt das Ganze als ein Seiendes zweiter Ordnung. Es handelt sich im wesentlichen um eine mosaikartige Philosophie, um eine Philosophie der Tatsachenvielfalt, und zwar im Sinne der Philosophie Humes und seiner Nachfolger, die diese Tatsachen weder auf Substanzen beziehen, denen sie innewohnen, noch auf einen absoluten Geist, der sie als seine Objekte hervorbringen würde. Aber in einem Punkt, der mich das Beiwort ›radikal‹ hinzufügen läßt, unterscheidet sie sich dann doch vom Empirismus Humescher Art.

Um radikal zu sein, darf der Empirismus innerhalb seiner Deutungen weder ein nicht unmittelbar erfahrenes Element zulassen noch ein unmittelbar erfahrenes daraus ausschließen. Für eine solche Philosophie müssen *jene Beziehungen, durch die Erfahrungen miteinander verbunden sind, ihrerseits erfahrene Beziehungen sein, und jede Art von erfahrener Beziehung muß für genauso ›wirklich‹ wie alles andere im System auch erklärt werden.* Zwar können Elemente einer Neuverteilung unterzogen werden, kann deren ursprüngliche Verortung berichtigt werden, aber für jede Art von erfahrenem Ding, ob nun Erfahrungsglied oder Beziehung, muß in der endgültigen philosophischen Anordnung ein richtiger Platz gefunden werden.

Nun hatte der herkömmliche Empirismus trotz der Tatsache, daß sich verbindende und trennende Beziehungen als völlig gleichwertige Erfahrungsanteile darbieten, immer die Tendenz, von Zusammenhängen zwischen Dingen abzusehen und vor allem auf Trennungen zu bestehen. Beispiele für das, was ich meine, sind Berkeleys Nominalismus, Humes Aussage, daß alle Dinge, die wir wahrnehmen, so »unzusammenhängend und vereinzelt«* sind, als hätten sie keine Art von Zusammenhang, James Mills Leugnung, daß ähnliche Dinge ›wirklich‹ etwas gemeinsam haben, die Auflösung der Kausalbeziehung in eine gewohnheitsmäßige Aufeinanderfolge, John Mills Erklärung von körperlichen Gegenständen und Ichheiten, die aus diskontinuierlichen Möglichkeiten zusammengesetzt seien, sowie die allgemeine Pulverisierung aller Erfahrung durch die Assoziationstheorie und den psychischen Atomismus.

Die natürliche Folge eines solchen Weltbildes war das Bemühen des Rationalismus, die Widersprüche dieses Weltbildes durch die Ergänzung von überempirischen [*transexperiential*] Vereinigungsinstanzen, von Substanzen, Verstandeskategorien und -fähigkeiten oder Ichheiten zu korrigieren, wobei die Folgen keine solche künstliche Korrektur erfordert hätten, wenn der Empirismus nur radikal gewesen wäre und alles, was da kommt, ohne Mißfallen angenommen und für bare Münze genommen hätte, Verbindung wie Trennung. *Radikaler Empirismus*, so wie ich ihn verstehe, *wird verbindenden Beziehungen vollkommen gerecht*, ohne sie jedoch so zu behandeln, wie der Rationalismus sie stets zu behandeln neigt, nämlich so, als wären sie auf überirdische Weise gegeben oder als ob die Einheit der Dinge und deren Mannigfaltigkeit zu unterschiedlichen Systemen der Wahrheit und Lebenskraft insgesamt gehörten.

II. Verbindende Beziehungen

Beziehungen weisen unterschiedliche Stufen der Innigkeit auf. In einem Diskursuniversum [*universe of discourse*] lediglich ›miteinander‹ zu bestehen, ist die äußerlichste Beziehung, in der Glieder zueinander stehen können; und sie scheint keinerlei weitere Konse-

* Anm. d. Übers.: Vgl. David Hume, *Eine Untersuchung über den menschlichen Verstand*, übersetzt von Raoul Richter, mit einer Einleitung herausgegeben von Jens Kulenkampff, Hamburg 1993, S. 90.

quenzen zu implizieren. Darauf folgen Gleichzeitigkeit und Zeitabstand, und dann räumliche Nachbarschaft und Distanz. Nach diesen dann Gleichartigkeit und Verschiedenheit, die die Möglichkeit vieler Schlußfolgerungen bieten. Es schließen sich Beziehungen der Aktivität an, durch welche die Glieder in eine Reihenfolge gebracht werden, die Veränderung, Richtungstendenz, Widerstand und ganz allgemein die Kausalordnung betrifft. Schließlich wird eine Beziehung zwischen Gliedern erfahren, die mentale Zustände bilden und die ein unmittelbares Bewußtsein davon implizieren, einander fortzuführen. Die Organisation des Selbst als eines Systems von Erinnerungen, Absichten, Strebungen, Erfüllungen oder Enttäuschungen gehört zu dieser innigsten aller Beziehungen – Glieder, die einander vielfach wirklich zu durchdringen und zu durchfluten scheinen.

Die Philosophie hat sich schon immer wesentlich um grammatikalische Partikeln gedreht. Mit, nahe, neben, wie, von, zu, gegen, weil, für, durch, mein – diese Worte bezeichnen Typen der verbindenden Beziehung und sind hier ungefähr in einer aufsteigenden Ordnung der Innigkeit und Inklusion angeordnet. *A priori* können wir uns durchaus eine Welt des Mitseins ohne jedes Nebensein vorstellen; oder auch eine des Nebenseins ohne jedes Wiesein; oder eine des Wieseins ohne jede Aktivität; oder eine der Aktivität ohne jede Absicht; oder eine der Absicht ohne jedes Ich. Diese Welten wären Welten mit je eigenem Einheitsgrad. Die Welt menschlicher Erfahrung indes ist durch dieses oder jenes ihrer Glieder durch alle diese Grade ausgezeichnet. Ob sie nun möglicherweise einen noch umfassenderen Einheitsgrad aufweist, ist an der Oberfläche nicht abzulesen.

Der Erscheinung nach ist unsere Welt in einem hohen Maße chaotisch. Es gibt keine einzige Art von Verbindung, die sämtliche sie ausmachenden Erfahrungen miteinander verbände. Nehmen wir Raumbeziehungen, die es nicht vermögen, Ansichten in irgendeinem regulären System zu vereinen. Ursachen und Zwecke stellen sich nur zwischen bestimmten Tatsachenreihen ein. Die Beziehung zu sich selbst erscheint extrem begrenzt und verbindet keine zwei unterschiedliche Ichheiten. Wenn man das Universum des absoluten Idealismus mit einem Aquarium vergleichen sollte, mit einer Glaskugel, in der Goldfische schwimmen, dann würde man das empiristische Universum *prima facie* eher mit einem dieser Schrumpfköpfe vergleichen müssen, mit denen die Dayak auf Borneo ihre

Hütten schmücken. Der Totenkopf bildet ein solides Zentrum; aber unzählige Federn, Blätter, Bänder, Perlen und loses Gehangel jeder Art flattern und baumeln an ihm herab, und außer der Tatsache, daß sie alle in ihm zusammenlaufen, scheinen sie nichts miteinander zu tun zu haben. Ebenso flattern und baumeln unsere jeweiligen Erfahrungen herum, wobei sie zwar tatsächlich in einen Kern gemeinsamer Wahrnehmung münden, füreinander jedoch zumeist außer Sichtweite, ohne Relevanz und unvorstellbar sind. Diese unvollkommene Innigkeit, diese bloße Beziehung des *Mitseins* von einigen Teilen der Gesamterfahrung zu anderen, ist jener Sachverhalt, den der herkömmliche Empirismus dem Rationalismus in überbetonter Weise entgegenhält, während letzterer dahin tendiert, ihn in unbotmäßiger Weise zu ignorieren. Der radikale Empirismus dagegen läßt sowohl der Einheit als auch dem Getrenntsein Gerechtigkeit widerfahren. Er sieht keinen Grund dafür, eines von beiden für eine Illusion zu halten. Er weist beides einer bestimmten Beschreibungsebene zu und anerkennt, daß tatsächliche Kräfte am Werke sind, welche die Einheit im Laufe der Zeit vergrößern.

Jene verbindende Beziehung, die der Philosophie die größten Schwierigkeiten bereitet hat, ist der hier einmal als solcher zu bezeichnende *mitbewußte Übergang* [*co-conscious transition*], durch den eine Erfahrung in die andere übergeht, sofern beide zu ein und demselben Selbst gehören. Die Fakten sind unproblematisch. Meine Erfahrungen und Ihre Erfahrungen sind auf unterschiedliche äußere Weise ›miteinander‹, aber meine gehen in die meinigen über und Ihre in die Ihrigen, und zwar auf eine Art und Weise, in der Ihre und meine niemals ineinander übergehen. Innerhalb einer jeden unserer persönlichen Geschichten weisen Subjekt, Objekt, Interesse und Zweck einen *ununterbrochenen Zusammenhang auf oder könnten dies doch immerhin tun.*[1] Persönliche Geschichten sind Prozesse der Veränderung in der Zeit, und *die Veränderung selbst ist eines jener Dinge, die unmittelbar erfahren werden.* ›Veränderung‹ meint hier ununterbrochenen Übergang im Gegensatz zum unterbrochenen. Aber der ununterbrochene Übergang ist eine Art der verbin-

1 Die Psychologiebücher haben hier die Fakten in der letzten Zeit einigermaßen angemessen beschrieben. Ich darf sowohl auf die Kapitel über den ›Gedankenstrom‹ und über das Selbst in meinen eigenen *Principles of Psychology* verweisen als auch auf Shadworth H. Hodgsons *Metaphysic of Experience*, Bd. 1, [London 1898,] Kap. 7 und 8.

denden Beziehung, und radikaler Empirist zu sein bedeutet, vor allen anderen Beziehungen an dieser verbindenden Beziehung festzuhalten, denn dies ist der strategische Punkt, die Position, über die hinweg – wenn man sie nicht konsequent vertritt – das ganze Verderbnis der Dialektik und all die metaphysischen Fiktionen in unsere Philosophie hineinbrechen würden. An dieser Beziehung festzuhalten bedeutet, sie für bare Münze zu nehmen, nicht mehr und nicht weniger; und sie für bare Münze zu nehmen bedeutet vor allem, sie so zu nehmen, wie wir sie fühlen, und uns nicht mit einer abstrakten Rede *über* sie zu verwirren, die Worte impliziert, welche uns wiederum veranlassen, Sekundärbegriffe zu erfinden, um deren Suggestionen zu neutralisieren und unsere wirkliche Erfahrung wieder rational möglich erscheinen zu lassen.

Wenn ein späterer Moment in meiner Erfahrung einem früheren folgt, dann fühle ich schlicht und einfach, daß der Übergang von dem einen in den anderen *ununterbrochen* ist, obwohl es sich um zwei Momente handelt. Kontinuität ist hier eine bestimmte Art von Erfahrung, die ebenso bestimmt ist wie die Erfahrung der Diskontinuität, die ich schlechterdings nicht vermeiden kann, wenn ich versuche, einen Übergang von meiner eigenen Erfahrung zu einer der Ihrigen zu bilden. In diesem letzteren Fall muß ich mich abwechselnd von mir lösen und wieder zu mir zurückkehren, um von einer lebendigen Gestalt zu einer nur gedachten überzugehen, und dieser Bruch wird deutlich erfahren und bemerkt. Obwohl die Funktionen, die in meinen und Ihren Erfahrungen zur Anwendung kommen, dieselben sein können (zum Beispiel, dieselben Ziele kennen und dieselben Absichten verfolgen), so muß man sich dieser Gleichheit in diesem Fall gleichwohl ausdrücklich vergewissern (oftmals unter Schwierigkeiten und in Ungewißheit), nachdem der Bruch wahrgenommen worden ist. Dagegen ist die Gleichheit von Ziel und Interesse ungebrochen, wenn ich von dem einen meiner Momente in den anderen übergehe, und sowohl die frühere als auch die spätere Erfahrung sind Erfahrungen von solchen Dingen, die unmittelbar gelebt werden.

In dieser innigsten aller verbindenden Beziehungen – dem Übergehen einer Erfahrung in eine andere, wenn beide zu dem gleichen Selbst gehören – gibt es kein anderes *Wesen*, keine andere Washeit als dieses Fehlen eines Bruchs und dieses Gefühl von Kontinuität. Und diese Washeit ist wirklicher empirischer ›Inhalt‹, gerade so wie die

Washeit der Trennung und Diskontinuität im gegenteiligen Fall wirklicher Inhalt ist. Das eigene Kontinuum konkret auf diese lebendige Weise zu erfahren bedeutet, die Originale der Vorstellungen von Kontinuität und Gleichheit zu kennen und zu wissen, wofür diese Worte konkret stehen, also alles zu besitzen, was sie jemals bedeuten können. Aber alle Erfahrungen haben ihre Bedingungen, und beckmesserische Geister, die über diese Sachverhalte nachdenken und fragen, wie sie möglich sind, haben schließlich die unmittelbaren perzeptiven Erfahrungen durch viele statische Gegenstände des Denkens ersetzt. »Gleichheit«, so meinten sie, »muß völlige numerische Identität bedeuten; sie kann nicht von hier nach dort verlaufen. Kontinuität kann nicht das bloße Fehlen einer Kluft bedeuten; denn wenn man sagt, daß zwei Dinge in unmittelbarem Kontakt stehen, wie können sie dann *zum Zeitpunkt* dieses Kontakts zwei sein? Wenn man andererseits eine Beziehung des Übergangs zwischen ihnen sieht, dann ist diese selbst ein drittes Ding, das zu seinen Gliedern in Beziehung gesetzt oder ihnen angehängt werden muß. Ein unendlicher Regreß ist die Folge«, und so weiter und so fort. Probleme über Probleme sind das Ergebnis; und so ist die einfache verbindende Beziehung von beiden Schulen diskreditiert worden, denn während die Dinge für die Empiristen dauerhaft getrennt sind, haben die Rationalisten dem Unverbundenen mit ihren Absoluta, ihren Substanzen oder welchen anderen fiktiven Einheitsstiftern auch immer abgeholfen. Vor all dieser Gekünsteltheit können wir durch einige einfache Reflexionen bewahrt werden: erstens, daß Verbindungen und Trennungen in jedem Falle gleichwertige Phänomene sind, die deshalb auch, sofern wir unsere Erfahrungen für bare Münze nehmen, für gleichermaßen wirklich gehalten werden müssen; und zweitens, wenn wir schon darauf bestehen, in der Erfahrung fortlaufend verbundene Dinge als in Wirklichkeit getrennt zu betrachten, und folglich dort, wo Einheit gefordert ist, zur Überwindung der zuvor unterstellten Getrenntheit transzendentale Prinzipien anrufen, dann sollten wir auch bereit sein, die umgekehrte Handlung zu vollziehen. Wir sollten uns also auch auf höhere Prinzipien des *Getrenntseins* berufen, um unsere bloß erfahrenen *Trennungen* wahrhaftiger real sein zu lassen. Da man damit scheitert, sollten wir die ursprünglich gegebenen Kontinuitäten aus sich selbst heraus bestehen lassen. Wir haben kein Recht, einseitig oder kapriziös wetterwendisch zu sein.

III. Die kognitive Beziehung

Die erste große Falle, vor der uns ein solches radikales Festhalten an der Erfahrung bewahren kann, ist eine künstliche Vorstellung von den *Beziehungen zwischen kognitivem Subjekt und Objekt*. In der ganzen Geschichte der Philosophie wurden das Subjekt und sein Objekt als vollkommen unzusammenhängende Entitäten betrachtet; entsprechend hat dann die Präsenz des letzteren gegenüber dem ersteren, mithin das ›Erfassen‹ des Objekts durch das Subjekt, einen paradoxen Charakter angenommen, der alle nur möglichen Theorien zu seiner Überwindung erforderlich machte. Repräsentationalistische Theorien haben die Kluft durch eine mentale ›Repräsentation‹, ein mentales ›Bild‹ oder einen mentalen ›Inhalt‹ überbrückt, die eine Art vermittelndes Zwischenglied seien. Common-sense-Theorien haben die Kluft stehengelassen und unserem Geist die Fähigkeit zugesprochen, sie durch einen selbsttranszendierenden Sprung zu überwinden. Transzendentale Theorien behaupteten, daß endliche Erkenntnissubjekte sie unmöglich überbrücken könnten, und führten ein Absolutes ein, das den Sprung vollführen sollte. Derweil ist am Busen der endlichen Erfahrung jede Verbindung vollkommen gegeben, die erforderlich wäre, um die Beziehung verständlich zu machen. Kognitives Subjekt und Objekt sind entweder:

(1) ein und dieselbe Erfahrung, die in unterschiedlichen Kontexten zweimal zur Geltung gebracht wird; oder sie sind

(2) zwei Momente *aktuell stattfindender* Erfahrung, die zum selben Subjekt gehören und die konkrete Wege einer verbindenden Erfahrung des Übergangs zwischen sich aufweisen; oder

(3) das kognitive Objekt ist für dieses oder ein anderes Subjekt eine *mögliche* Erfahrung, zu der die besagten verbindenden Übergänge hinführen *würden*, dehnte man sie denn hinreichend aus.

All die Möglichkeiten zu diskutieren, in denen die eine Erfahrung als eine solche fungieren kann, die eine andere kennt, würde die Grenzen dieser Abhandlung überschreiten.[2] Typ 1, also jene Art von

2 Der Kürze halber unterlasse ich es, jenen Typ zu erwähnen, der durch die Kenntnis der Wahrheit von allgemeinen Aussagen zustande kommt. Dieser Typ wurde gründlich und, soweit ich sehen kann, zufriedenstellend in Deweys *Studies in Logical Theory* (Chicago 1903) erläutert. Solche Aussagen sind auf die Form »S ist P« reduzierbar; und das verifizierende und erfüllende ›Glied‹ ist das zusammengesetzte Urteil in SP. An den vermittelnden Erfahrungen, aber auch am ›Zufrieden-

Erkennen, die man Wahrnehmung nennt, habe ich in einem Aufsatz behandelt, der im *Journal of Philosophy* (1. September 1904) unter dem Titel »Gibt es ein ›Bewußtsein‹?« veröffentlicht wurde.* Bei diesem Typ handelt es sich um jenen Fall, bei dem der Geist unmittelbare ›Bekanntschaft‹ mit einem gegenwärtigen Objekt hat. Im Falle der anderen Typen hat der Geist ›Wissen-über‹ ein Objekt, das nicht unmittelbar anwesend ist. Eine Erklärung von Typ 2, der einfachsten Art begrifflichen Wissens, habe ich in zwei Aufsätzen geliefert, die in *Mind* (Bd. 10, 1885, S. 27) und in der *Psychological Review* (Bd. 2, 1895, S. 105) veröffentlicht worden sind.[3] Typ 3 kann formal und hypothetisch immer auf Typ 2 reduziert werden, so daß eine kurze Beschreibung dieses Typs den Leser nunmehr hinreichend mit meinem Standpunkt vertraut machen und ihn erkennen lassen wird, was die wirklichen Bedeutungen der mysteriösen kognitiven Beziehung sind.

Nehmen Sie einmal an, ich säße hier in meiner Bibliothek in Cambridge, zehn Minuten Fußweg von der ›Memorial Hall‹, und dächte intensiv an dieses Objekt. Vor meinem geistigen Auge mag nur der Name stehen oder ein deutliches Bild oder aber auch nur ein sehr undeutliches Bild von jener Halle; doch ist ein solcher im Bild selbst liegender Unterschied ohne jede Bedeutung für dessen kognitive Funktion. Gewisse *äußerliche* Phänomene, spezielle Erfahrun-

stellenden‹ von P in seiner neuen Position können natürlich auch Wahrnehmungen beteiligt sein.

3 Diese Aufsätze und die darin vertretene Lehre – scheinbar von niemandem sonst zur Kenntnis genommen – haben von Professor Strong kürzlich in dieser Zeitschrift (1904) positive Kommentierung erfahren. Dr. Dickinson S. Miller ist unabhängig zu denselben Ergebnissen wie ich gekommen, denen Strong entsprechend den Namen ›James-Millersche Theorie der Erkenntnis‹ gibt. [Anm. d. Übers.: Es handelt sich um James' Aufsätze »On the Function of Cognition«, zuerst veröffentlicht in *Mind* 10 (1885), S. 27-44, und »The Knowing of Things Together«, zuerst veröffentlicht in der *Psychological Review* 2 (1895), S. 105-124. Die entsprechenden Aufsätze, auf die sich James im Falle des amerikanischen Philosophen Dickinson S. Miller (1868-1963) bezieht, werden wahrscheinlich folgende sein: »The Meaning of Truth and Error«, in: *Philosophical Review* 2 (1893), S. 408-425; »The Confusion of Function and Content in Mental Analysis«, in: *Psychological Review* 2 (1895), S. 535-550. Der Aufsatz von Charles A. Strong (1862-1940), einem amerikanischen Philosophen und Psychologen, trägt den Titel »A Naturalistic Theory of the Reference of Thought to Reality« und wurde im *Journal of Philosophy, Psychology, and Scientific Methods* 1 (1904), S. 253-260, veröffentlicht.]

* Anm. d. Übers.: In diesem Band S. 7-27.

gen der Verbindung, sind es, die dem Bild, gleich welches es sei, seine kognitive Funktion verleihen.

Wenn Sie mich zum Beispiel fragen, welche Halle ich mit meinem Bild meine, und ich Ihnen keine Antwort geben kann oder ich es nicht vermag, Ihnen die Richtung zum Harvard Delta zu zeigen oder Sie dort hinzuführen, oder wenn ich – sofern Sie mich hingeführt haben – unsicher bin, ob die Halle, die ich wahrnehme, jene ist, die ich im Kopf hatte, dann würden Sie zu Recht verneinen, daß ich überhaupt diese besondere Halle ›gemeint‹ hatte, selbst wenn mein mentales Bild ihr bis zu einem bestimmten Grade geähnelt hätte. Ähnlichkeit würde in diesem Fall als eine nur zufällige gelten können, denn alle Gegenstände einer Art ähneln einander in dieser Welt, ohne daß man aus diesem Grunde annehmen würde, daß sie voneinander Kenntnis nehmen.

Wenn ich Sie andererseits zur Halle hinführen kann und über deren Geschichte und ihre heutige Nutzung zu informieren weiß –; wenn ich in Ihrer Gegenwart fühle, daß meine Vorstellung – so unvollkommen sie auch gewesen sein mag – mich hierher geführt hat und sie nun *vollendet* wird –; wenn die mit dem Bild und der gefühlten Halle in Zusammenhang stehenden Erfahrungen übereinstimmen, so daß jedes Glied des einen Kontextes der Reihe nach, gemäß meiner Fortbewegung, mit einem entsprechenden Glied des anderen Kontextes übereinstimmt –; nun, dann war meine Seele eben prophetisch, und meine Vorstellung muß – und wurde auch nach allgemeiner Überzeugung – als wirklichkeitskundig bezeichnet werden. Diese Wahrnehmung habe ich *gemeint*, denn meine Vorstellung ist kraft verbindender Erfahrungen des Gleichseins und der erfüllten Absicht in sie eingegangen. Nirgends besteht ein Widerstreit, sondern jeder spätere Moment führt einen früheren fort und bestätigt diesen.

In diesem Fortführen und Bestätigen, in dem kein transzendentaler Sinn liegt, aber das eindeutig gefühlte Übergänge anzeigt, liegt alles, *was es der Möglichkeit nach beinhalten oder bedeuten kann, von einem Wahrnehmungsgegenstand durch eine Vorstellung Kenntnis zu besitzen*. Wo auch immer solche Übergänge gefühlt werden, *kennt* die letztere Erfahrung die vorhergehende. Wo sie nicht in Erscheinung treten oder dies noch nicht einmal der Möglichkeit nach tun, da kann es keinen Anspruch auf Kenntnis geben. In diesem Fall werden die Gegensätze durch niedere Beziehungen verbunden (sofern sie überhaupt verbunden werden) – durch bloße Ähnlichkeit oder Aufeinanderfolge oder durch ›Mitsein‹ allein. Wissen über wahrnehmbare Wirklichkeiten entsteht dementsprechend innerhalb des Erfahrungsgewebes. Es ist *gemacht*, und zwar durch Beziehungen, die sich in der Zeit entfalten. Wann immer bestimmte vermittelnde Glieder gegeben sind, und zwar so, daß es in ihrer Entfaltung auf den Endpunkt hin eine von Punkt zu Punkt einer bestimmten Richtung folgende und einen bestimmten Prozeß abschließende Erfahrung gibt, dann ist die Folge diese, daß *ihr Ausgangspunkt dadurch zu einem kognitiven Subjekt und ihr Endpunkt zu einem gemeinten oder gekannten Gegenstand wird.* Etwas anderes kann unter Kenntnis (in dem hier betrachteten einfachen Fall) nicht verstanden werden, hierin besteht ihr ganzes Wesen, formuliert in empirischen Ausdrücken. Wann immer auch die Abfolge unserer Erfahrungen von dieser Art ist, können wir ohne weiteres sagen, daß wir den erreichten Gegenstand von Beginn an ›im Geiste‹ hatten, auch wenn es *zu Beginn* nichts anderes als eine Erfahrung in uns gab, die gleich anderen ein banales Stückchen substantieller Erfahrung war, ohne Selbsttranszendenz und Mysterium – außer dem einen Mysterium ihrer Entstehung und ihrer schrittweisen Ablösung durch andere substantielle Erfahrungen, zwischen denen jeweils verbindende Übergangserfahrungen liegen. Das ist es, was wir *meinen*, wenn wir von einem Gegenstand sprechen, der sich ›im Geiste‹ befindet. Von irgendeiner tieferen und wirklicheren Art und Weise, im Geiste zu sein, haben wir keine sichere Vorstellung, und es steht uns auch gar nicht zu, unsere tatsächliche Erfahrung durch entsprechende Erwägungen abzuwerten.

Ich weiß, daß manch ein Leser sich hiergegen auflehnen wird. »Auch wenn bloße vermittelnde Glieder Gefühle einer stetig wachsenden Erfüllung bedeuten«, wird er sagen, »so *trennen* sie doch nur das kognitive Subjekt vom Objekt, während Erkenntnis eine Art der unmittelbaren Berührung des einen durch das andere ist, ein ›Erfassen‹ im etymologischen Sinn des Wortes, ein blitzgleiches Überspringen des Abgrundes, ein Akt, durch den zwei Glieder ihrer Unterschiedlichkeit zum Trotze gewaltsam in eins gesetzt werden. All diese toten Zwischenglieder, die Sie anführen, gehen zwar eines aus dem anderen hervor, sind aber gleichwohl außerhalb ihrer Endpunkte.«

Aber erinnern uns solche dialektischen Schwierigkeiten nicht an jenen Hund, der seinen Knochen verliert und nach dessen Bild im Wasser schnappt? Würden wir anderswoher irgendeine wirklichere Art der Einheit kennen, wären wir vielleicht berechtigt, all unsere empirischen Einheiten als Schein zu brandmarken. Aber durch kontinuierlichen Übergang bedingte Einheiten sind die einzigen, die wir kennen, ob nun im Falle des Wissens-über, das in Bekanntschaft mündet, im Falle persönlicher Identität, in der logischen Aussage durch die Kopula ›ist‹ oder anderswo. Gäbe es irgendwo vollkommenere Einheiten, so könnten sie sich uns nur durch solche verbindenden Ergebnisse offenbaren. Diese sind, was den *Wert* von Einheiten ausmacht, und alles, was wir *jemals in praktischer Hinsicht* unter Einheit und Kontinuität *verstehen können*. Ist es nicht an der Zeit zu wiederholen, was Lotze von Substanzen gesagt hat, nämlich: *sich wie eine zu verhalten* bedeutet, *eine zu sein*? Sollten wir hier also nicht sagen, daß das, was in einer Welt, in der Erfahrung und Wirklichkeit zusammenfallen, als kontinuierlich erfahren wird, auch wirklich kontinuierlich ist? In einer Gemäldegalerie wird ein gemalter Haken dazu dienen können, eine gemalte Kette daran zu hängen, ein gemaltes Tau wird ein gemaltes Schiff vertäuen. In einer Welt, in der sowohl Glieder als auch deren Unterschiede eine Sache der Erfahrung sind, müssen Verbindungen, die erfahren werden, zumindest genauso wirklich sein wie alles andere auch. Und sie werden ›absolut‹ wirkliche Verbindungen sein, wenn wir kein überempirisches Absolutes bei der Hand haben, um die ganze erfahrene Welt mit einem Schlage zu entwirklichen. Wenn wir andererseits ein solches Absolutes hätten, dann wäre keine einzige der Erkenntnistheorien unserer Gegner besser gestellt als die unsrige; denn sowohl die Trennungen als auch die Verbindungen der Erfahrung würden ihm ausnahmslos anheimfallen. In einer Welt, in der das Anderssein selbst eine Illusion wäre, würde die ganze Frage, wie ›ein‹ Ding ein ›anderes‹ erkennen kann, aufhören, überhaupt sinnvoll zu sein.[4]

4 Obwohl Herr Bradley nicht behauptet, sein Absolutes anderswoher zu kennen, entwirklicht er dennoch die Erfahrung, indem er behauptet, daß sie voller Selbstwidersprüche sei. Seine Argumente scheinen fast ausschließlich aus leeren Phrasen zu bestehen, aber hier ist nicht der Ort, um diesen Punkt weiter zu verfolgen. [Anm. d. Übers.: James bezieht sich auf Francis H. Bradley, *Appearance and Reality*, London 1893; dt.: *Erscheinung und Wirklichkeit. Ein metaphysischer Versuch*, Leipzig 1928.]

Soviel zum wesentlichen jener kognitiven Beziehung, bei der das Wissen begrifflicher Natur ist, also ein Wissen ›über‹ einen Gegenstand bildet. Sie besteht in (möglichen, wenn nicht wirklichen) vermittelnden Erfahrungen, die kontinuierlich sich entfaltendes Voranschreiten und schließlich Erfüllung bedeuten, wenn sich das Objekt in Form einer spürbaren Wahrnehmung einstellt. Die Wahrnehmung *verifiziert* hier nicht nur den Begriff und beweist dessen Funktion zu wissen, daß das Wahrgenommene wahrhaft ist – die Existenz der Wahrnehmung als Endpunkt der Kette vermittelnder Glieder *erzeugt* diese Funktion allererst. Was immer auch am Ende dieser Kette steht, war das, was der Begriff ›im Geiste hatte‹, denn es bezeugt nunmehr zu existieren.

Die herausragende Bedeutung dieser Art von Kenntnis für das menschliche Leben besteht darin, daß eine Erfahrung, die sich kognitiv auf eine andere bezieht, als deren *Vertreterin* fungieren kann, und zwar nicht in irgendeinem gleichsam übernatürlichen ›erkenntnistheoretischen‹ Sinne, sondern in dem konkreten praktischen Sinne, ihre *Stellvertreterin* in unterschiedlichen, teils physischen, teils mentalen Vorgängen zu sein, die uns zu den mit ihr verbundenen anderen Erfahrungen und Ergebnissen führt. Indem wir mit unseren Vorstellungen von der Wirklichkeit experimentieren, können wir uns die Mühe sparen, mit den wirklichen Erfahrungen zu experimentieren, die sie im einzelnen meinen. Die Vorstellungen bilden miteinander in Beziehung stehende Systeme und entsprechen Punkt für Punkt jenen Systemen, die die tatsächlichen Gegebenheiten bilden; und wenn wir ein ideelles Glied die mit ihm verbundenen Erfahrungen systematisch aufrufen lassen, gelangen wir an denselben Endpunkt, an den das entsprechende reale Glied uns geführt hätte, wären wir in der wirklichen Welt aktiv geworden. Dies führt uns zu der allgemeinen Frage der Substitution, zu der darum im folgenden ein paar Bemerkungen am Platze sein werden.

IV. Substitution

Substitution wurde zum ersten Mal in Taines brillantem Buch über ›Intelligenz‹ als eine grundlegende logische Funktion bezeichnet, obwohl man mit dem Sachverhalt natürlich immer schon hinreichend vertraut gewesen war. Was genau bedeutet die ›Substitution‹ einer Erfahrung durch eine andere in einem System von Erfahrungen?

Erfahrung insgesamt ist meiner Ansicht nach ein Prozeß in der Zeit, durch den unzählige einzelne Glieder hinfällig und durch andere ersetzt werden, die ihnen durch Übergänge nachfolgen, welche ihrerseits Erfahrungen sind, ob nun ihrem Inhalt nach trennend oder verbindend, und die im allgemeinen für genauso wirklich gehalten werden müssen wie die Glieder, die sie verknüpfen. Was das Wesen des als ›Ersetzen‹ bezeichneten Vorgangs bedeutet, hängt gänzlich von der Art des Übergangs ab, der sich einstellt. Einige Erfahrungen beseitigen ihre Vorgänger schlichtweg, ohne sie in irgendeiner Weise fortzuführen. Andere empfindet man als solche, die deren Bedeutung erhöhen oder erweitern, ihren Zweck verwirklichen oder uns ihrem Ziel näherbringen. Sie ›repräsentieren‹ sie und mögen deren Funktion besser erfüllen als diese selbst. Aber in einer Welt reiner Erfahrung eine ›Funktion zu erfüllen‹, kann nur auf eine einzige Art und Weise vorgestellt und definiert werden. In einer solchen Welt sind Übergänge und Ankünfte (oder Vollendungen) die einzigen Ereignisse, die statthaben, obwohl sie auf so unterschiedliche Weise statthaben. Die einzige Funktion, die eine Erfahrung leisten kann, besteht darin, zu einer anderen Erfahrung überzuleiten; und die einzige Erfüllung, von der wir sprechen können, ist das Erreichen eines bestimmten erfahrenen Zieles. Wenn eine Erfahrung zum selben Ziel führt (oder führen kann) wie eine andere, stimmen sie in ihrer Funktion überein. Aber das ganze System von Erfahrungen in ihrer unmittelbaren Gegebenheit stellt sich gewissermaßen als ein Chaos dar, durch welches man, ausgehend von einem Anfangsglied, in viele verschiedene Richtungen gehen und dennoch am selben Zielpunkt ankommen kann, wobei man sich von einem Glied zum nächsten auf unzähligen möglichen Wegen vorwärtsbewegt.

Jeder dieser Wege kann ein funktionaler Stellvertreter sein, und eher dem einen als dem anderen zu folgen mag gelegentlich von Vorteil sein. In der Tat und allgemein betrachtet sind solche Wege höchst vorteilhaft, die über begriffliche Erfahrungen verlaufen, d. h. über ›Gedanken‹ oder ›Vorstellungen‹, die jene Gegenstände ›kennen‹, bei denen sie enden. Sie ermöglichen nicht nur unfaßbar schnelle Übergänge, sondern lassen aufgrund ihres ›universalen‹

Charakters,[5] den sie häufig besitzen, und ihrer Fähigkeit, sich miteinander im großen System zu vereinen, selbst noch die träge Aufeinanderfolge der Dinge selbst hinter sich und treiben uns auf sehr viel arbeitssparendere Weise zu unseren letzten Endpunkten, als es ein Gefolge fühlbarer Wahrnehmungsreihen jemals könnte. Wunderbar sind die neuartigen Abkürzungen und Geistesblitze der Gedankenwege. Es ist richtig, daß die meisten gedanklichen Wege ein Ersatz für nichts wirklich Existierendes sind; sie enden gänzlich außerhalb der realen Welt, in haltlosen Phantasien, Utopien, Fiktionen oder Irrtümern. Aber wo sie in die Wirklichkeit zurücktreten und darin enden, ersetzen wir sie immer; und es sind diese Substitute, mit denen wir die meiste Zeit zubringen.[6]

Diese Auffassung von einer rein stellvertretenden oder begrifflichen physischen Welt stellt uns vor den kritischsten aller Momente im Rahmen der Entwicklung einer Philosophie der reinen Erfahrung. Wir werden hier wieder mit dem Paradox der Selbsttranszendenz im Wissen konfrontiert, aber ich denke, daß meine Auf-

5 Über den in dieser Abhandlung nicht mehr gesagt werden muß, als daß er auch als funktional vorgestellt und im Sinne von Übergängen oder der Möglichkeit von solchen bestimmt werden kann.

6 Dies ist der Grund, warum ich unsere Erfahrungen in ihrer Gesamtheit als gewissermaßen chaotisch bezeichnet habe. Es gibt erheblich mehr Diskontinuität in der Gesamtsumme von Erfahrungen, als wir gemeinhin annehmen. Das objektive Zentrum der Erfahrung eines jeden Menschen, sein eigener Körper, ist – soviel ist richtig – eine kontinuierliche Wahrnehmung; und als Wahrnehmung ebenso kontinuierlich ist die materielle Umwelt dieses Körpers (auch wenn wir ihr gegenüber unaufmerksam sein können), die sich graduell verändert, wenn sich der Körper bewegt. Aber die entfernten Teile der physischen Welt sind uns stets unerreichbar und bilden lediglich gedankliche Gegenstände innerhalb der Wahrnehmungswirklichkeit, in die sich unser Leben an einzelnen und relativ seltenen Punkten einfügt. Um ihre verschiedenen gegenständlichen Zentren herum – die teils mit der wirklichen physischen Welt zusammenfallen, teils aber auch von ihr getrennt sind – entdecken unzählige Denker im Verfolg ihrer physikalisch genauen Überlegungen Wege, die einander nur an diskontinuierlichen Wahrnehmungspunkten kreuzen und ansonsten ziemlich inkongruent sind; und um all die Zentren geteilter ›Wirklichkeit‹ zieht die riesige Wolke von Erfahrungen, die gänzlich subjektiv sind, die nicht stellvertretend sind und die noch nicht einmal in der Wahrnehmungswelt zu enden wissen – die bloßen Tagträume und Freuden und Leiden und Wünsche der einzelnen Geister [*minds*]. Diese existieren in der Tat eine *mit* der anderen und mit dem gegenständlichen Zentrum, aber es ist wahrscheinlich, daß aus ihnen bis in alle Ewigkeit niemals ein interrelationales System, welcher Art auch immer, gemacht werden wird.

fassungen von reiner Erfahrung und Substitution sowie meine radikale empirische Sicht auf verbindende Übergänge *Denkmittel** [dt. im Original] sind, die uns sicher aus dieser Schwierigkeit herausführen werden.

V. Was Gegenstandsbezug ist

Wenn jemand den Eindruck hat, daß die Erfahrung, die er gerade macht, etwas Stellvertretendes ist, dann kann man sagen, daß seine Erfahrung über sich selbst hinausreicht. Aus dem Inneren ihres Daseins verweist sie auf ›mehr‹ und postuliert eine Wirklichkeit, die andernorts existiert. Der transzendentale Denker, für den Erkenntnis in einem *Salto mortale* über eine ›erkenntnistheoretische Kluft‹ besteht, hat mit einer solchen Vorstellung kein Problem; aber sie scheint zumindest auf den ersten Blick mit einem Empirismus wie dem unsrigen unvereinbar zu sein. Habe ich nicht erklärt, daß begriffliches Wissen nun wirklich ganz und gar durch Dinge zustande kommt, die außerhalb des subjektiven Empfindens, etwas zu kennen, selbst liegen – durch vermittelnde Erfahrungen nämlich und einen seinen Zweck erfüllenden Endpunkt? Kann das Wissen bereits vor dem Auftreten dieser Elemente, die es begründen, existieren? Und wie ist Gegenstandsbezug möglich, falls das nicht der Fall ist?

Der Schlüssel zu diesem Problem liegt in der Unterscheidung zwischen einer Kenntnis, die verifiziert und vollendet ist, und derselben Kenntnis, die im Übergang begriffen und auf dem Wege ist. Um zu dem vorhin angeführten Beispiel der Memorial Hall zurückzukehren: Erst dann, wenn unsere Vorstellung von der Halle wirklich in deren Wahrnehmung mündet, wissen wir ›mit Sicherheit‹, daß sie von Beginn an in einem wahrhaft kognitiven Bezug zu *dieser* gestanden hat. Die Qualität, die Halle zu kennen, ja, überhaupt etwas zu kennen, kann so lange in Zweifel gezogen werden, bis sie

* Anm. d. Übers.: In den Vorlesungen zum Pragmatismus erhält der Begriff ›Denkmittel‹ folgende Bedeutung: »Alle unsere Begriffe sind *Denkmittel* […], wie man im Deutschen sagt, nämlich Werkzeuge, mit denen wir die Tatsachen bearbeiten, indem wir sie denken.« (William James, *Pragmatismus. Ein neuer Name für einige alte Denkweisen*, übersetzt und mit einer Einleitung herausgegeben von Klaus Schubert und Axel Spree, Darmstadt 2001, S. 119.)

am Ende des Prozesses vollständig hergestellt ist; und doch war die Kenntnis wirklich da, wie das Ergebnis nunmehr zeigt. Wir kannten die Halle *potentiell*, lange bevor uns durch die rückwirkende, bestätigende Kraft der Wahrnehmung bescheinigt wurde, daß wir wirkliche Kenntnis von ihr gehabt haben. Ebenso sind wir die ganze Zeit über ›sterblich‹, und zwar aufgrund der Potentialität des unvermeidlichen Ereignisses, das uns sterben läßt, wenn es gekommen sein wird.

Nun, der weitaus größte Teil unserer Kenntnis läßt diese potentielle Stufe niemals hinter sich. Er ist niemals vollendet oder fixiert. Ich spreche hier nicht nur von unseren Vorstellungen von nicht wahrnehmbaren Dingen wie Ätherwellen oder zerfallenen ›Ionen‹ oder von solchen wie ›geistigen Auswürfen‹ [*ejects*]*, etwa den Inhalten des Geistes unserer Nachbarn; ich spreche auch von solchen Vorstellungen, die wir verifizieren könnten, wenn wir die Mühe auf uns nehmen würden, aber die wir – auch wenn sie durch keine Wahrnehmung vollendet sind – deshalb für wahr halten, weil es nichts gibt, was ›nein‹ zu uns sagt, und keine andere ihr widersprechende Wahrheit in Sicht ist. *Unwiderlegt weiterzudenken ist in 99 von 100 Fällen unser praktischer Ersatz für eine Kenntnis im vollende-*

* Anm. d. Übers.: Im folgenden übersetzt mit ›geistige Phänomene‹. James verwendet diesen Begriff hier und an anderen Stellen, um den Bereich des menschlichen Bewußtseins *anderer* Personen, d. h. das Fremdpsychische, vom objektiven Gegenstandsbereich, d. h. von der faktischen Welt der Dinge, zu unterscheiden. Beiden Bereichen gemeinsam ist die extramentale Existenz. Das englische Substantiv ›eject‹ und das Adjektiv ›ejective‹ werden in der angelsächsischen Literatur seit dem englischen Mathematiker und Philosophen William K. Clifford (1845-1879) vereinzelt als Fachtermini in philosophischen und psychologischen Kontexten verwendet (vgl. *Dictionary of Philosophy and Psychology*, herausgegeben von James M. Baldwin, New York 1901, S. 312 f.). Clifford selbst sah sich auf der Grundlage eines psycho-physischen Dualismus veranlaßt, zwischen materieller Gegenstandswelt und Bewußtseinswelt eines anderen Menschen zu unterscheiden: »We have no possible ground, therefore, for speaking of another man's consciousness as in any sense a part of the physical world of objects or phenomena. It is a thing entirely separate from it; and all the evidence that we have goes to show that the physical world gets along entirely by itself, according to practically universal rules.« (William Kingdon Clifford, »Body and Mind« [1874], in: *Three Lectures on Psychology*. With a new Introduction by Robert Thomson, London 1993, S. 29.) Auf die Existenz eines anderen Bewußtseins lasse sich per analogiam schließen: »I should be able to perceive your mind and to measure it, but I cannot; I have absolutely no means of perceiving your mind. I judge by analogy that it exists [...].« (Ebd., S. 32.)

ten Sinne. Da jede Erfahrung durch kognitiven Übergang in die nächste übergeht und wir nirgends eine Kollision mit dem verspüren, was wir anderswo als Wahrheit oder Tatsache gelten lassen, vertrauen wir uns dem Strome an, als wäre uns ein Hafen gewiß. Wir leben gleichsam auf der Spitze eines sich vorwärts bewegenden Wellenkammes, und unser Gefühl für die festgelegte Richtung beim Voranstürzen ist alles, was wir von unserem künftigen Weg erfassen. Es ist, als ob ein Differentialquotient sich seiner selbst bewußt wäre und sich für einen angemessenen Ersatz für eine hingezeichnete Kurve hielte. Unsere Erfahrung bezieht sich unter anderem auf Schwankungen in Tempo und Richtung und ist mehr ein Ereignis dieser Übergänge als eines des Ankommens. Erfahrungen der Tendenz sind eine hinreichende Handlungsgrundlage – was mehr hätten wir denn zu jenen Zeitpunkten *tun* können, selbst dann, wenn die spätere Verifikation eine vollständige ist?

Dies habe ich als radikaler Empirist zu dem Vorwurf zu sagen, daß der Gegenstandsbezug, der eine so offensichtliche Eigenschaft all unserer Erfahrungen ist, eine Kluft und einen tödlichen Sprung impliziere. Ein eindeutig verbindender Übergang impliziert weder Kluft noch Sprung. Als das Original dessen, was wir unter Kontinuität verstehen, stiftet er ein Kontinuum, wo auch immer er sich einstellt. Ich weiß sehr wohl, daß eine so knappe Darstellung wie diese den gestählten transzendentalen Denker unerschüttert läßt. Verbindende Erfahrungen *trennen* ihre Glieder, wird er nach wie vor sagen: Sie seien dazwischengesetzte dritte Dinge, die ihrerseits durch neue Verbindungen eingegliedert werden müßten, und sich auf sie zu berufen verschlimmere unsere Probleme unendlich. Unsere Vorwärtsbewegung zu ›fühlen‹ sei unmöglich. Bewegung impliziere einen Endpunkt; und wie könne ein Endpunkt gefühlt werden, bevor wir ihn erreicht haben? Der schiere Start und Aufbruch nach vorne, die schiere Tendenz, diesen Zeitpunkt hinter sich zu lassen, bedeute Kluft und Sprung. Verbindende Übergänge seien die künstlichsten aller Erscheinungen, Illusionen unseres Empfindungsvermögens, die – berührt von philosophischer Reflexion – zerplatzen würden. Das Begriffsvermögen sei unser einziges vertrauenswürdiges Instrument, das Begriffsvermögen und das Absolute, die Hand in Hand arbeiten. Das Begriffsvermögen zersetze die Erfahrung völlig, aber deren Trennungen würden leicht wieder überwunden, wenn das Absolute seine Aufgabe übernähme.

Zumindest vorläufig muß ich solche transzendentalen Denker im Vollbesitze ihrer Überzeugung lassen. Für Polemik habe ich hier keinen Platz, und deshalb werde ich die empiristische Lehre einfach als Hypothese formulieren, die sich entweder bewährt oder nicht bewährt.

Gegenstandsbezug, sage ich also, ist ein Aspekt der Tatsache, daß ein Großteil unserer Erfahrung unzureichend ist und in Prozeß und Übergang besteht. Unsere Erfahrungsfelder haben keine eindeutigeren Grenzen als unsere Wahrnehmungsfelder. Beide sind stets durch ein *Mehr* zerfranst, das sich kontinuierlich entfaltet und durch das jene im fortschreitenden Lebensprozeß kontinuierlich ersetzt werden. Allgemein gesprochen: Die Beziehungen sind genauso wirklich wie die Glieder, und die einzige Klage des transzendentalen Denkers, die ich überhaupt nachvollziehen könnte, wäre sein Vorwurf, daß ich dem ganzen Geschäft den Boden entzogen und versucht hätte, ihm einen Wissensersatz als das wirkliche Wissen anzudrehen, indem ich zunächst Wissen in externen Beziehungen bestehen lasse und dann gestehe, daß letztere in neun von zehn Fällen nicht wirklich, sondern nur in potentieller Hinsicht existieren. In einer solchen Welt, in der Übergänge und Vollendungen nur ausnahmsweise vorkommen, so könnte ein solcher Kritiker sagen, kann das Wissen nur durch das Zugeständnis erneut auf eine feste Grundlage gestellt werden, daß unsere Vorstellungen selbsttranszendent und dabei bereits ›wahr‹ sind, und zwar vor den Erfahrungen, durch die sie vollendet werden.

Das scheint nun ein ausgezeichneter Zeitpunkt zu sein, die pragmatische Methode anzuwenden. *Als was* würden wir die Selbsttranszendenz kennen, von der beteuert wird, sie existiere vor aller empirischen Vermittlung oder Vollendung? Was wäre die praktische Folge für *uns*, wenn es sie gäbe?

Sie könnte allein die Folge haben, zu unserer Orientierung zu dienen, d. h. unsere Erwartungen und praktischen Neigungen auf den richtigen Weg zu bringen; und solange wir und der Gegenstand noch nicht einander gegenüberstehen (oder niemals einander gegenüberstehen können, wie im Falle von geistigen Phänomenen), wäre der richtige Weg jener, der uns in die unmittelbare Nachbarschaft dieses Gegenstandes führt. Wo es keine unmittelbare Bekanntschaft gibt, ist ›Wissen-über‹ das nächstbeste Auskunftsmittel, und die Bekanntschaft mit dem, was um den Gegenstand herum existiert und in engster Beziehung zu ihm steht, stellt dieses Wissen unserem Zugriff zur Verfügung. Ätherwellen und Ihr Ärger zum Beispiel sind Dinge, in die meine Gedanken niemals in Form einer *Wahrnehmung* münden werden, aber meine Vorstellungen von ihnen führen mich an ihren Rand heran, in den farbigen Randbezirk also und zu den verletzenden Worten und Taten, die ihre wirklich unmittelbaren Auswirkungen sind.

Selbst wenn unsere Vorstellungen die postulierte Selbsttranszendenz in sich aufwiesen, wäre es gleichwohl auch weiterhin richtig, daß der *einzige Barwert solcher Selbsttranszendenz für uns* darin bestehen würde, daß sie uns diese Auswirkungen erleben läßt. Überflüssig zu sagen, daß dieser Barwert *verbatim et literatim* genau das ist, was unsere empiristische Erklärung erzielt. Vom Standpunkt pragmatistischer Grundsätze aus betrachtet ist ein Streit über Selbsttranszendenz deshalb reine Wortklauberei. Ob man die Gedanken unserer geistigen Welt nun als selbsttranszendent oder als das Gegenteil bezeichnet, macht keinen Unterschied, solange wir über das Wesen der Früchte dieser verherrlichten Tugend nicht unterschiedlicher Meinung sind – Früchte für uns wohlgemerkt, Früchte für den Menschen.

Würde aus anderen Gründen die Existenz eines Absoluten bewiesen werden, könnte sich durchaus herausstellen, daß *sein* Wissen in unzähligen Fällen vollendet ist, wo das unsrige noch unvollständig ist. Das allerdings wäre eine Tatsache ohne Konsequenzen für unser Wissen. Letzteres würde sich weder verbessern noch verschlechtern, gleich ob wir ein solches Absolutes nun anerkennen oder unberücksichtigt lassen würden.

Der Begriff eines Wissens also, das noch *in transitu* und auf seinem Wege ist, reicht hier dem Begriff ›reiner Erfahrung‹ die Hand, den ich in meinem jüngsten Aufsatz mit dem Titel »Gibt es ein ›Bewußtsein‹?« zu erklären versucht habe. Das augenblickliche Feld des Gegenwärtigen ist immer Erfahrung in ›reinem‹ Zustand, schlichte unbestimmte Aktualität, ein einfaches *Das*, bislang nicht in Gedanke und Gegenstand unterschieden und nur potentiell als gegenständliche Wirklichkeit oder als jemandes Meinung über eine Wirklichkeit klassifizierbar. Das gilt für das begriffliche Feld genauso wie für das Feld der Wahrnehmung. Die ›Memorial Hall‹ ist in meiner Vorstellung genauso ›da‹, wie wenn ich vor ihr stehe. In beiden Fällen bildet sie die Grundlage meines Handelns. Nur in der späteren

Erfahrung, die eine gegenwärtige ersetzt, spaltet sich diese *naive* Unmittelbarkeit rückblickend in zwei Teile auf, in ein ›Bewußtsein‹ nämlich und seinen ›Inhalt‹, der korrigiert oder bestätigt wird. Solange sie noch rein oder gegenwärtig ist, hat jede Erfahrung – meine Erfahrung zum Beispiel gerade dessen, was ich hier niederschreibe – den Geltungsstatus einer ›Wahrheit‹. Der folgende Tag mag sie auf eine ›Meinung‹ reduzieren. Dieser Reduzierung unterliegt der transzendentale Denker in all seinen jeweiligen Aspekten des Wissens genauso wie ich: Sein Absolutes rettet ihn hier keinesfalls. Warum also sucht er den Streit mit einer Beschreibung von Wissen, die darauf besteht, diese Wirkung beim Namen zu nennen? Warum nicht das Wesen der Selbsttranszendenz einer Vorstellung darin sehen, daß sie von einem Punkt zum nächsten geleitet? Warum darauf bestehen, daß Kenntnis eine statische Relation außerhalb der Zeit ist, wenn sie in praktischer Hinsicht doch so sehr als eine Funktion unseres tätigen Lebens erscheint? Lotze sagt, daß gültig zu sein dasselbe ist, wie sich selbst Gültigkeit zu verschaffen. Wenn das ganze Universum anscheinend nur darin begriffen ist, sich selbst Gültigkeit zu verschaffen und dabei doch noch unvollendet ist (warum sonst seine unaufhörliche Veränderung?), warum sollte dann ausgerechnet die Kenntnis eine Ausnahme bilden? Warum sollte sie sich ihre Gültigkeit nicht selbst verschaffen, wie alle anderen Dinge auch? Daß einige ihrer Bereiche bereits gültig oder unstreitig bewiesen sein können, mag der empirische Philosoph natürlich wie jeder andere auch zu allen Zeiten hoffen.

VI. Die Koinzidenz unterschiedlicher Geister

Angesichts dessen, daß Übergang und Perspektive auf diese Weise für die reine Erfahrung geltend gemacht sind, ist es unmöglich, sich den Idealismus der englischen Schule zu eigen zu machen. Tatsächlich hat der radikale Empirismus mehr Gemeinsamkeiten mit dem natürlichen Realismus als mit den Ansichten eines Berkeley oder Mill, was mühelos erwiesen werden kann.

Für die Berkeleysche Schule sind Vorstellungen (das begriffliche Äquivalent dessen, was ich Erfahrungen nenne) zusammenhangslos. Der Inhalt einer jeden sei gänzlich immanent und es gebe keine Übergänge, mit denen sie inhaltlich vergleichbar wären und durch die ihre Wesen sich zusammenfügen könnten. Ihre Memorial Hall und meine stünden in keinerlei Zusammenhang zueinander, selbst dann, wenn es sich in beiden Fällen um eine Wahrnehmung handelt. Unsere Leben seien eine Anhäufung von Solipsismen, aus denen streng logisch ein Universum zu formen, und sei es auch nur ein Diskursuniversum, allein einem Gott vorbehalten wäre. Zwischen meinen und Ihren Gegenständen würden keine dynamischen Strömungen verlaufen. Unsere Geister würden sich niemals im *gleichen* Gegenstand treffen.

Die Unglaubwürdigkeit einer solchen Philosophie ist eklatant. Sie ist im höchsten Maße ›kalt, gezwungen und unnatürlich‹; und man darf bezweifeln, ob selbst Berkeley, der sie so ernst nahm, wirklich glaubte, daß sein Geist und der Geist anderer Passanten gänzlich verschiedene Städte wahrnehmen, wenn er durch die Straßen Londons ging.

Der entscheidende Grund für die Annahme, daß unsere Geister zumindest *einige* Gegenstände gemeinsam haben, besteht für mich darin, daß ich – wenn ich diese Voraussetzung nicht machte – kein Motiv für die Annahme hätte, daß Ihr Geist überhaupt existiert. Warum postuliere ich Ihren Geist? Weil ich Ihren Körper auf bestimmte Weise agieren sehe. Seine Gesten, Mimik, Worte und sein Gebaren allgemein sind ›expressiv‹, und deshalb glaube ich, daß er wie mein eigener durch ein Innenleben, das gleichfalls Ähnlichkeiten mit dem meinigen hat, angetrieben wird. Dieser Analogieschluß ist mein *Grund* dafür, ob ihm nun ein instinktiver Glaube vorangehen mag oder nicht. Aber was ist ›Ihr Körper‹ hier anderes als eine Wahrnehmung in *meinem* Feld? Ich kann Sie überhaupt nur in dem Maße denken, in dem Sie *diesen* Gegenstand – *meinen* Gegenstand – beleben. Wenn der Körper, den Sie in Bewegung setzen, nicht derselbe Körper wäre, den ich dort sehe, sondern irgendein Duplikat von Ihnen, mit dem er selbst gar nichts zu tun hätte, dann gehören wir zu unterschiedlichen Welten, und über Sie zu sprechen wäre eine Torheit meinerseits. Theoretisch können Myriaden solcher Welten in diesem selben Augenblick koexistieren und ohne Bedeutung für einander sein; mein Interesse aber gilt nur jener Welt, von der mein eigenes Leben ein Teil ist.

In jenem Wahrnehmungsbereich *meiner* Welt, den ich *Ihren* Körper nenne, treffen Ihr Geist und mein Geist aufeinander, und von beiden kann gesagt werden, daß sie sich auf einen identischen Gegenstand beziehen. Ihr Geist setzt jenen Körper in Bewegung, und meiner nimmt ihn wahr; meine Gedanken gehen in diesen über, als ob er ihre harmonische kognitive Erfüllung wäre; Ihre Gefühle und Willenskräfte dagegen gehen in ihn über wie eine Ursache in ihre Wirkungen.

Aber dieser Wahrnehmungsgegenstand hängt mit all unseren anderen physischen Wahrnehmungsgegenständen zusammen. Sie sind alle aus einem Stoff; und wenn dieser uns gemeinsam zugänglich ist, dann müssen jene das entsprechend auch sein. Ihre Hand zum Beispiel greift das eine Ende eines Taus, meine Hand greift das andere. Nun ziehen wir um die Wette. Wäre es denkbar, daß unsere beiden Hände wechselseitige Gegenstände in dieser Erfahrung sind, ohne daß es auch das Tau wäre? Was für das Tau gilt, gilt für jeden anderen Wahrnehmungsgegenstand auch. Ihre Gegenstände sind immer wieder dieselben wie die meinigen. Wenn ich Sie frage, *wo* sich einer Ihrer Gegenstände befindet, unsere alte Memorial Hall zum Beispiel, dann zeigen Sie mit *Ihrer* Hand, die *ich sehe*, auf *meine* Memorial Hall. Wenn Sie in Ihrer Welt einen Gegenstand verändern und zum Beispiel in meiner Gegenwart eine Kerze auspusten, dann verlöscht *meine* Kerze *ipso facto*. Nur insofern Sie meine Gegenstände verändern, kann ich überhaupt annehmen, daß Sie existieren. Wenn Ihre Gegenstände nicht mit meinen Gegenständen verschmelzen, wenn sie sich nicht dort befinden, wo meine sich befinden, dann muß bewiesen werden, daß sie tatsächlich woanders existieren. Aber kein anderer Ort kann ihnen zugewiesen werden, also muß ihr Ort sein, was er zu sein scheint: derselbe nämlich.[7]

In praktischer Hinsicht also treffen unsere Geister in einer Welt der Gegenstände zusammen, die ihnen allen gemeinsam sind und die auch dann noch existierten, wenn einer oder mehrere der Geister beseitigt würden. Ich kann keinen formalen Einwand erkennen, warum diese Annahme nicht im wörtlichen Sinne wahr sein sollte. Auf der Grundlage der Prinzipien, die ich verteidige, ist ein ›Geist‹ oder ein ›persönliches Bewußtsein‹ der Name für eine Folge von Erfahrungen, die durch bestimmte konkrete Übergänge in einem Zusammenhang stehen, und eine gegenständliche Wirklichkeit ist eine Folge von ähnlichen Erfahrungen, die durch andere Übergänge ver-

7 Die Auffassung, daß unsere Gegenstände in unseren jeweiligen Köpfen existieren, ist nicht ernsthaft zu verteidigen, so daß ich darüber hinweggehe.

bunden sind. Wenn ein und dieselbe Erfahrung eine zweifache Rolle spielen kann, einmal in einem mentalen und einmal in einem physischen Kontext (wie ich in meinem Aufsatz über das ›Bewußtsein‹ zu zeigen versucht habe), dann ist nicht einzusehen, warum sie nicht eine dreifache oder vierfache Rolle spielen könnte oder dies nicht auch in jeder anderen Häufigkeit, indem sie in entsprechend vielen unterschiedlichen mentalen Kontexten erscheint – gerade so wie ein und derselbe Punkt in viele unterschiedliche Linien verlängert werden kann, an deren Schnittstelle er dann läge. Irgendeine Anzahl von Kontexten aufzuheben würde die Erfahrung selbst oder ihre anderen Kontexte nicht zerstören, ebensowenig, wie die Aufhebung einiger der linearen Verlängerungen des Punktes die anderen Verlängerungen oder den Punkt selbst zerstören würde.

Ich kenne die subtile Dialektik sehr gut, die darauf besteht, daß ein Glied, das in einer anderen Beziehung angenommen wird, auch ein genuin anderes Glied sein müsse. Die Crux ist immer die alte griechische, daß nämlich derselbe Mensch nicht groß im Verhältnis zu dem einen Nachbarn und klein im Verhältnis zu einem anderen sein könne, da er dann groß und klein zugleich wäre. Ich kann mich in dieser Abhandlung nicht damit aufhalten, diese Dialektik zu widerlegen, und also schreite ich voran und lasse diese Flanke vorerst offen. Aber wenn mein Leser nur zugeben wird, daß dasselbe *›jetzt‹* sowohl seine Vergangenheit beendet als auch seine Zukunft beginnen läßt, oder daß ein Grundstück, das er von seinem Nachbarn kauft, dasselbe Grundstück ist, das vom einen in den anderen Besitz übergeht, oder daß – wenn ich ihm einen Dollar zahle – es derselbe Dollar ist, der in seinem Geldbeutel verschwindet, der aus meinem gekommen ist, dann wird er konsistenterweise auch zugeben müssen, daß es zumindest denkbar sei, daß ein und derselbe Gegenstand in einer beliebigen Anzahl von Geistern eine Rolle spielt, indem er mit ihnen allen in Beziehung steht – Geistern, die ansonsten vollkommen verschieden sind. Dies reicht für mein gegenwärtiges Anliegen vollkommen aus: Die Auffassung des Common sense, nach der Geister sich auf denselben Gegenstand beziehen, bereitet aus sich heraus keine speziellen logischen oder erkenntnistheoretischen Schwierigkeiten; sie steht oder fällt mit der allgemeinen Möglichkeit, daß Dinge mit anderen Dingen überhaupt in verbindender Beziehung stehen.

Man halte also den natürlichen Realismus grundsätzlich für möglich. Ihr Geist und mein Geist *können* in derselben Wahrnehmung münden, und zwar nicht nur so, als wäre ihr Gegenstand ein dritter externer Gegenstand, sondern indem beide sich ihr einfügen und mit ihr verschmelzen, denn solcherart ist die verbindende Einheit, die erfahren wird, wenn sich ein Wahrnehmungsendpunkt ›erfüllt‹. Immerhin können zwei Drahtseile denselben Pfeiler umlaufen, und doch berührt keines von ihnen irgendeinen Teil (mit Ausnahme des Pfeilers selbst), an dem das andere Drahtseil befestigt ist.

Aus diesem Grunde ist es keine formale Frage, sondern allein eine Frage der empirischen Tatsächlichkeit, ob unsere Geister in eine numerisch identische Wahrnehmung münden oder dort enden, wenn über Sie und mich gesagt wird, daß wir ›dieselbe‹ Memorial Hall erkennen. Offensichtlich, so die einfache Tatsache, tun sie das *nicht*. Von Farbenblindheit und ähnlichen Möglichkeiten abgesehen, sehen wir die Halle aus unterschiedlichen Perspektiven. Sie können auf der einen Seite stehen und ich auf der anderen. So wie wir die Außenseite der Halle sehen, ist unsere jeweilige Wahrnehmung überdies nur ein vorläufiger Endpunkt. Der nächste Gegenstand jenseits meiner Wahrnehmung ist nicht Ihr Geist, sondern sind andere mir gegebene Wahrnehmungen, in die sich meine erste Wahrnehmung entwickelt, der Innenbereich der Halle zum Beispiel oder die innere Struktur der Ziegel und des Mörtels. Wenn unsere Geister eine in mentaler Hinsicht buchstäblich *identische* Beziehung auf einen Gegenstand hätten, könnte keiner von beiden die gemeinsame Wahrnehmung hinter sich lassen; diese wäre dann vielmehr eine ultimative Grenze für beide, es sei denn, sie würden diese Wahrnehmung tatsächlich überfluten und ein gemeinsames Bewußtsein über einen noch größeren Bereich ihres Inhalts entwickeln, wovon ja aber – die Frage nach der Gedankenübertragung einmal beiseite gelassen – nicht auszugehen ist. Genaugenommen kann die letzte gemeinsame Grenze allerdings immer durch beide Geister verschoben werden, und zwar weiter als jede wirkliche Wahrnehmung eines jeden einzelnen, bis sie sich schließlich in die bloße Auffassung von nicht wahrnehmbaren Gegenständen wie Atomen oder Äther auflöst, so daß unser Wissen dort, wo wir in Wahrnehmungen münden, nur scheinbar vollendet ist, da es streng theoretisch betrachtet lediglich ein potentielles Wissen von jenen entfernteren Gegenständen ist, auf die sich das Begriffsvermögen bezieht.

Ist der – logisch zulässige – natürliche Realismus also durch die empirische Realität widerlegt? Haben unsere Geister am Ende keinen Gegenstand gemeinsam?

Aber ja, sie haben gewiß einen gemeinsamen *Raum*. Auf der Grundlage pragmatischer Prinzipien sind wir verpflichtet, Gleichheit zu prädizieren, wo kein Unterschied prädiziert werden kann. Wenn zwei genannte Gegenstände sich in Qualität und Funktion nicht unterscheiden und in derselben Zeit und am selben Ort existieren, dann müssen sie als numerisch identischer Gegenstand mit zwei verschiedenen Namen bezeichnet werden. Aber soweit ich weiß, ist weit und breit kein Test zu entdecken, durch den erwiesen werden kann, daß der Ort, der durch Ihre Wahrnehmung der Memorial Hall belegt ist, sich von jenem Ort unterscheidet, der durch meine belegt ist. Es mag erwiesen werden können, daß sich die Wahrnehmungen selbst unterscheiden; aber wenn wir beide aufgefordert wären, dort hinzuzeigen, wo sich unsere jeweilige Wahrnehmung befindet, dann würden wir auf ein und dieselbe Stelle zeigen. All die Beziehungen, die die Halle betreffen, ob nun geometrische oder kausale, entspringen oder enden an dieser Stelle, wo unsere Richtungsangaben zusammentreffen und wo jeder von uns zu arbeiten beginnt, sofern er beabsichtigt, die Halle vor den Augen des anderen zu verändern. Nicht anders verhält es sich mit unseren Körpern. Ihr Körper, den Sie von innen heraus in Bewegung setzen und fühlen, muß sich an derselben Stelle befinden wie Ihr Körper, den ich von außen sehe oder anfasse. ›Dort‹ bedeutet für mich, wo ich meinen Finger hinlege. Wenn Sie die Berührung meines Fingers nicht in *meinem* Sinne ›dort‹ verspüren, wenn ich ihn auf Ihren Körper setze, wo spüren Sie ihn dann? Der innere Antrieb Ihres Körpers empfindet meinen Finger *dort: dort* widerstehen Sie seinem Druck oder schrecken zurück oder schieben den Finger mit Ihrer Hand beiseite. Welches weitere Wissen jeder von uns auch immer erwerben kann über die wirkliche Konstitution des Körpers, den wir auf diese Weise fühlen, Sie von innen und ich von außen: Es ist derselbe Ort, an dem die neu vorgestellten oder wahrgenommenen Bestandteile lokalisiert werden müssen, und der gedankliche Austausch zwischen uns muß immer *vermittelt über* diesen Ort stattfinden, und zwar durch die Vermittlung von Eindrücken, die ich dorthin übermittle, und die Reaktionen von dort, welche diese Eindrücke in Ihnen provozieren mögen.

Sodann allgemein ausgedrückt: Mit welch unterschiedlichen Inhalten unsere Geister einen Ort am Ende auch ausfüllen mögen, der Ort selbst ist ein zahlenmäßig identischer Inhalt der zwei Geister, ein Stück gemeinsamen Eigentums, in dem, durch das und vermittelt über das sie sich verbinden. Indem der Aufenthaltsort einiger unserer Erfahrungen somit ein gemeinsamer ist, könnten die Erfahrungen selbst eines Tages bei allen Menschen ebenfalls die gleichen sein. Sollte dieser Tag jemals kommen, dann würden unsere Gedanken in vollkommen empirische Gleichheit münden, und entsprechend der Reichweite *dieser* Erfahrungen wäre unseren Diskussionen über Wahrheit ein Ende bereitet. Da keine Unterschiede sichtbar wären, würden sie als dieselben gelten müssen.

VII. Schluß

Damit haben wir die Umrisse einer Philosophie der reinen Erfahrung vor uns. Zu Beginn dieser Abhandlung habe ich sie eine mosaikartige Philosophie genannt. In wirklichen Mosaiken werden die Teile durch ihre Einbettung zusammengehalten, die in anderen Philosophien durch Substanzen, transzendentale Ichs oder das Absolute repräsentiert werden mag. Im radikalen Empirismus indes gibt es keine Einbettung; hier ist es so, als ob die Teile an ihren Grenzen aneinanderhaften und die zwischen ihnen erfahrenen Übergänge ihr Bindemittel bilden würden. Natürlich ist solche Metaphorik irreführend, denn da die eher substantiellen und die eher dem Übergang zuzurechnenden Teile in der wirklichen Erfahrung bruchlos ineinander übergehen, gibt es im allgemeinen kein Getrenntsein, das durch ein externes Bindemittel überwunden werden müßte; und welches wirklich erfahrene Getrenntsein noch nicht überwunden ist, bleibt es auch bis zum Ende. Aber die Metapher ist dafür geeignet, die Tatsache zu symbolisieren, daß die Erfahrung selbst, im Ganzen genommen, an ihren Grenzen wachsen kann. Daß eines ihrer Momente in den nächsten sich fortpflanzt, durch Übergänge, die – ob nun verbindend oder trennend – das Erfahrungsgewebe ausdehnen, kann, so behaupte ich, nicht verneint werden. Das Leben spielt sich genausosehr in seinen Übergängen ab wie in seinen miteinander verbundenen Gliedern; tatsächlich scheint es dort oftmals mit mehr Nachdruck zu verlaufen, so als ob unsere Spurts und Ausfälle nach vorne die eigentliche Feuerlinie des Gefechts wären, gleich einer dünnen Flammenlinie, die sich durch das trockene Herbstfeld frißt, das der Bauer abbrennt. Auf dieser Linie leben wir sowohl vorausblickend als auch zurückblickend. Sie ›besteht‹ aus der Vergangenheit, insoweit sie ausdrücklich als die Fortführung der Vergangenheit erscheint; sie ›besteht‹ aus der Zukunft, insoweit die Zukunft *ebenjene* fortgeführt haben wird, sobald sie eintritt.

Es sind diese Beziehungen eines erfahrenen kontinuierlichen Übergangs, die unsere Erfahrungen zu kognitiven machen. In den einfachsten und vollständigsten Fällen haben die Erfahrungen einen kognitiven Wert hinsichtlich ihrer Beziehung untereinander. Wenn eine von ihnen eine vorherige Erfahrungsreihe im Sinne einer Erfüllung abschließt, dann ist sie das, so sagen wir, was diese anderen Erfahrungen ›im Blick hatten‹. In einem solchen Fall ist das Wissen verifiziert, die Wahrheit wird auf die ›hohe Kante‹ gelegt. In erster Linie leben wir jedoch von spekulativen Investitionen oder allein von unseren Aussichten. Aber solange unsere Kreditwürdigkeit erhalten bleibt, ist von Dingen *in posse* zu leben genauso gut, wie im Gegenwärtigen zu leben. Es ist offensichtlich, daß es zumeist positiv ist und daß die Welt nur selten Einspruch gegen unsere Entwürfe erhebt.

In diesem Sinne können wir zu jedem Zeitpunkt daran festhalten, an ein existierendes *Jenseits* zu glauben. Nur in seltenen Fällen wird unser zuversichtliches Vorwärtspreschen gerügt. Gemäß meiner Philosophie muß das Jenseits natürlich immer auch selbst empirischer Natur sein. Ist es nicht Gegenstand einer zukünftigen Erfahrung, die wir selbst machen werden, oder eine gegenwärtige Erfahrung unseres Nachbarn, dann muß es ein Ding an sich im Sinne dessen sein, was Dr. Prince und Professor Strong unter diesem Ausdruck verstehen – d. h., es muß eine Erfahrung *für sich* sein, deren Beziehung zu anderen Dingen wir als Bewegung von Molekülen oder Ätherwellen übersetzen oder was es an physikalischen Bildern sonst noch geben mag.[8] Das führt auf die Frage der Beziehungen des radikalen Empirismus zum Panpsychismus, auf die ich hier jedoch nicht eingehen kann.

8 Unser Geist und diese Geistesprodukte hätten immer noch Raum gemeinsam (oder Pseudoraum, wie, glaube ich, Professor Strong das Medium der Interaktion zwischen ›Dingen an sich‹ nennt). Diese würden dort existieren – und dort zu wirken beginnen –, *wo* wir die Moleküle etc. lokalisieren und *wo* wir die sinnlichen Erscheinungen wahrnehmen, die durch sie erklärt werden. [Anm. d. Übers.: James

Das Jenseits kann in jedem Fall gleichzeitig mit der Erfahrung bestehen – kann es doch als etwas erfahren werden, das gleichzeitig existiert *hat* –, und durch die es praktisch postuliert wird, indem in seine Richtung geschaut wird oder indem jene Richtung eingeschlagen wird, als deren Ziel es gilt. Bis zur Verwirklichung dieser Einheit, deren Potentialität die Wahrheit dieses Postulats selbst jetzt ausmacht, sind das Jenseits und derjenige, der es kennt, voneinander abgetrennte Entitäten. Insofern ist die Welt in prospektiver Hinsicht ein Pluralismus, dessen Einheit bis jetzt noch nicht vollkommen erfahren worden ist. Aber sobald Verifikationen eintreten, gehen Erfahrungsreihen, die einst voneinander getrennt waren, ineinander über; und aus diesem Grunde sagte ich weiter vorne in dieser Abhandlung, daß die Einheit der Welt insgesamt in Wachstum begriffen ist. Die Welt nimmt an Umfang stetig durch Erfahrungen zu, die sich selbst in das Bestehende hineinpflanzen; aber gerade diese neuen Erfahrungen verhelfen dem Bestehenden oftmals zu einer gefestigteren Form.

Dies sind die Hauptzüge einer Philosophie der reinen Erfahrung. Sie weist unzählige andere Aspekte auf und zieht unzählige Fragen nach sich, aber die von mir berührten Punkte scheinen mir für den Anfang zu genügen. Für mich harmoniert eine solche Philosophie am besten mit einem radikalen Pluralismus, mit dem Neuen [*novelty*] und dem Indeterminismus, mit dem Moralismus und Theismus sowie mit dem ›Humanismus‹, der kürzlich von den Oxford- und Chicagoschulen zu uns herübergeschwappt ist.[9] Ich kann mir jedoch nicht sicher sein, daß all diese Lehren ihre notwendigen und unabkömmlichen Verbündeten sind. Sie unterscheidet sich in so vielen Hinsichten vom Common sense und vom Idealismus, die un-

könnte folgende Bücher im Sinn gehabt haben: Morton Prince, *The Nature of Mind and Human Automatism*, Philadelphia 1885; Charles A. Strong, *Why the Mind Has a Body*, New York 1903.]

9 Über diese letztere Allianz habe ich etwas in einem Aufsatz mit dem Titel »Humanismus und Wahrheit« (*Mind*, Oktober 1904) gesagt. [Anm. d. Übers.: Hinter der Schule von Oxford stehen für James neben dem englischen Philosophen Ferdinand Scott Schiller (1864-1937) auch die anderen Autoren einer Textsammlung, die von Henry Sturt unter dem Titel *Personal Idealism. Philosophical Essays by Eight Members of the University of Oxford*, London 1902 herausgegeben wurde. James hat dieses Buches rezensiert (vgl. *Mind* 12 [1903], S. 93-97). Für die Schule von Chicago steht vornehmlich John Dewey (vgl. William James, »The Chicago School«, in: *Psychological Bulletin* 1 [1904], S. 1-5).]

sere philosophische Sprache geformt haben, daß es fast ebenso schwierig ist, sie darzulegen, wie sie intellektuell klar zu konzipieren, und wenn sie jemals die Form eines respektablen Systems annehmen soll, dann werden dazu die Beiträge vieler kooperierender Köpfe notwendig sein. Wie ich zu Beginn dieser Abhandlung sagte, will es mir scheinen, daß sich viele Geister gegenwärtig tatsächlich in eine Richtung wenden, die auf den radikalen Empirismus hinweist. Wenn sie durch meine Worte vorangebracht werden und wenn sich ihre kraftvolleren Stimmen dann wiederum mit meiner schwächeren vereinen, dann wird die Veröffentlichung dieser Abhandlung der Mühe wert gewesen sein.

3.
Das Ding und seine Beziehungen[1]

In ihrer Unmittelbarkeit scheint die Erfahrung vollkommen fließender Natur zu sein. Vor aller Reflexion, die uns unsere instinktive Welt zertrümmert, ist das aktive Lebensgefühl, an dem wir uns alle erfreuen, selbsterhellend und ohne Widersprüche. Was diesem Mühe bereitet, sind Enttäuschungen und Ungewißheiten – und nicht intellektuelle Widersprüche.

Wenn jedoch der reflektierende Verstand tätig wird, entdeckt er Unverständliches im fließenden Prozeß. Indem er ihn in seine Elemente und Teile zergliedert, gibt er diesen eigene Bezeichnungen, und was er auf diese Weise trennt, kann so leicht nicht mehr zusammenfügt werden. Der Pyrrhonismus akzeptiert die Irrationalität und unternimmt genüßlich seine dialektische Ausarbeitung. Andere Philosophien versuchen, das fließende Lebensgefühl wiederherzustellen und verabschieden jene dialektische Einfalt zugunsten der Wiederherstellung dieses Lebensgefühls – einige, indem sie die dialektische Prozedur ignorieren, andere, indem sie dieser entgegenwirken, und wiederum andere, indem sie diese Prozedur gegen sich selbst wenden und deren erste Negationen selbst negieren. Die Vollkommenheit, mit der eine jede Philosophie dies zu tun vermag, ist das Maß ihres menschlichen Erfolgs und ihrer Bedeutung in der Geschichte der Philosophie. In einem Aufsatz mit dem Titel »Eine Welt der reinen Erfahrung«[2] habe ich mich selbst skizzenhaft an diesem Problem versucht und gewissen ersten dialektischen Schritten widerstanden, indem ich allgemein darauf bestanden habe, daß die unmittelbar erfahrenen verbindenden Beziehungen so real wie alles andere auch sind. Soll meine Skizze nicht allzu naiv erscheinen, dann bleibt mir nur, mich mehr mit den Einzelheiten auseinanderzusetzen, was ich nun in der vorliegenden Abhandlung zu tun beabsichtige.

1 Leicht überarbeiteter Reprint aus dem *Journal of Philosophy, Psychology, and Scientific Methods* 2 (1905)[, S. 29-41].

2 *Journal of Philosophy, Psychology, and Scientific Methods* 1 [1904], S. 566 [Works III (*Essays in Radical Empiricism*, Cambridge/London 1976), S. 39 f.; S. 51 f. in diesem Band].

I

Ich habe den unmittelbaren Fluß des Lebens als ›reine Erfahrung‹ bezeichnet, welche das Material für unsere spätere Reflexion mit ihren begrifflichen Kategorien liefert. Allein von Neugeborenen oder Menschen, die sich aufgrund von Schlaf, Medikamenten, Krankheit oder auch Hieben in einem Halbkoma befinden, kann angenommen werden, daß sie eine reine Erfahrung im buchstäblichen Sinne eines *Das* [*that*] haben, das noch kein bestimmtes *Was* [*what*] ist, wenn es auch gleichwohl bereit ist, jede nur denkbare Form eines Was anzunehmen; sie ist voller Einheit und Vielheit, aber auf eine Art und Weise, die sich nicht manifestiert; sie ist in ständigem Wechsel, dies aber in so verworrener Weise, daß ihre Phasen sich gegenseitig durchdringen und keine Fixpunkte, weder solche des Unterschieds noch die der Identität, ausgemacht werden können. In diesem Zustand ist reine Erfahrung nur eine andere Bezeichnung für Gefühl oder Empfindung. Ihr Fluß aber kommt nicht eher zustande, bevor sie nicht zur Bildung von Schwerpunkten tendiert, und diese hervorstechenden Teile werden ermittelt, festgesetzt und abstrahiert; jetzt befindet sich die Erfahrung in einem Fluß, so als ob sie von Adjektiven, Substantiven, Präpositionen und Konjunktionen durchschossen wäre. Ihre Reinheit ist nur ein relativer Ausdruck, der sich auf das anteilige Maß des vorsprachlichen Gefühls bezieht, das sie nach wie vor verkörpert.

Soweit wir auch zurückgehen – der Fluß, sowohl als ganzer als auch in seinen Teilen, besteht aus verbundenen und getrennten Dingen. Die großen Kontinua von Zeit, Raum und dem Selbst schließen alles zwischen sich ein und fließen zusammen dahin, ohne sich gegenseitig zu beeinträchtigen. Die Dinge, die sie in sich einschließen, sind in einigen Fällen getrennt und in anderen zusammenhängend. Manche Gefühle fügen sich mit so manchen Vorstellungen zusammen, andere sind nicht miteinander zu vereinen. Eigenschaften durchdringen gemeinsam den einen Raum oder grenzen sich von ihm ab. Sie hängen beständig in Gruppierungen zusammen, die sich als Einheiten bewegen, andernfalls trennen sie sich. Ihre Wechsel sind abrupt oder diskontinuierlich; und hinsichtlich ihrer Art gleichen sie einander oder unterscheiden sich; und weil sie das tun, ergeben sich aus ihnen entweder einheitliche oder uneinheitliche Abfolgen.

Bei all dem sind Kontinuitäten und Diskontinuitäten absolut gleichrangige Angelegenheiten des unmittelbaren Gefühls. Die Verbindungen sind genauso ursprüngliche Elemente des ›Faktischen‹, wie es die Unterschiede und Trennungen sind. Der Akt, durch den ich fühle, daß die gerade vergehende Minute ein neuer Impuls meines Lebens ist, ist derselbe, durch den ich fühle, daß das alte Leben sich in ihr fortsetzt, und das Gefühl der Beständigkeit erschüttert dabei in keiner Weise das gleichzeitige Gefühl der Neuheit. Harmonisch dringen auch sie gemeinsam vor. Präpositionen, Bindeworte und Konjunktionen, ›ist‹, ›ist nicht‹, ›dann‹, ›bevor‹, ›in‹, ›auf‹, ›außer‹, ›zwischen‹, ›nächster‹, ›gleich‹, ›ungleich‹, ›wie‹ und ›aber‹ erblühen auf genauso natürliche Weise aus dem Strom der reinen Erfahrung, dem Strom des Konkreten oder auch dem Gefühlsstrom, wie es Substantive und Adjektive tun, und sie verschmelzen genauso fließend wieder mit ihm, wenn wir sie auf einen neuen Abschnitt des Flusses anwenden.

II

Wenn wir nun fragen, warum wir die Erfahrung von einer konkreteren oder reineren in eine verstandesmäßigere Form umwandeln müssen und sie dabei immer reichlicher begrifflich differenzieren, dann geben Rationalismus und Naturalismus unterschiedliche Antworten darauf.

Die rationalistische Antwort lautet, daß das theoretische Leben unabdingbar ist und dessen Interessen zwingend sind, es also schlichtweg die Pflicht des Menschen ist zu ›verstehen‹, und daß man mit demjenigen, der dieses anzweifelt, nicht diskutieren muß, da er de facto selbst argumentiert und aus diesem Grunde sein Anliegen verspielt.

Die naturalistische Antwort lautet, daß die Umwelt uns tötet wie auch am Leben erhält und daß die Tendenz roher Erfahrung, das Subjekt der Erfahrung selbst auszumerzen, in eben dem Maße verringert wird, in dem jene Elemente in ihr, die eine praktische Bedeutung für das Leben haben, aus dem Kontinuum herausgegliedert, sprachlich fixiert und aneinander gekoppelt werden, so daß wir in der Lage sind zu wissen, was uns zukünftig erwartet, und uns vorbereiten können, rechtzeitig darauf zu reagieren. Wäre reine Erfahrung immer schon vollkommen lebenserhaltend gewesen, so der Naturalist, dann hätte sich niemals die Notwendigkeit ergeben, irgendeines ihrer Glieder zu isolieren oder zu versprachlichen. Unsere Erfahrung wäre dann nur undeutlicher Natur gewesen, und wir hätten auf nicht verstandesmäßige Art und Weise das Leben genossen. Dieser theoretische Hang zur ›Reaktion‹ in der naturalistischen Erklärung impliziert, daß wann immer wir eine relativ reine Erfahrung intellektualisieren, wir dies um einer Rückkehr zur reineren oder konkreteren Ebene willen tun sollten, und daß ein Verstand die Ausübung seiner Funktion verfehlt und damit seinen ihm gemäßen Auftritt verpaßt, wenn er hoch droben inmitten seiner abstrakten Ausdrücke und verallgemeinerten Beziehungen verharrt und sich selbst nicht wieder mit seinen Ergebnissen an irgendeinem besonderen Punkt in den unmittelbaren Lebensstrom eingliedert.

Die meisten heutigen Rationalisten werden zugeben, daß der Naturalismus eine hinreichend wahre Erklärung der Art und Weise gibt, wie unser Verstand zunächst entstanden ist, aber diese letzteren Implikationen werden sie verneinen. Der Fall, werden sie sagen, gleicht dem der Geschlechterliebe. Diese Leidenschaft, die ihren Ursprung im tierischen Bedürfnis habe, die nächste Generation hervorzubringen, habe in sekundärer Hinsicht dermaßen vorherrschende geistige Bedürfnisse entwickeln lassen, daß die Antwort auf die Frage, warum überhaupt eine nächste Generation geboren werden sollte, folgendermaßen laute: Vornehmlich deshalb, damit es auch weiterhin Liebe geben kann. Ebenso verhalte es sich mit unserem Verstand: Er habe seinen Ursprung darin, ein praktisches Hilfsmittel zum Zwecke der Lebensdienlichkeit zu sein, aber zufällig habe er die Funktion entwickelt, die absolute Wahrheit zu verstehen; und das Leben scheine nun seinerseits vornehmlich als ein Hilfsmittel gegeben zu sein, durch das diese Funktion ausgeübt werden könne. Aber die Wahrheit und ihr Verständnis lägen inmitten der Abstrakta und Allgemeinbegriffe, so daß der Verstand seine wichtigeren Geschäfte nun gänzlich in dieser Region betreibe, und zwar ohne jedes Bedürfnis, wieder zur reinen Erfahrung zurückzukehren.

Sollten die einander gegenübergestellten Richtungen, die ich entsprechend als naturalistisch und rationalistisch bezeichne, vom Leser nicht verstanden werden, dann wird ein Beispiel sie vielleicht greifbarer machen. Herr Bradley zum Beispiel ist ein Ultra-Rationalist. Er gibt zu, daß unser Verstand in erster Linie praktischer Natur ist, sagt aber auch, daß das praktische Bedürfnis im Falle von Philosophen schlichtweg eines nach Wahrheit sei.[3] Außerdem müsse vorausgesetzt werden, daß Wahrheit ›konsistent‹ sei. Unmittelbare Erfahrung nun müsse in Subjekte und Eigenschaften, Glieder und Beziehungen aufgefächert werden, um überhaupt als Wahrheit verstehbar zu sein. Allein, wenn sie in dieser Weise aufgefächert wäre, dann sei sie weniger konsistent als je zuvor. Im rohen Zustand sei sie gänzlich ununterschieden. Intellektualisiert dagegen sei sie gänzlich Unterscheidung ohne Einheit. »Eine solche Einteilung mag *praktischen Nutzen* haben [Hervorhebung W. J.], aber das theoretische Problem wird damit nicht gelöst« (S. 18).* Die Frage sei, »wie die Mannigfaltigkeit in Harmonie mit der Einheit existieren kann« (S. 95). Zur reinen Erfahrung zurückzugehen sei vergeblich. »Das bloße Gefühl gibt uns keine Antwort auf das Rätsel« (S. 83). Selbst wenn Ihr Gespür ein Faktum ist – ein *Verstehen* ist es nicht. »Es ist bloße Erfahrung und erlaubt keine konsistente Auffassung« (S. 87). Werden Erfahrungen als Fakten oder Wahrheiten dargeboten, dann »erlebe ich, daß mein Verstand dieses zurückweist, weil jene sich selber widersprechen. Sie stellen einen Komplex von Verschiedenheiten dar, die so verbunden sind, daß er ihre Verbindungsform nicht als die seine erkennt und er sie nicht als die eigene wiederholen kann [...]. Denn mein Verstand muß, um befriedigt zu sein, verstehen können, und er kann nicht verstehen, wenn er das Viele in einen Topf wirft« (S. 480). Im alleinigen Interesse des ›Verstehens‹ (so, wie er sich diese Funktion denkt) kehrt Herr Bradley aus diesem Grunde der endlichen Erfahrung für immer den Rücken. Wahrheit müsse in entgegengesetzter Richtung liegen, in Richtung des Absoluten; und seit jener Zeit wandeln diese Art von Rationalismus und der Naturalismus – oder auch der Pragmatismus (wie ich ihn nun einmal nennen möchte) – auf entgegengesetzten Pfaden. Für den einen sind jene intellektuellen Erzeugnisse am wahrsten, die sich dem Absoluten zuwenden und die am ehesten

3 [Francis H. Bradley,] *Erscheinung und Wirklichkeit. Ein metaphysischer Versuch*, Leipzig 1928, S. 123-124.

* Anm. d. Übers.: Hier und im folgenden liegt die deutsche Übersetzung von Friedrich Blaschke zugrunde, von der jedoch teilweise abgewichen wird (Bradley, *Erscheinung und Wirklichkeit*, a.a.O.). Die im Fließtext genannte Seitenzahl bezieht sich auf diese Ausgabe.

vermögen, dessen Formen der Vereinigung des Vielen mit dem Einen zu symbolisieren. Für den anderen sind jene am wahrsten, die am erfolgreichsten wieder in den endlichen Gefühlsstrom eintauchen und hier am leichtesten mit einer bestimmten großen oder kleinen Welle zusammenfließen. Solches Zusammenfließen beweist nicht nur, daß das intellektuelle Verfahren richtig war (so wie eine Addition ›beweisen‹ kann, daß eine Subtraktion bereits richtig vorgenommen wurde), sondern dem Pragmatismus zufolge konstituiert es auch all das, was wir meinen, indem wir es als wahr bezeichnen. Nur insofern sie uns wieder zur fühlbaren Erfahrung zurückführen, erfolgreich oder nicht erfolgreich, sind unsere Abstrakta und Allgemeinbegriffe überhaupt wahr oder falsch.

III

Im sechsten Abschnitt meines Aufsatzes »Eine Welt der reinen Erfahrung« habe ich recht allgemein die Überzeugung des Common sense übernommen, daß es eine und dieselbe Welt ist, die von unseren verschiedenen Geistern erkannt wird; die dialektischen Argumente jedoch, mit denen behauptet wird, daß dies logisch unsinnig sei, habe ich nicht weiter erörtert. Der gewöhnliche Grund, der für die Unsinnigkeit dieser Überzeugung angeführt wird, lautet, daß diese Überzeugung ein Objekt (d.h. die Welt) voraussetze, das gleichzeitig in zwei Beziehungen stehe – nämlich sowohl zu meinem Geist und dann auch zu dem Ihrigen –, während doch ein Glied, das in einer zweiten Beziehung zur Geltung gebracht werde, in logischer Hinsicht nicht dasselbe sein könne, das es in der ersten Beziehung gewesen sei.

In Diskussionen mit Absolutisten habe ich diesen Grund sehr häufig gehört, und er würde meinen radikalen Empirismus gänzlich über den Haufen werfen, wäre er denn zulässig, so daß ich also verpflichtet bin, ihm ein aufmerksames Ohr zu schenken und ernsthaft seine Überzeugungskraft zu prüfen.

Man mache zum Beispiel den Ausdruck *M* zum Streitgegenstand, von dem behauptet wird, daß er einerseits zu *L* in Beziehung stehe, andererseits zu *N*; und man lasse diese zwei Fälle von Beziehungen durch *L-M* beziehungsweise *M-N* symbolisiert sein. Wenn ich nun annehme, daß sich die Erfahrung unmittelbar einstellen und in der

Form *L-M-N* repräsentiert werden kann, und zwar ohne jede Spur einer Verdoppelung oder internen Teilung von *M*, dann hält man mir entgegen, daß dies ein nur allzu bekannter Irrglaube sei und daß *L-M-N* in logischer Hinsicht zwei verschiedene Erfahrungen bedeute, nämlich *L-M* und *M-N*, und daß die zwei *M's* als Elemente endlicher Erfahrung eben doch unwiederbringlich auseinanderliegen würden, die Welt zwischen ihnen also auseinandergebrochen und unüberbrückt wäre, obwohl das Absolute von seinem überlegenen Standpunkt aus seine eigene Art von Einheit in die zwei Ausgaben von *M* hineinlesen könne und in der Tat auch müsse.

Wenn man mit dieser dialektischen These argumentiert, dann gilt es zu vermeiden, vom logischen auf den physischen Standpunkt abzugleiten. Nimmt man ein konkretes Beispiel, um die eigenen Ideen daran festzumachen, dann wäre es einfach, ein solches zu wählen, in dem der Buchstabe *M* für einen gewissen Sammelnamen steht, der – wenn er durch den einen seiner Aspekte auf *L* und durch einen anderen auf *N* bezogen wäre – innerlich zweierlei Ding wäre, sobald er sich äußerlich in beiden Beziehungen befände. So könnte man etwa sagen: »David Hume, dessen Körper ein bestimmtes Gewicht aufweist, beeinflußt die Nachwelt durch seine Lehre.« Körper und Lehre sind zwei Dinge, zwischen denen unsere endlichen Geister keine wirkliche Identität entdecken können, obwohl ein und derselbe Name beides umfaßt. Und dann könnte man fortfahren: »Nur ein Absolutes ist in der Lage, eine solche Nicht-Identität in eine Einheit zu überführen.« Ich sage: diese Art von Beispiel gilt es zu vermeiden; denn die dialektische Einsicht, sofern sie überhaupt wahr ist, muß in universaler Weise Anwendung auf Glieder und Beziehungen finden. Sie muß wahr sein sowohl in Hinsicht auf abstrakte Einheiten als auch in Hinsicht auf Sammelnamen; und falls wir sie durch konkrete Beispiele beweisen, so müssen wir das schlichteste nehmen, um irrelevante materiale Vorstellungen zu vermeiden.

Dementsprechend auf seine Allgemeingültigkeit verpflichtet, scheint das absolutistische Argument seine Hauptvoraussetzung in der Bemerkung Humes zu finden, »daß alle unsere gesonderten Perzeptionen auch gesondert bestehen, und: daß der Geist nirgends eine reale Verknüpfung zwischen dem, was für sich bestehen kann, wahrzunehmen vermag«.* Zweifellos müssen wir zwei gesonderte

* Anm. d. Übers.: James zitiert hier aus Humes *Treatise* (David Hume, *Ein Traktat über die menschliche Natur*, Buch I: Über den Verstand, übersetzt, mit Anmer-

Perzeptionen haben oder gehabt haben, da wir ja zwei Aussagen treffen, wenn wir zunächst über ›*M's* Beziehung zu *L*‹ und dann wiederum über ›*M's* Beziehung zu *N*‹ sprechen – und der Rest scheint dann entsprechend formgerecht zu folgen. Aber der Ausgangspunkt dieser Begründung scheint das Faktum der zwei *Aussagen* zu sein; und das läßt vermuten, daß das Argument seinen Grund lediglich in der Sprache haben könnte. Ist es möglich, daß die ganze dialektische Errungenschaft darin besteht, der in Frage stehenden Erfahrung eine Struktur zuzuschreiben, die der jener Sprache gleicht, in der wir sie beschreiben? Müssen wir also die objektive Zweiheit von *M* nur deshalb behaupten, weil wir es zweimal zu benennen haben, wenn wir seine zwei Beziehungen benennen?

Offen gesagt – einen anderen Grund für die dialektische Schlußfolgerung kann ich mir nicht vorstellen![4] Denn die Erfahrung selbst straft das behauptete Paradox Lügen, sofern wir eben nicht an unsere sprachlichen Ausdrücke, sondern an irgendeine einfache, konkrete Sache denken, die durch ebenjene sprachlichen Ausdrücke bezeichnet werden können sollte. Wir verwenden in der Tat zwei einzelne Begriffe, wenn wir unseren Gegenstand analysieren, aber wir sind uns immerfort darüber im klaren, daß sie nur stellvertretende Funktion haben und daß das *M* in *L-M* und das *M* in *M-N* ein und dasselbe Teil – *M* – sinnlicher Erfahrung *meint* (d. h. beide imstande sind, zu einer solchen hinzuführen und darin zu münden). Diese beständige Identität gewisser Einheiten, Schwerpunkte, Gesichtspunkte, Objekte oder Elemente – nennen Sie es, wie Sie wollen – des Erfahrungskontinuums ist nur eines von dessen verbindenden Merkmalen, auf die so nachdrücklich zu insistieren ich verpflichtet bin.[5] Denn Gleichheiten sind Teile der unverletzlichen Struktur von Erfahrung. Höre ich einen Glockenschlag, dessen Nachklang in meinem Geiste mit zunehmend verstreichender Zeit

kungen und Register versehen von Theodor Lipps, mit einer Einführung herausgegeben von Reinhard Brandt, Hamburg 1989, S. 363 f.).

4 In theoretischer Hinsicht scheint sie als ›Trugschluß der Verallgemeinerung‹ [*fallacy of composition*] klassifizierbar zu sein. Eine Dualität, von der im Falle der zwei Einheiten *L-M* und *M-N* die Rede sein kann, wird sogleich auf einen ihrer Teile – *M* – übertragen.

5 Vgl. [hierzu »A World of Pure Experience«, in: *Journal of Philosophy, Psychology, and Scientific Methods* 1 (1904)], S. 534 ff. [Works III (*Essays in Radical Empiricism*, a.a.O.), S. 22 ff.; siehe auch S. 29 ff. in diesem Band].

verhallt, dann höre ich in meiner Erinnerung gleichwohl ›denselben Glockenschlag‹. Sehe ich ein Ding *M* mit *L* an seiner linken und *N* an seiner rechten Seite, dann sehe ich es als *ein M*; und wenn Sie mir sagen, ich müsse es zweimal ›geltend machen‹, dann antworte ich, daß ich es auch dann noch als eine Einheit *sehen* würde, selbst wenn ich es tausendmal ›geltend machte‹.[6] Seine Einheit ist ursprünglich, genauso wie die Vielheit ursprünglich ist, die besteht, wenn ich ihn nach und nach zur Geltung bringe. Er erscheint mir ungebrochen als *das M*, als ein einzelnes, dem ich begegne; jene dagegen erscheinen mir in zerstückelter Weise, als *diese* zur Geltung gebrachten Dinge, als die Vielzahl meiner Operationen. Die Einheit und das Getrenntsein sind grundsätzlich gleichwertig. Ich ergründe nicht eben leicht, warum meine Widersacher das Getrenntsein um so vieles verständlicher finden sollten, nur um das Ganze endlicher Erfahrung damit infizieren zu dürfen und die Einheit (nun als reines Postulat verstanden und nicht mehr länger als ein eindeutig wahrnehmbares Ding) in die Region der Rätsel des Absoluten zu verbannen. Ich ergründe dies nicht eben leicht, sage ich, denn die angesprochenen Widersacher sind über rein verbale Ausflüchte erhaben; und doch ist all das, was ich ihrem Vortrag entnehmen kann, dies, daß sie mit dem, was hinsichtlich bestimmter Worte wahr ist, dasjenige ersetzen, was für das wahr ist, das diese bezeichnen. Sie verharren auf der Ebene von Worten – und kehren nicht zum Lebensstrom zurück, woher all deren Bedeutung stammt und der immer bereit ist, sie wieder in sich aufzunehmen.

IV

Sofern also dieses Argument etwas beweist, können wir auch weiterhin an der Überzeugung festhalten, daß viele *eines* Dinges gewahr sein können. Die Verneinung aber, daß ein Ding in vielen Bezie-

6 Ich kann hier vielleicht auf meine *Principles of Psychology* verweisen, Bd. I, S. 459 ff. Es scheint mir wirklich bizarr zu sein, die Auffassung rechtfertigen zu müssen (wie ich dies zu tun nun gezwungen bin), daß es ein Blatt Papier ist (mit seinen zwei Oberflächen und all dem, was dazwischen ist), das sowohl unter meiner Schreibfeder als auch auf dem Tisch liegt, während ich schreibe – die ›Behauptung‹, daß es sich um zwei Blätter handelt, erscheint ziemlich dreist. Und doch verdächtige ich die Absolutisten zuweilen, dies ehrlich zu behaupten!

hungen stehen kann, ist lediglich ein Fall einer noch profunderen dialektischen Schwierigkeit. Der Mensch kann nicht gut sein, haben die Sophisten gemeint, denn der Mensch ist *Mensch* und *gut* ist gut; Hegel und Herbart in ihren Tagen, später A. Spir, vor kurzem aber und am ausführlichsten Bradley lassen uns wissen, daß ein Glied in logischer Hinsicht nur eine punktuelle Einheit sein könne und daß nicht eine der verbindenden Beziehungen zwischen Dingen, die die Erfahrung hervorzubringen scheint, rational möglich sei.

Wenn dies wahr ist, dann wird der radikale Empirismus natürlich noch nicht einmal mit einem Schilling abgefunden. Der radikale Empirismus nimmt die verbindenden Beziehungen für bare Münze und hält sie für genauso real wie die Glieder, die durch sie verbunden werden.[7] Er präsentiert die Welt als eine Ansammlung, innerhalb deren einige Teile in konjunktiven, andere in disjunktiven Beziehungen stehen. Zwei Teile, die an sich getrennt sind, können durch Vermittler gleichwohl zusammenhängen, mit denen sie jeweils verbunden sind, und die ganze Welt schließlich kann in gleicher Weise zusammenhängen, insofern immer auch nur zumindest *ein* Weg des verbindenden Übergangs erkennbar ist, durch den vom einen ihrer Teile zu einem anderen hinübergegangen werden kann. Solch eine entschieden andersartige Form des Zusammenhängens kann als *verkettete* Einheit bezeichnet werden, um sie von jener Form der Einheit zu unterscheiden, die ›durch und durch‹ Einheit, also ›eines in allem und alles in einem‹ ist (eine Einheit des *totalen Zusammenflusses*, wie man sie nennen könnte), die monistische Systeme erreichen können wollen, wenn sie Dinge in ihrer absoluten Realität betrachten. In einer verketteten Welt wird oftmals ein nur partieller Zusammenfluß erfahren. Unsere Begriffe und Empfindungen fließen zusammen; aufeinanderfolgende Zustände desselben Ichs und Gefühle desselben Körpers fließen zusammen. Wo Erfahrung durch keinen Zusammenfluß gekennzeichnet ist, da mag sie von angrenzender Natur sein (Dinge mit eben doch einem Ding zwischen sich); oder durch Nachbarschaft gekennzeichnet sein (nichts dazwischen); oder durch Ähnlichkeit; oder durch Nähe; oder durch Gleichzeitigkeit; oder durch Darinnensein; oder durch Aufsein; oder durch Fürsein; oder durch einfaches Mitsein; oder

7 Vgl. [hierzu »A World of Pure Experience«, in: *Journal of Philosophy, Psychology, and Scientific Methods* 1 (1904),] S. 534, 540 [Works III (*Essays in Radical Empiricism*, a.a.O.), S. 22, 30; siehe auch S. 29, 38 f. in diesem Band].

selbst durch ein bloßes ›und‹, wobei diese letztere Beziehung Grund genug wäre, die Welt – wie unzusammenhängend sie in anderer Hinsicht auch immer sein mag – in jedem Fall zu einem Universum des ›Diskurses‹ zu machen. Herr Bradley aber sagt uns nun, daß diese Beziehungen, wie wir sie ja tatsächlich erfahren, unmöglich wirklich sein können.[8] Entsprechend muß meine nächste Pflicht darin bestehen, den radikalen Empirismus vor Herrn Bradley zu bewahren. Wie mir scheint, ist seine allgemeine Behauptung, daß genau der Begriff der Beziehung offenkundig undenkbar sei, glücklicherweise von vielen Kritikern erfolgreich angegangen worden.[9]

Es grenzt an körperlichen Schmerz – und ist ungerecht sowohl den Lesern als auch den vorherigen Autoren gegenüber –, gute Argumente, die bereits gedruckt sind, zu wiederholen. In meiner Auseinandersetzung mit Herrn Bradley werde ich mich deshalb allein auf die Anliegen des radikalen Empirismus beschränken.

V

Die erste Pflicht des radikalen Empirismus, der gegebene Verbindungen für bare Münze nimmt, besteht darin, manche von diesen als innerlicher und andere als äußerlicher zu klassifizieren. Wenn

8 Auch hier muß sich der Leser davor hüten, von logischen in wirklichkeitsspezifische Betrachtungen abzugleiten. Es ist gut möglich, daß wir eine bestimmte Beziehung in falscher Weise zuordnen, weil die Umstände dieses Falles, die komplexer Natur sind, uns getäuscht haben. Auf dem Bahnhof etwa können wir der Meinung sein, daß sich unser Zug bewegt und nicht jener, der unser Fenster ausfüllt. In diesem Fall setzen wir Bewegung an einem falschen Ort dieser Welt an, aber an ihrem eigentlichen Ort ist die Bewegung ein Teil der Wirklichkeit. Was Herr Bradley meint, hat nichts mit diesem zu tun, da er eher der Auffassung ist, daß solche Dinge wie Bewegung nirgendwo wirklich sind und daß es unmöglich ein Verständnis von Beziehungen geben kann, auch nicht hinsichtlich ihres ursprünglichen und empirisch unveränderbaren Ortes.

9 Insbesondere von Andrew Seth Pringle-Pattison in *Man and the Cosmos* [London 1897], von Leonard T. Hobhouse im zwölften Kapitel (»Die Gültigkeit des Urteils«) seiner *Theory of Knowledge* [London 1896] und von Ferdinand C. S. Schiller in der elften Abhandlung von *Humanism* [London 1903]. Andere (für mein Empfinden) äußerst schwerwiegende Kritik findet sich bei Hodder im ersten Band der *Psychological Review* [1894], S. 307, bei Stout in den *Proceedings of the Aristotelian Society* (1901-02), S. 1, und bei MacLennan im ersten Band des *Journal of Philosophy*[, *Psychology, and Scientific Methods* 1 (1904)], S. 403[-411].

zwei Glieder *ähnlich* sind, treten ihre eigentlichen Wesenheiten miteinander in Beziehung. Da sie sind, *was* sie sind, egal wo oder wann, kann ihre einmal behauptete Ähnlichkeit niemals wieder verneint werden. Sie bleibt aussagbar, solange die Glieder bestehen. Andere Beziehungen, das *Wo* und das *Wann* zum Beispiel, scheinen nebensächlich zu sein. Das Blatt Papier zum Beispiel kann ›auf‹ dem Tisch liegen oder nicht; in jedem der Fälle umfaßt die Beziehung nur das Äußere ihrer Glieder. Da beide Glieder ein Äußeres aufweisen, tragen sie dadurch zur Beziehung bei. Sie ist äußerlich: das innere Wesen des Gliedes spielt für sie keine Rolle. Jedes Buch, jeder Tisch kann in diese Beziehung eintreten, die *pro hac vice* geschaffen ist, nicht durch ihre Existenz, sondern durch ihre zufällige Position. Gerade weil so viele der Verbindungen der Erfahrung äußerlich zu sein scheinen, muß eine Philosophie der reinen Erfahrung in ihrer Ontologie zu einem Pluralismus neigen. Insofern zum Beispiel Dinge in räumlichen Beziehungen stehen, steht es uns frei, sich diese sogar in ihren Ursprüngen unterschiedlich vorzustellen. Wenn sie *Existenz* erlangen und überhaupt räumlich werden konnten, dann könnte ihnen dies auch unabhängig voneinander gelungen sein. Einmal vorhanden, sind sie jedoch *Zusätze* füreinander, und – ohne Vorurteil hinsichtlich ihres Wesens – alle Arten räumlicher Beziehungen können sich zwischen ihnen ergeben. Die Frage nach der Entstehung von Dingen ist jedenfalls vollkommen verschieden von der Frage, worin ihre Beziehungen bestehen können, sobald die Existenzform realisiert ist.

Herr Bradley nun versichert, daß solche äußerlichen Beziehungen, wie räumliche Beziehungen, von denen hier die Rede ist, für vollkommen andere Gegenstände gelten müssen als für jene, von denen einen Moment zuvor hätte glaubhaft behauptet werden können, daß sie sich nicht in solchen Beziehungen befinden. Nicht nur sei die *Position* eine andere, wenn das Buch auf dem Tisch liegt, sondern das *Buch selbst* sei als Buch verschieden von dem, was es war, als es noch nicht auf dem Tisch lag.[10] Er gesteht zu, daß »solche äuße-

10 Nochmals, gleiten Sie nicht von logischen in körperliche Beispielsituationen ab. Natürlich – ist der Tisch naß, dann wird er das Buch feucht machen, oder sollte er schmal genug und das Buch schwer genug sein, dann wird das Buch ihn zerbrechen. Aber solche Begleiterscheinungen sind hier nicht der strittige Punkt. Der Punkt ist, ob die aufeinanderfolgenden Beziehungen ›auf‹ und ›nicht auf‹ in rationaler (nicht in physischer) Hinsicht dieselben konstanten und abstrakt gemeinten

ren Relationen möglich und sogar zu existieren scheinen [...]. Daß du Dinge, wenn du sie vergleichst oder räumlich umgruppierst, nicht veränderst, scheint dem allgemeinen Menschenverstand durchaus deutlich, und daß hier andererseits offenkundige Schwierigkeiten vorliegen, kommt jenem gesunden Denken überhaupt nicht bei. Ich will mit der Auseinandersetzung dieser Schwierigkeiten beginnen [...]. Im Resultat liege eine Relation vor, und diese Relation soll, wie wir hören, keine Auswirkungen auf die Glieder haben. Für wen oder was macht das dann aber einen Unterschied [*macht es nicht zumindest für uns Hinsehende einen Unterschied?*], und worin liegen dann der Sinn und die Bedeutung, die Glieder dadurch zu bestimmen? [*Gewiß besteht die Bedeutung darin, die Wahrheit über ihre relative Position zu sagen.*[11]] Kurz, wenn der Unterschied äußerlich zu den Gliedern steht, wie kann er dann möglicherweise *von ihnen* (*Hervorhebung W. J.*) gelten? [*Ist es die ›Intimität‹, die durch den von mir hervorgehobenen Ausdruck ›von ihnen‹ suggeriert wird, die der Grund für das Problem von Herrn Bradley ist?*] Wenn die Glieder infolge ihrer inneren Natur nicht in die Relation eingehen, dann scheinen sie, soweit sie betroffen sind, überhaupt aus gar keinem Grunde aufeinander bezogen [...]. Die Dinge seien räumlich bezogen, zuerst in einer bestimmten Weise und dann auf eine andere, und dennoch würden sie auf keine Weise selber abgeändert; denn die Relationen sind, so wird gesagt, nur äußerlich. Ich antworte darauf aber, daß, wenn dem so ist, ich nicht *verstehen* (Hervorhebung W. J.) kann, daß die Glieder eine Reihe von Relationen aufgeben und eine andere neue Reihe annehmen. Wenn der Prozeß und sein Ergebnis den Gliedern nichts hinzufügt [*gewiß fügt er ihnen all das zu, was es ›von ihnen‹ gibt!*], dann scheint er tatsächlich durchaus irrational zu sein. [*Wenn ›irrational‹ hier einfach nur ›nicht-rational‹ oder ›nicht einzeln ableitbar‹ aus dem Wesen eines je-*

Glieder betreffen. Professor Arnold E. Taylor fällt von logischen in materiale Betrachtungen, wenn er den Farbkontrast als ein Beispiel für den Beweis anführt, daß *A* – als deutlich unterschieden von *B* wahrgenommen – »nicht dasselbe Ding ist wie *A allein*, das in keiner Weise von etwas betroffen ist« (*Elements of Metaphysics*, [London] 1903, S. 145). Man beachte, daß das Wort ›bezogen‹ hier durch das Wort ›betroffen‹ ersetzt ist, was von einer falschen Voraussetzung ausgehen läßt.

11 Aber »gibt es einen Sinn«, fragt Herr Bradley verdrießlich (S. 492), und »wenn, was für einen, wenn die Wahrheit nur außerhalb der Dinge und ›über sie‹ gelte?« Eine solche Frage kann gewiß unbeantwortet bleiben.

den Gliedes meint, dann handelt es sich um keinen Vorwurf; wenn es bedeutet, diesem Wesen zu ›widersprechen‹, dann sollte Herr Bradley zeigen, worin und wie.] Wenn sie aber etwas beitragen, dann müssen sie gewiß innerlich betroffen sein [*Warum denn, wenn sie nur zu ihrer Außenseite beitragen? In solchen Beziehungen wie ›auf‹, ›einen Fuß entfernt‹, ›zwischen‹, ›neben‹ etc. ist nur von Außenseiten die Rede.*]. [...]. Wenn die Dinge irgend etwas beitragen, so werden sie doch durch ihre Anordnung betroffen sein [*innerlich betroffen?*]. [...]. Daß wir zu Arbeitszwecken einige Relationen nur als äußerlich behandeln und gut daran tun, leugne ich nicht; das ist aber hier gar nicht der strittige Punkt. Die Frage ist [...], ob schließlich und prinzipiell eine nur äußerliche Relation [d. h., *eine Relation, die sich verändern kann, ohne ihre Dinge zu zwingen, ihr Wesen zugleich zu verändern*] möglich ist und ob sie uns durch die Fakten aufgezwungen wird.«[12]

Anschließend wendet sich Herr Bradley wieder den Antinomien des Raumes zu, die ihm zufolge beweisen, daß dieser irreal sei, obwohl er doch so erfolgreich als ein Medium äußerlicher Beziehungen zu fungieren scheint; schließlich schlußfolgert er, daß »eine solche Irrationalität und Äußerlichkeit nicht die letzte Wahrheit über die Dinge sein kann. Irgendwo muß es einen Grund geben, warum dieses und jenes zusammen erscheint. Dieser Grund und die Realität müssen in dem Ganzen zu finden sein, dessen Abstraktionen Dinge und Relationen sind, ein Ganzes, in dem ihre innere Verbindung liegen muß, und aus dessen Hintergrund diese neuen Ergebnisse, die niemals aus den Prämissen sich hätten ergeben können, zutage treten« (S. 490). Und er fügt an, daß »dort, wo das Ganze verschieden ist, die Glieder, die es qualifizieren und die zu seiner Bildung beitragen, insoweit auch verschieden sein müssen [...]. Sie werden nur insoweit abgeändert [*wie weit? weiter als nur äußerlich, und doch nicht durch und durch?*], aber sie werden doch anders [...]. Ich muß darauf bestehen, daß in jedem Fall die Glieder durch ihr Ganzes qualifiziert werden [*wie qualifiziert werden? – sind ihre äußerlichen Beziehungen, Positionen, Daten etc. – verändert, wie diese im neuen Ganzen sind –, nicht in der Lage, sie ›weit genug‹ zu qualifizieren?*] und daß im zweiten Fall ein Ganzes vorhanden ist, das sich logisch und psychologisch zugleich vom ersten Ganzen unter-

12 [Bradley,] *Erscheinung und Wirklichkeit*, a.a.O., S. 486 ff.

scheidet; und ich behaupte, daß die Glieder, insoweit sie zu dieser Veränderung beitragen, sich in diesem Maße selber verändern« (S. 492).

Nicht also allein die Beziehungen, sondern auch die Glieder selbst seien verändert: *und zwar* [dt. im Original] ›in diesem Maße‹. Aber das Problem besteht gerade darin, in *welchem* Maße; ›durch und durch‹ wäre anscheinend Bradleys volle Antwort darauf (trotz seiner etwas unentschiedenen Äußerungen[13]). Das ›Ganze‹, das hier ein Ursprüngliches sei und darüber bestimme, auf welche Weise jeder Teil ›beiträgt‹, *müsse* einfach seine Gesamtheit ändern, wenn es sich ändere. Es *müsse* einen totalen Zusammenfluß seiner Teile geben, jedes in und durch das andere hindurch. Das ›muß‹ tritt hier als ein *Machtspruch* [dt. im Original] auf, als ein *ipse dixit* des absolutistisch gestimmten ›Verstehens‹ von Herrn Bradley, denn er gesteht offen, daß er nicht wisse, worin die Teile sich *tatsächlich* unterscheiden, wenn sie zu unterschiedlichen Ganzheiten beitragen (S. 491).

Obwohl ich mir von Herzen wünsche, jene Autorität zu begreifen, mit der Herr Bradleys Verstand spricht, können mich seine

13 Ich sage ›unentschieden‹, weil es jenseits von ›in diesem Maße‹, das schrecklich halbherzig klingt, auf ebenjenen Seiten Passagen gibt, in denen Herr Bradley die pluralistische These anerkennt. Man lese zum Beispiel, was er auf Seite 490 f. über eine Billardkugel sagt, deren ›Eigenschaft‹ unverändert bleibe, obwohl sich ihre ›Existenz‹ bei einer Ortsveränderung verändere; oder was er auf Seite 492 über die Möglichkeit sagt, daß eine abstrakte Qualität A, B oder C in einem Ding ›ganz und gar unverändert bleiben‹ könne, auch wenn das Ding selbst sich verändere; oder sein Zugeständnis, daß es bei der Haarfarbe rot, wie sie sich sowohl aus der Analyse des Menschen schlechthin als auch im Verbund seiner übrigen Qualitäten darstellt, ›keine Veränderung‹ geben könne (S. 493). Warum fügt er unmittelbar an, daß es eine *Ignoratio elenchi* sei, wenn der Pluralist für die Unveränderlichkeit solcher Abstraktionen plädiert? Es ist unmöglich, das Zugeständnis in dieser Form zu machen. Der ganze *elenchus*, die ganze kritische Untersuchung besteht nur darin, ob Teile, die man existierenden Ganzheiten entnehmen kann, auch zu anderen Ganzheiten beitragen können, ohne ihre innere Natur zu verändern. Wenn sie auf diese Weise unterschiedliche Ganzheiten in neue *Gestaltqualitäten* [dt. im Original] umformen können, dann folgt daraus, daß dieselben Elemente in logischer Hinsicht in der Lage sind, in unterschiedlichen Ganzheiten zu existieren (ob auch in physischer Hinsicht, würde von zusätzlichen Hypothesen abhängen); daß partielle Veränderungen denkbar sind und die vollständige Veränderung keine dialektische Notwendigkeit ist; daß der Monismus nur eine Hypothese ist; und daß ein auf Zusammensetzungen beruhendes Universum eine in rationaler Hinsicht nicht weniger achtbare Hypothese ist. Kurzum, alle Thesen des radikalen Empirismus schließen sich an.

Worte dennoch gar überhaupt nicht bekehren. ›Äußerliche Beziehungen‹ bleiben unbescholten und – solange er nicht das Gegenteil beweist – nicht nur in praktischer Hinsicht brauchbar, sondern auch vollkommen verständliche Faktoren der Wirklichkeit.

VI

Herr Bradleys Verstand zeigt sich in hohem Maße fähig, Trennungen zu registrieren, und in hohem Maße unfähig, Verbindungen zu begreifen. Normalerweise würde man sagen ›keines oder beides‹, nicht aber Herr Bradley. Analysiert ein gewöhnlicher Mensch gewisse *Washeiten* aus dem Strom der Erfahrung, dann versteht er deren Verschiedenheit *als auf diese Weise isoliert*. Aber dies hindert ihn nicht daran, gleichermaßen gut ihre Verbindung untereinander zu verstehen, *wie sie ursprünglich im Konkreten erfahren wurde*, oder auch ihren Zusammenfluß mit neuen sinnlichen Erfahrungen, in denen sie als ›dasselbe‹ wiederkehren. Indem Substantive und Adjektive, und *Dasheiten* und abstrakte *Washeiten*, in den Strom der sinnlichen Darbietung zurückkehren, nehmen sie wieder ihren Zusammenfluß auf, und das Wort ›ist‹ bezeichnet all diese Erfahrungen der Verbindung. Herr Bradley versteht die Isolierung der Abstrakta, aber die Verbindung zu verstehen ist ihm unmöglich.[14] »Um einen Komplex *AB* zu begreifen«, sagt er, »muß ich mit *A* oder *B* beginnen. Beginne ich, sagen wir, mit *A*, und finde ich dann nur *B*, so habe ich

14 Insofern ich sein Denken richtig verstehe, lautet es etwa folgendermaßen: ›Buch‹, ›Tisch‹, ›auf‹ – wie resultiert die Existenz dieser drei abstrakten Elemente in *diesem* Buch, das de facto auf *diesem* Tisch liegt? Warum ist der Tisch nicht auf dem Buch? Oder warum verbindet sich das ›auf‹ nicht mit einem anderen Buch oder mit etwas, das kein Tisch ist? Muß nicht schon etwas *in* jedem der drei Elemente die anderen zwei *auf sich selbst* verpflichten, so daß diese sich nicht andernorts niederlassen oder unbestimmt umhertreiben? Muß nicht etwa die *Gesamtwirklichkeit in jedem Teil präfiguriert sein* und *de jure* existieren, bevor sie *de facto* existieren kann? Aber wenn dem so ist, worin kann die Existenz *de jure* bestehen, wenn nicht in einer spirituellen Miniaturausgabe der gesamten Wirklichkeitskonstitution, die jeden Teilaspekt darin als einen ihrer Zwecke realisiert? Aber handelt es sich hier um etwas anderes als um den alten metaphysischen Irrtum, hinter eine Wirklichkeit *in esse* zu schauen, um den Grund dieser Wirklichkeit zu finden und sie schließlich in der Form ebenjener Wirklichkeit *in posse* zu finden? Irgendwann müssen wir eine *Konstitution* aufgeben, hinter der sich nichts verbirgt.

entweder *A* verloren oder bin zu etwas anderem neben *A* gelangt [*das Wort ›neben‹ scheint hier wichtig zu sein und bezeichnet wohl eine ›äußere‹ Verbindung, die daher unverständlich sei*], und ich habe auf keinen Fall etwas verstanden.[15] Denn der Verstand kann nicht einfach Unterschiedliches vereinen, auch besitzt er in sich keinerlei Form oder Mittel für Zusammengehörigkeit, und du gewinnst nichts damit, wenn du mir neben *A* und *B* ihre faktische Verbindung anbietest. Denn für den Verstand ist diese nur ein anderes äußeres Element. ›Fakten‹ sind ein für allemal für den Verstand nicht wahr, wenn sie ihn nicht befriedigen [...]. Der Verstand hat seiner Natur nach kein Prinzip einer reinen Zusammengehörigkeit« (S. 481 und S. 483).

Natürlich hat Bradley das Recht, den ›Intellekt‹ als das Vermögen zu definieren, durch das wir Trennungen, aber keine Einheiten wahrnehmen – vorausgesetzt, er macht eine rechtzeitige Mitteilung an den Leser. Aber warum dann behaupten, daß ein solch verstümmeltes und amputiertes Vermögen höchste Herrschaft in der Philosophie genieße, und zu dessen Gunsten die ganze empirische Welt der Irrationalität beschuldigen? Es ist richtig, daß er dem Intellekt an anderer Stelle (S. 478) einen *proprius motus* des Übergangs zuschreibt; er sagt aber auch, er sei »nicht imstande, eine solche Lösung zu verifizieren«, wenn er im Bereich der lebendigen Erfahrung nach *diesen* Übergängen Ausschau halte (S. 479).

Doch er erklärt an keiner Stelle, von welcher Art diese intellektuellen Übergänge wären, wenn wir sie denn hätten. Er definiert sie nur negativ – sie seien nicht räumlich, zeitlich, prädikativ oder kausal; nicht qualitativ oder auf andere Weise aufeinanderfolgend; nicht in jener Weise relational, wie wir naiverweise Beziehungen verstehen, denn Beziehungen würden Glieder *trennen* und müßten ihrerseits *ad infinitum* verbunden werden. Die größte Annäherung an die Beschreibung eines wirklich intellektuellen Übergangs findet sich in seiner Darlegung von *A* und *B* als »in einem Ganzen vereinigt, das das Wesen beider zugleich ist, beide also durch ihr eigenes Wesen vereinigt sind« (S. 481). Aber dies (*was, ohne Herrn Bradley zu nahe zu treten, exquisit analog dazu scheint, eine Ansammlung als einen ›Klumpen‹ zu betrachten, wenn nicht gar zu ›überhäufen‹*) suggeriert nichts anderes als jenen *Zusammenfluß*, der sich so reichlich in der

15 Man wende dies auf den Fall ›Buch-auf-Tisch‹ an! W. J.

reinen Erfahrung darbietet, wie wenn ›Raum‹, ›weiß‹ und ›süß‹ in einem ›Klumpen Zucker‹ verschmelzen, oder kinästhetische sowie haptische und optische Empfindungen in ›meiner Hand‹.[16] Alles, was ich in den Übergängen wiederfinden kann, die der Verstand von Herrn Bradley als sein *proprius motus* sich ersehnt, ist eine Reminiszenz dieser und anderer fühlbarer Verbindungen (insbesondere Raumverbindungen), allerdings eine so vage Reminiszenz, daß ihre Originale nicht erkannt werden. Bradley wiederholt, kurz gesagt, die Geschichte vom Hund, dem Knochen und dessen Bild im Wasser. Mit einer Welt der Einzeldinge, die in lieblichster Einheit gegeben sind, ihrer Verbindung nach definitiv unterschiedlich und auf unterschiedliche Weise definitiv, ›versteht‹ man das ›wie‹, sobald man ihre Wirklichkeit wahrnimmt,[17] denn es gibt kein anderes Wie als die Konstitution des gegebenen Wirklichen; ich meine, Herrn Bradley ist all dies in der reinen Erfahrung gegeben, und doch fragt er nach einer unbeschreibbaren abstrakten Einheit, die, wenn er sie fände, nur ein Duplikat dessen wäre, was er bereits vollkommen besitzt. Jenes Privileg, das die Gesellschaft jedem von uns Philosophen zugesteht – ein verworrener Kopf zu sein –, wird von ihm sicherlich überstrapaziert.

Polemik wie diese ist abscheulich; aber da der Absolutismus an so vielen Ecken anzutreffen ist, würde es entweder als Oberflächlichkeit oder Unfähigkeit gelten, meinen radikalen Empirismus nicht gegen dessen bekanntesten Champion zu verteidigen. Ich habe festzustellen, daß seine Dialektik die gewöhnlichen Verbindungen, durch die die Welt, wie sie erfahren wird, auf so unterschiedliche Art und Weise zusammenhängt, nicht im geringsten für ungültig erklärt hat. Er läßt insbesondere eine empirische Theorie der Erkenntnis[18]

16 Wie sinnlos ist die Annahme, daß die Beziehung in solchen Ganzheiten (oder in ›Buch-auf-Tisch‹, ›Uhr-in-Tasche‹ etc.) eine zusätzliche Entität *zwischen* den Gliedern ist, die sich wiederum selbst erfordert, um zu beiden in Relation stehen zu können! Sowohl Bradley (*Erscheinung und Wirklichkeit*, a.a.O., S. 25 f.) als auch Royce (*The World and the Individual*, I, [New York 1901,] S. 128) wiederholen diese Tiefgründigkeit liebevoll.

17 Wie ich Herrn Bradley verstehe, sind das ›warum‹ und das ›woher‹ völlig andere Fragen, die nicht zur Diskussion stehen. Nicht wie Erfahrung entsteht, sondern wie sie sein kann, was sie ist, nachdem sie entstanden ist, ist das Rätsel.

18 Vgl. [hierzu »A World of Pure Experience«, in: *Journal of Philosophy, Psychology, and Scientific Methods* 1 (1904),], S. 538 [Works III (*Essays in Radical Empiricism*, a.a.O.), S. 27 f.; siehe auch S. 35 f. in diesem Band].

unberührt, und er läßt uns auch weiterhin zusammen mit dem Common sense an der Überzeugung festhalten, daß man eines Objekts gewahr sein *kann*, wenn wir irgendeinen Grund für die Annahme haben, daß kognitive Subjekte seiner auch wirklich *gewahr* sind.

In einem anderen Aufsatz werde ich zu dieser letzten Annahme zurückkommen, die mir andere Schwierigkeiten zu bereiten scheint, welche einer Philosophie der reinen Erfahrung mehr Probleme machen als irgendeiner der Einwände von seiten einer Dialektik des Absolutismus.

4. Wie sich zwei Geister eines Dinges bewußt sein können

In einem in dieser Zeitschrift unter dem Titel »Gibt es ein ›Bewußtsein‹?«[1] veröffentlichten Aufsatz habe ich zu zeigen versucht, daß wann immer wir eine Erfahrung ›bewußt‹ nennen, dies nicht bedeutet, daß sie durchweg von einer spezifischen Seinsmodalität (›psychischem‹ Sein) durchflutet ist, so wie etwa buntes Glas von Licht durchflutet sein kann, sondern eher, daß sie in gewissen festgelegten Beziehungen zu anderen Teilen der Erfahrung steht, die nicht zu ihr selbst gehören. Diese bilden für sie einen besonderen ›Kontext‹; wohingegen wir sie als eine Tatsache innerhalb der physischen Welt klassifizieren, wenn wir sie in einem anderen Kontext von Erfahrungen zur Geltung bringen. Dieser ›Füllfederhalter‹ zum Beispiel ist zunächst nur ein kahles *Das* [*that*], ein Gegebenes – Faktum, Erscheinung, Inhalt oder welche andere neutrale oder mehrdeutige Bezeichnung Sie auch immer zu verwenden bevorzugen. In jenem Aufsatz habe ich von ›reiner Erfahrung‹ gesprochen. Um nun entweder als physischer Füllfederhalter oder als individuelle Wahrnehmung eines Füllfederhalters klassifiziert zu werden, muß diese reine Erfahrung eine *Funktion* übernehmen, und das kann nur in einer komplexeren Welt geschehen. Insoweit sie in jener Welt ein beständiger Faktor ist, Tinte enthält, Papier beschriftet und der Führung einer Hand folgt, ist sie ein physischer Füllfederhalter. Das ist es, was wir unter ›physisch‹ im Falle eines Füllfederhalters verstehen. Insoweit sie dagegen unbeständig ist, den Bewegungen meiner Augen entsprechend erscheint und wieder verschwindet, sich aufgrund dessen verändert, was ich meine Einbildungskraft nenne, und mit nachfolgenden Erfahrungen in einem Zusammenhang steht, denen zufolge sie ›gewesen ist‹ (in der Vergangenheit), ist sie die geistige Wahrnehmung eines Füllfederhalters. Solche Eigenheiten sind es, die wir meinen, wenn wir uns eines Füllfederhalters ›bewußt‹ sind.

1 [*Journal of Philosophy, Psychology, and Scientific Methods,*] 1 (1904), S. 477[-491]. [In diesem Band S. 7-27.]

Im sechsten Abschnitt eines anderen Aufsatzes[2] habe ich zu zeigen versucht, daß ein und dasselbe *Das*, derselbe numerisch identische Füllfederhalter der reinen Erfahrung, gleichzeitig in vielen Bewußtseinskontexten erscheinen oder, mit anderen Worten, ein Gegenstand für viele unterschiedliche Geister sein kann. Daß mir in jenem Aufsatz kein Platz für die Auseinandersetzung mit bestimmten möglichen Einwänden zur Verfügung steht, räumte ich ein; in einem darauffolgenden Aufsatz[3] aber habe ich einige der Einwände aufgenommen. Am Ende jenes Aufsatzes indes habe ich bekundet, daß noch schrecklicher klingende Einwände bestehen bleiben würden; aus diesem Grunde beabsichtige ich nunmehr eine Auseinandersetzung mit diesen Einwänden, um meiner Theorie der reinen Erfahrung zu erlauben, so überzeugend wie möglich zu sein.

I

Jene Einwände, die ich bisher zu beseitigen versucht habe, waren rein logischer oder dialektischer Natur. Ein und dasselbe Glied, ob nun physisch oder psychisch, so war behauptet worden, könne nicht gleichzeitig der Gegenstand von zwei Beziehungen sein. Ich habe zu demonstrieren versucht, daß diese Behauptung haltlos ist. Die Einwände, die uns jetzt begegnen, basieren auf einer Eigenart, wie sie speziell psychischen Tatsachen innewohnen soll. Was auch immer hinsichtlich körperlicher Gegenstände gelten mag – eine Bewußtseinstatsache, so wird behauptet (und dies in der Tat sehr glaubhaft), kann nicht ohne Selbstwiderspruch so behandelt werden, als gehöre sie zu zwei verschiedenen Geistern, und zwar aus folgenden Gründen nicht.

Im Falle der physischen Welt nehmen wir ungestraft an, daß ein und derselbe materielle Gegenstand in unendlich vielen unterschiedlichen Prozessen gleichzeitig auftreten kann. Wenn man zum Beispiel an den vier Ecken einer Gummiplatte zieht, dann ist eine

2 »A World of Pure Experience« [in: *Journal of Philosophy, Psychology, and Scientific Methods*] 1 (1904), S. 564 [ff.] [Works III (*Essays in Radical Empiricism*, Cambridge/London 1976), S. 37-42; S. 48-54 in diesem Band].

3 »The Thing and Its Relations«, in der aktuellen Ausgabe dieser Zeitschrift [*Journal of Philosophy, Psychology, and Scientific Methods* 2 (1905)], S. 29[-41]. [In diesem Band S. 58-76.]

Einheit des Gummis in der Mitte dieser Platte von allen vier Zugbewegungen betroffen. Sie *leitet* jede von diesen weiter, so als ob sie selbst auf vierfach unterschiedliche Weise gleichzeitig zöge. Nicht weniger ›bündelt‹ eine Luft- oder Ätherpartikel die unterschiedlichen Bewegungsrichtungen, denen sie ausgesetzt ist, ohne deren individuelle Eigenschaften auszulöschen. Im Gegenteil, sie übermittelt diese jeweils für sich an so viele verschiedene ›Empfänger‹ (Ohr, Auge oder was auch immer), wie für diese Wirkung empfänglich sein mögen. Das offensichtliche Paradox eines Getrenntseins, dieses Erhaltenbleiben inmitten des Bündelns, ist eine Sache, die, so meine ich, durch physikalische Untersuchungen mittlerweile hinreichend aufgeklärt worden ist.

»Warum sollten nicht zwei oder mehrere Bewußtseinsströme ein und dieselbe Erfahrungseinheit beinhalten können, so daß diese gleichzeitig ein Teil der Erfahrung all der unterschiedlichen Geister sein würde, wenn doch zwei oder mehrere Linien durch ein und denselben geometrischen Punkt laufen oder zwei oder mehrere getrennte Aktivitätsmuster ein und denselben Gegenstand erfassen können, so daß er in jedem der Aktivitätsmuster gleichzeitig eine Rolle spielen kann?« Sollte man nun – durch die oben genannten Entsprechungen bestärkt – diese Frage stellen, dann würde man durch den Gedanken an eine bestimmte Eigenart, durch die sich Bewußtseinsphänomene von körperlichen Dingen unterscheiden, zugleich gebremst werden.

Während nämlich körperliche Gegenstände beständig sein und ihre ›Zustände‹ haben sollen, so existiere eine Bewußtseinstatsache nur einmal und sei wesentlich *selbst* ein Zustand. Ihr *esse* sei *sentiri*; sie sei nur insoweit, als sie gefühlt werde; und sie sei klar und eindeutig genau das, *was* gefühlt werde. Die hier in Frage stehende Behauptung jedoch würde sie darauf verpflichten, zweideutig gefühlt zu werden – als Teil meines Geistes und zugleich als etwas, das *nicht* Teil meines, sondern Ihres Geistes ist (denn mein Geist ist *nicht* Ihrer), und das erschiene nicht möglich, ohne sie in zwei getrennte Dinge zu verdoppeln oder, mit anderen Worten, ohne zur gewöhnlichen dualistischen Philosophie isolierter Geister zurückzukehren, die ihren Gegenstand jeweils stellvertretend als ein drittes Ding erfassen – was hieße, den Entwurf reiner Erfahrung insgesamt aufzugeben.

Gibt es also irgendeinen Weg, auf dem eine Einheit reiner Erfahrung in zwei unterschiedliche Bewußtseinsströme eingehen und dort eine Rolle spielen kann, ohne sich selbst in die zwei Einheiten zu verwandeln, die sie unserer Behauptung zufolge nicht sein darf?

II

Es gibt einen Weg; und der erste Schritt besteht darin, genauer einzusehen, wie jene Einheit in nur einen der beiden Bewußtseinsströme eingeht. Was bedeutet es, wenn sie als eine ›reine‹ *einmal* ›bewußt‹ wird?

Zunächst bedeutet es, daß neue Erfahrungen hinzugekommen sind; zweitens aber, daß diese eine bestimmte angebbare Beziehung zur angenommenen Einheit hervorgebracht haben. Man fahre bitte fort damit, von der reinen Einheit als ›dem Füllfederhalter‹ zu sprechen. Insoweit die auf den Füllfederhalter nachfolgenden Erfahrungen nichts als den Füllfederhalter wiederholen oder – falls sie etwas anderes sind – zumindest ›energetisch‹[4] auf ihn bezogen sind, werden beide zusammen eine Gruppe von beständig existierenden physischen Gegenständen bilden. Insoweit jedoch die auf den Füllfederhalter nachfolgenden Erfahrungen sich von diesem in einer anderen, festgelegten Art und Weise unterscheiden, wird der Füllfederhalter in ihrem Kontext auftreten, und zwar nicht als eine physische, sondern als eine mentale Tatsache. Er wird eine vorüberziehende ›Wahrnehmung‹ werden, *meine* Wahrnehmung dieses Füllfederhalters. Worin nun besteht jene ausschlaggebende festgelegte Art und Weise?

In dem Kapitel über das Selbst, wie es sich in meinen *Principles of Psychology* findet, habe ich die durchgehende Identität eines jeden persönlichen Bewußtseins als eine Bezeichnung für die praktische Tatsache ausgewiesen, daß sich neue Erfahrungen[5] einstellen, die auf die alten zurückblicken, sie als ›warm‹ empfinden und sie als ›meine‹ aufnehmen und sich aneignen. Analysiert man diese Vorgänge empirisch, dann ergeben sich mehrere, ziemlich konkrete Aspekte, nämlich folgende:

4 Für eine Erklärung dieses Ausdrucks vgl. oben [*Journal of Philosophy, Psychology, and Scientific Methods*] 1 [1904], S. 489 [Works III (*Essays in Radical Empiricism*, a.a.O.), S. 17 f.; S. 24 f. in diesem Band].

5 Im Buch bezeichne ich sie als ›vorüberziehende Gedanken‹ [*passing thoughts*] – die entsprechende Passage findet sich auf den Seiten 330-342 des ersten Bandes.

1. daß der ›Inhalt‹ der neuen Erfahrung einer der Vergangenheit ist und diese neue Erfahrung sich auf einen Füllfederhalter bezieht, der ›war‹;
2. daß ›Wärme‹ auch für den Füllfederhalter galt, und zwar im Sinne einer Gruppe von Gefühlen (erregtes ›Interesse‹, gewandelte ›Aufmerksamkeit‹, beschäftigte ›Augen‹ usw.), die eng mit ihm verbunden waren und die nun wiederkehren und immerfort mit ungebrochener Lebendigkeit wiederkehren, obwohl all diese Lebendigkeit vom gegenwärtigen Füllfederhalter, der nur ein Bild sein mag, gewichen sein mag;
3. daß diese Gefühle der Kern meines ›Ich‹ sind;
4. daß alles, was einmal mit diesen verbunden war, zumindest für jenen einen Moment ›meins‹ war – mein Arbeitsgerät, falls es mit taktilen Gefühlen verbunden war, nur meine ›Wahrnehmung‹, falls allein optische Eindrücke und Gefühle der Aufmerksamkeit involviert waren.

Der Füllfederhalter, der so retrospektiv als meine Wahrnehmung realisiert wird, erscheint auf diese Weise als eine Tatsache des ›bewußten‹ Lebens. Aber das tut er nur, insoweit ›Aneignung‹ sich vollzogen hat; Aneignung aber ist *Teil des Inhalts einer späteren Erfahrung*, die ganz und gar zum ursprünglich ›reinen‹ Füllfederhalter hinzukommt. *Dieser* Füllfederhalter – potentiell sowohl objektiv als auch subjektiv – ist an sich recht eigentlich und in Wirklichkeit keines von beiden. Man muß auf ihn zurückblicken und ihn *benutzen*, damit er in dieser wie jener Hinsicht unterschiedlich klassifiziert werden kann. Aber sein sogenannter Gebrauch liegt in den Händen der anderen Erfahrung, während *er* während des ganzen Vorgangs passiv und unverändert bleibt.

Wenn dies den Anforderungen einer verständlichen Erklärung genügt, wie eine ursprünglich reine Erfahrung in ein Bewußtsein eingehen kann, dann lautet die nächste Frage, wie sie in zwei davon in nachvollziehbarer Weise eingehen könnte.

III

Offensichtlich müßte keine neue Art von Bedingung erfüllt sein. Alles, was wir zu fordern hätten, wäre eine zweite nachfolgende Erfahrung, die parallel und zeitgleich zur ersten nachfolgenden Erfahrung verläuft und durch die sich ein gleichartiger Vorgang der Aneignung vollzieht. Die zwei Vorgänge würden weder einander noch den ursprünglich reinen Füllfederhalter beeinträchtigen. Dieser würde ungestört in seiner eigenen Vergangenheit ruhen, ganz egal wie viele solcher nachfolgenden Erfahrungen sich in ihren unterschiedlichen Aneignungsvorgängen ergingen. Jede von diesen würde ihn als ›meine‹ Wahrnehmung kennen, jede würde ihn als eine ›bewußte‹ Tatsache klassifizieren.

Darüber hinaus muß diese seine Klassifizierung nicht im geringsten seine zeitgleiche Klassifizierung als physischer Füllfederhalter beeinträchtigen. Da die Klassifizierung in beiden Fällen darauf beruht, ihn in dieser oder jener Gruppierung von Erfahrungen zur Geltung zu bringen, könnte die ersetzende Erfahrung den Füllfederhalter in beiden Gruppierungen gleichzeitig denken und dabei doch unterscheiden, wenn die ›Spannweite‹ dieser Erfahrung nur breit genug wäre. Sie würde dann einsehen, daß die ganze Situation mit dem in Einklang steht, was wir die ›repräsentationalistische Theorie der Erkenntnis‹ nennen, und das ist es auch, was wir alle spontan tun. Als ein Mann, der auf ›populäre‹ Art und Weise philosophiert, glaube ich, daß das, womit ich schreibe, doppelter Natur ist – ich denke es in seinen Beziehungen zur physischen Natur wie auch in seinen Beziehungen zu meinem persönlichen Leben; ich sehe ein, daß es in meinem Bewußtsein ist, aber auch, daß es sich um einen physischen Füllfederhalter handelt.

Das Paradox derselben Erfahrungen, die in zwei Bewußtseinssphären auftreten, scheint entsprechend überhaupt kein Paradox zu sein. ›Bewußt‹ zu sein bedeutet nicht einfach zu sein, sondern vermeldet und gekannt zu werden, sich der Tatsache bewußt zu sein, daß das eigene Sein zu diesem Sein hinzugekommen ist. Und genau dies geschieht, wenn die sich aneignende Erfahrung hinzukommt. In ihrer ursprünglichen Unmittelbarkeit ist sich die Füllfederhaltererfahrung ihrer selbst nicht bewußt, sie *ist* einfach, und die zweite Erfahrung ist erforderlich dafür, damit das eintreten kann, was wir ein Bewußtsein davon nennen.[6] Die Schwierigkeit zu verstehen, was

6 Von Shadworth Hodgson ist die Tatsache stark betont worden, daß ein Minimum von Bewußtsein zwei Gefühlsbereiche erfordert, von denen der zweite den ersten in der Rückschau vergegenwärtigt. (Vgl. den Abschnitt »Analysis of Minima« in seiner *Philosophy of Reflection*, Bd. 1 [London 1878], S. 248; ebenso das Kapitel mit dem Titel »The Moment of Experience« in seiner *Metaphysic of Experience*, Bd. 1

hier passiert, ist deshalb keine logische Schwierigkeit: Ein Widerspruch ist nicht gegeben. Es handelt sich vielmehr um eine ontologische Schwierigkeit. Erfahrungen stellen sich in einem gewaltigen Ausmaße ein, und wenn wir sie alle zusammen aufnehmen, dann stellen sie sich in einem Chaos inkommensurabler Beziehungen ein, das wir nicht mehr in Ordnung bringen können. Wir müssen unterschiedliche Gruppen von ihnen absondern und diese getrennt behandeln, falls eine Verständigung über sie überhaupt nur möglich sein soll. Aber wie die Erfahrungen sich jemals *selbst gestalten*, oder *warum* ihre Eigenschaften und Beziehungen gerade so sind, wie sie erscheinen, können wir nicht verstehen. Wenn wir jedoch einräumen, daß sie sich selbst unter allen Umständen selbst gestalten *können* und in jenen Reihenfolgen zu erscheinen in der Lage sind, die ich so schematisch beschrieben habe, dann müssen wir eingestehen, daß – obwohl ›ein Gefühl nur deshalb ist, weil es gefühlt wird‹ (wie ich zu Beginn den Widersacher zitiert habe) – es nichts Irrationales in der Auffassung gibt, daß es zugleich auf zweifache Weise gefühlt wird, nämlich als das Ihrige und als das meinige. In der Tat, es ist das ›meinige‹ nur insofern, als es als das meinige gefühlt wird, und das ›Ihrige‹ nur insofern, als es als das Ihrige gefühlt wird. Aber es wird als keines von beiden *durch sich selbst* gefühlt, sondern nur dann, wenn es von unseren zwei verschiedenen erinnernden Erfahrungen ›besessen‹ wird, gerade so wie ein ungeteiltes Vermögen von verschiedenen Erben besessen wird.

IV

Bevor ich zum Ende komme, noch ein Wort zu den Korollarien der vorgetragenen Ansichten. Da das Erreichen von Bewußtseinsqualität auf seiten einer Erfahrung von deren Kontextualisierung abhängig ist, folgt, daß die Gesamtheit aller Erfahrungen, da sie keinen Kontext hat, grundsätzlich überhaupt nicht als bewußt bezeichnet werden kann. Es ist ein *Das*, ein Absolutes, eine ›reine‹ Erfahrung von gewaltigem Ausmaße, undifferenziert und undifferenzierbar in Gedanke und Gegenstand. Dies haben die nachkantischen Idealisten praktisch immer anerkannt, indem sie ihre Lehre eine *Iden-*

[London 1898].) »Das Leben wird vorwärts gelebt und rückwärts verstanden« lautet ein Satz von Kierkegaard, den Höffding zitiert.

titätsphilosophie [dt. im Original] genannt haben. Die Frage nach der *Beseelung* [dt. im Original] der Welt im Ganzen sollte deshalb noch nicht einmal gestellt werden. Genausowenig sollte die Frage nach deren *Wahrheit* gestellt werden, da die Wahrheit eine Beziehung innerhalb der Gesamtheit ist, die sich zwischen Gedanken und etwas anderem einstellt, und Gedanken können, wie wir gesehen haben, nur kontextabhängige Dinge sein. In dieser Hinsicht sind die in meiner Philosophie zur Sprache gebrachten reinen Erfahrungen – für sich selbst betrachtet – viele kleine absolute Einheiten [*absolutes*], und entsprechend ist die Philosophie der reinen Erfahrung nur eine stärker fragmentierte *Identitätsphilosophie* [dt. im Original].

Unterdessen ist es möglich, eine reine Erfahrung im Umfang einer jeden Spannweite oder eines jeden Ausmaßes zu postulieren. Wäre die retrospektive und sich aneignende Funktion auf irgendeine andere Erfahrungseinheit angewendet, dann geht letztere dadurch in ihren eigenen Bewußtseinsstrom über. Und bei dieser Operation machen Zeitabstände keinen wesentlichen Unterschied. Nach dem Schlaf ist meine Retrospektion genauso vollkommen wie zwischen zwei meiner aufeinanderfolgenden wachen Momente. Wenn entsprechend eine in gleicher Weise retrospektive Erfahrung Millionen von Jahren später irgendwie entstehen sollte, dann würde mein gegenwärtiger Gedanke einen genuinen Teil ihres weitgespannten bewußten Lebens bilden. ›Einen Teil bilden‹, sage ich, allerdings nicht in dem Sinne, daß die zwei Dinge wesensmäßig oder substantiell eins sein könnten – dies können sie nicht, denn in numerischer Hinsicht sind sie getrennte Gegebenheiten –, sondern allein in dem Sinne, daß die *Funktionen* meines gegenwärtigen Gedankens, sein Wissen, sein Zweck, sein Inhalt, kurzum: sein ererbtes ›Bewußtsein‹, praktisch unverändert fortgeführt werden würden. Aus diesem Grunde sind Spekulationen wie diejenigen Fechners über eine Weltseele, über ausgedehnte Bewußtseinsfelder, die enger gefaßte innerhalb des ganzen Kosmos in sich bergen, philosophisch legitim, vorausgesetzt, sie unterscheiden den funktionalen vom essentialistischen Standpunkt und behandeln das jeweils in Frage stehende kleinere Bewußtsein nicht als eine Art beständiges Material, aus dem die ausgedehnteren Bewußtseinsfelder *bestehen*.

5.
Humanismus und Wahrheit[1]

Die Tatsache, daß ich vom Herausgeber von *Mind* vorab die Druckfahne eines Aufsatzes von Herrn Bradley über ›Wahrheit und Praxis‹ erhalte, verstehe ich als Aufforderung, in die Kontroverse über den ›Pragmatismus‹ einzusteigen, die nunmehr ernsthaft begonnen zu haben scheint.* Da mein Name mit dieser Bewegung verbunden wird, halte ich es für klug, dieser Aufforderung nachzukommen, und zwar um so mehr, als mir in einigen Bereichen mehr Anerkennung zuteil wurde, als ich verdiene, ich aber in anderen Bereichen wahrscheinlich auch unverdient in Verruf geraten bin.

Zunächst zum Wort ›Pragmatismus‹. Ich selbst habe diesen Ausdruck nur verwendet, um auf eine Methode hinzuweisen, wie eine theoretische Diskussion geführt werden kann. Die wahre Bedeutung eines Begriffs, meint Herr Peirce, liegt in dem konkreten Unterschied, den das Wahrsein dieses Begriffs für jemanden macht. Sei bemüht, alle diskutierten Begriffe diesem ›pragmatischen‹ Test zu unterziehen, und du wirst jedem unnützen Streit entgehen: Wenn es keinen praktischen Unterschied macht, welche von zwei Aussagen wahr ist, dann handelt es sich in Wahrheit um ein und dieselbe Aussage in zwei unterschiedlichen sprachlichen Formen; wenn es keinen praktischen Unterschied macht, ob eine gemachte Aussage wahr oder falsch ist, dann hat die Aussage keine wirkliche Bedeutung. In keinem Fall gibt es irgend etwas, über das zu streiten sich lohnen würde: Wir können uns die Worte sparen und uns wichtigeren Dingen zuwenden.

Der pragmatischen Methode liegt deshalb allein die Auffassung

1 Nach geringfügiger sprachlicher Überarbeitung wiederabgedruckt aus *Mind* 13 (1904), N. S., S. 457[-475]. Ein paar Erweiterungen, die auf einen anderen Aufsatz aus *Mind* (»Humanism and truth once more«, in Bd. 14) zurückgehen, wurden vorgenommen.

* Anm. d. Übers.: Herausgeber von *Mind* war zu diesem Zeitpunkt der englische Philosoph und Psychologe George F. Stout (1860-1944). Der Aufsatz von Francis H. Bradley wurde in *Mind* 13 (1904), S. 309-335 unter dem Titel »On Truth and Practice« veröffentlicht und in revidierter Fassung in Bradleys *Essays on Truth and Reality* (Oxford 1914, S. 65-106) wiederabgedruckt.

zugrunde, daß Wahrheiten praktische[2] Konsequenzen *haben* sollten. In England allerdings ist dieses Wort weiter gefaßt worden, um die Auffassung zum Ausdruck zu bringen, daß die Wahrheit einer jeden Aussage in ihren Konsequenzen *besteht*, und zwar besonders in solchen, die gut sind. Damit befindet man sich allerdings jenseits der Methodenfrage; da mein Pragmatismus und dieser umfassendere Pragmatismus so verschieden, aber beide auch wichtig genug sind, um unterschiedliche Namen zu tragen, halte ich nun Herrn Schillers Vorschlag für exzellent, den umfassenderen Pragmatismus ›Humanismus‹ zu nennen, und meine, daß dieser Name übernommen werden sollte. Der enger gefaßte Pragmatismus mag nach wie vor als die ›pragmatische Methode‹ bezeichnet werden.

In den letzten sechs Monaten habe ich viele feindselige Rezensionen der Arbeiten von Schiller und Dewey gelesen. Mit Ausnahme aber der ausführlichen Anklageschrift von Bradley liegt mein eigener Standpunkt weit ab von deren Inhalten, so daß ich sie zum größten Teil vergessen habe. Wohl meine ich, daß eine freie Erörterung des Gegenstandes in jedem Fall nützlicher wäre als der polemische Versuch, diese Kritiken im einzelnen zu widerlegen. Um Herrn Bradley selbst kann sich Schiller kümmern. Bradley bekennt sich wiederholt als unfähig, Schillers Ansichten zu verstehen; offensichtlich aber hat er dies auch kaum mit Einfühlung versucht, und ich bedaure zutiefst, sagen zu müssen, daß sein schwerfälliger Aufsatz den Gegenstand meines Erachtens keinesfalls erhellen kann. Insgesamt scheint er mir eine *Ignoratio elenchi* zu sein. Ich bin so frei, ihn gänzlich zu mißachten.

Ohne Frage ist der Gegenstand schwierig. Die Denkweise der Herren Dewey und Schiller basiert in hohem Maße auf Induktion, auf Verallgemeinerung, die sich von allen nur möglichen verwirrenden Einzelheiten verabschiedet. Sollte sie sich als richtig erweisen, hat sie eine umfassende Neuformulierung traditioneller Auffassungen zur Folge. Es handelt sich hier um eine Form geistiger Arbeit, die bei erstmaliger Verkündung niemals die klassische Ausdrucksform annimmt. Der Kritiker, der sich damit auseinandersetzt, sollte deshalb weder zu scharf noch stramm logisch sein, sondern dieses Denken im ganzen und insbesondere gegenüber möglichen Alter-

2 ›Praktisch‹ freilich im Sinne von *speziell*, und nicht in dem Sinne, daß die Konsequenzen nicht genauso gut *geistiger* wie physischer Natur sein könnten.

nativen gewichten. Um zu sehen, wie es sich bewährt, sollte man überdies versuchen, es der Reihe nach auf unterschiedliche Fälle anzuwenden. Mir scheint, daß es sich hier auf keinen Fall um etwas handelt, dem augenblicklich der Garaus zu machen wäre, sei es aufgrund des Urteils, hier liege blanker Unsinn oder Selbstwiderspruch vor, sei es durch eine auf das Knochengerippe reduzierte Karikatur dieses Ansatzes. Humanismus gleicht in der Tat sehr viel mehr einem dieser weltlichen Umschwünge, von denen die öffentliche Meinung über Nacht heimgesucht wird, so als ob sie Gezeiten entsprängen – ›zu tief für Rauschen oder Schaum‹* – und darüber hinaus all die Roheiten und Extravaganzen ihrer eigenen Verteidiger überleben, die man weder auf eine unumgängliche Aussage festnageln noch durch irgendeinen endgültigen Dolchstoß vernichten kann.

In dieser Weise haben sich die Wechsel von der Aristokratie zur Demokratie, vom klassischen zum romantischen Geschmack, vom theistischen zum pantheistischen Gefühl, von statischen zu evolutionären Lebenserklärungsmodellen ereignet – Wechsel, denen wir alle als Zuschauer beigewohnt haben. Die Scholastik stellt diesen Veränderungen immer noch die Methode der Widerlegung durch einzelne zwingende Gründe entgegen, indem sie etwa zeigt, daß die neue Sichtweise einen Selbstwiderspruch enthalte oder irgendein fundamentales Prinzip unberücksichtigt lasse. Das ist so, als wolle man einen Fluß aufhalten, indem man einen Stock in die Mitte des Flußbettes steckt. Das Wasser fließt um Ihr Hindernis herum und ›kommt schließlich dennoch an‹. Lese ich einige unserer Widersacher, dann fühle ich mich nicht wenig an jene katholischen Autoren erinnert, die den Darwinismus widerlegen, indem sie uns erzählen, daß höhere Arten nicht aus niederen entstehen können, da *minus nequit gignere plus* gelte, oder daß der Begriff der Veränderung absurd sei, weil er impliziere, daß Arten zu ihrer eigenen Zerstörung tendieren würden – was gegen das Prinzip spreche, daß jede Wirklichkeit dazu tendiere, ihre eigene Form zu bewahren. Diese Sichtweise ist zu kurzsichtig, zu eng und zu abgeschlossen, um das induktive Argument aufzunehmen. Umfassende wissenschaftliche Generalisierungen sind in frühen Tagen regelmäßig von diesen An-

* Anm. d. Übers.: James bezieht sich auf das Gedicht »Crossing the Bar« von Alfred Lord Tennyson.

fechtungen betroffen, die kurzen Prozeß machen wollen; aber sie überleben sie, und die Anfechtungen klingen dann merkwürdig antiquiert und scholastisch. Ich kann mich des Verdachts nicht erwehren, daß die humanistische Theorie gegenwärtig dieser Form von Möchtegernanfechtung ausgesetzt ist.

Die grundlegende Bedingung, den Humanismus zu verstehen, besteht darin, selbst induktivistisch zu denken, d. h. strenge Definitionen aufzugeben und ›im großen und ganzen‹ Wege des geringsten Widerstandes zu verfolgen. »Mit anderen Worten«, könnte der Widersacher hier sagen, »löse deinen Verstand in eine Art Gefühlsduselei auf«. »Meinetwegen auch das«, antworte ich, »wenn Sie denn kein schöneres Wort dafür verwenden wollen.« Denn der Humanismus, für den das ›Wahrere‹ das ›Befriedigendere‹ (Deweys Ausdruck) ist, hat geradlinige Argumente und altertümliche Ideale der Exaktheit und Endgültigkeit ehrlich aufzugeben. Es ist ebendieses zum Aufgeben-gestimmt-Sein, worin der humanistische Geist wesentlich besteht, das aber auch so verschieden von jenem der pyrrhonischen Skepsis ist. Das Befriedigende muß durch eine Vielzahl von Maßstäben ermittelt werden, von denen einige, soviel wir wissen, sich immer auch als unbrauchbar erweisen können. Was befriedigender ist als jede andere Alternative, mag am Ende eine Summe von *Plus* und *Minus* sein, und zwar so, wie man nur hoffen kann, daß eines Tages durch weitere Korrekturen und Verbesserungen ein Maximum des einen und ein Minimum des anderen erreicht werden können. Nimmt man einmal diese induktivistische Sicht auf die Bedingungen unserer Ansichten ein, dann bedeutet das eine wahrhafte Veränderung im Herzen und den Bruch mit absolutistischen Hoffnungen.

Wie ich die pragmatistische Sichtweise verstehe, verdankt sie ihre Existenz dem Zusammenbruch älterer Auffassungen von wissenschaftlicher Wahrheit, wie er sich durch die Entwicklung der letzten 50 Jahre ergeben hat. »Gott rechnet«, pflegte man zu sagen, und man glaubte, daß sein Rechnen in Euklids Elementen buchstäblich reproduziert würde; es würde eine ewige und unveränderliche ›Vernunft‹ geben, und ihre Stimme, so nahm man an, sei in *Barbara* und *Celarent* wiedererklungen. Das gleiche galt für ›Naturgesetze‹ der Physik und Chemie oder auch für naturgeschichtliche Klassifizierungen – alle sollten exakte und ausschließliche Kopien vormenschlicher Urbilder sein, verborgen in den Strukturen der Gegenstände, in die einzudringen uns ein in unserem Verstand versteckter göttlicher Funke befähige. Die Anatomie der Welt, so dachte man, sei eine logische, und ihre Logik die eines Universitätsprofessors. Bis ungefähr 1850 glaubte fast jeder, daß Wissenschaften Wahrheiten verkünden würden, bei denen es sich um exakte Kopien einer eindeutigen Chiffre nichtmenschlicher Wirklichkeiten handele. Aber die enorme Vervielfachung von Theorien heute hat die Auffassung, die eine sei buchstäblich objektiver als eine andere, so gut wie unmöglich gemacht. Es gibt so viele Geometrien, so viele Logiken, so viele physikalische und chemische Hypothesen, so viele Klassifizierungen, jede von ihnen gut in mancherlei Hinsicht und doch nicht gut für alles, so daß uns die Idee gekommen ist, daß selbst die wahrste Formel eine menschliche Erfindung und keine buchstäbliche Kopie sein kann. Wir beobachten, daß wissenschaftlichen Gesetzen nunmehr die Funktion einer ›begrifflichen Kurzfassung‹ zugedacht wird und sie nur insofern als wahr gelten, als sie nützlich sind. Wir stehen der Idee aufgeschlossen gegenüber, daß die Reproduktion zugunsten des Symbols, die Exaktheit zugunsten der Annäherung und die Strenge zugunsten der Formbarkeit aufzugeben sind. Die ›Energetik‹, die wahrnehmbare Erscheinungen als solche in Hinsicht darauf mißt, all die Veränderungen ihres ›Niveaus‹ in einer einzigen Formel zu beschreiben, ist die neueste Form dieses wissenschaftlichen Humanismus – der in der Tat genügend unbeantwortete Fragen in bezug auf die wundersame Übereinstimmung von Welt und Denken bestehen läßt und unsere ganze Auffassung über wissenschaftliche Wahrheit in jedem Fall flexibler und genialer macht, als es jemals der Fall gewesen ist.

Es ist zu bezweifeln, ob irgendein heutiger Theoretiker, ob nun in der Mathematik, Logik, Physik oder Biologie, sich selbst so versteht, daß er Naturprozesse oder Gedanken Gottes buchstäblich reproduziert. Die wichtigsten Formen unseres Denkens – die Trennung der Subjekte von den Prädikaten sowie negative, hypothetische und disjunktive Urteile – sind rein menschliche Gewohnheiten. Wie Lord Salisbury sagte, ist der Äther nur ein Substantiv für das Verb ›wellenförmig verlaufen‹; und viele unserer theologischen Vorstellungen werden selbst von denen, die sie als ›wahr‹ bezeichnen, gleichermaßen humanistisch gedacht.

Ich meine, daß es diese Veränderungen in gegenwärtigen Wahrheitsauffassungen sind, die ursprünglich den Impuls zu den Ansichten der Herren Dewey und Schiller gegeben haben. Heutzutage liegt die Vermutung nahe, daß die Überlegenheit einer unserer Formeln gegenüber einer anderen nicht so sehr in ihrer buchstäblichen ›Objektivität‹ bestehen kann, sondern vielmehr in subjektiven Eigenschaften wie ihrer Nützlichkeit, ihrer ›Eleganz‹ oder ihrer Übereinstimmung mit unseren übrigen Ansichten. Gesteht man dies zu und verallgemeinert man, dann stellt sich so etwas wie die humanistische Sichtweise ein. In der Wahrheit sehen wir keine Reproduktion, sondern eine Addition, nicht die Konstruktion innerer Abbilder bereits vollständiger Wirklichkeiten, sondern vielmehr das produktive Zusammenwirken mit Wirklichkeiten zwecks Hervorbringung eines klareren Ergebnisses. Diese Sichtweise ist offensichtlich zunächst äußerst vage und unklar. ›Produktives Zusammenwirken‹ ist ein vager Ausdruck; er muß in jedem Fall Geistesschöpfungen und logische Anordnungen umfassen. ›Klarer‹ ist noch vager. Wahrheit muß klare Gedanken hervorbringen, aber auch den Weg zum Handeln klar machen. ›Wirklichkeit‹ ist der vagste Ausdruck von allen. Die einzige Möglichkeit überhaupt, ein solches Programm zu testen, besteht darin, es auf die verschiedenen Wahrheitstypen anzuwenden, und zwar in der Hoffnung, einmal eine präzisere Beschreibung zu liefern. Selbst wenn am Ende ihre Ungültigkeit erwiesen werden sollte, hat eine jede Hypothese, die zu einer solchen Revision zwingt, ein großes Verdienst: Sie macht uns vertrauter mit dem gesamten Gegenstand. Einer Theorie viel Spielraum zu geben und zu sehen, ob sie sich bewährt, ist schließlich die bessere Taktik als sie von Beginn an durch den abstrakten Vorwurf des Selbstwiderspruchs loswerden zu wollen. Aus diesem Grunde glaube ich, daß eine entschiedene Anstrengung zu einer einfühlsamen gedanklichen Auseinandersetzung mit dem Humanismus die vorläufig beste und dem Leser zu empfehlende Einstellung ist.

Lasse ich mich selbst auf ein solches einfühlsames Spiel mit dem Humanismus ein, dann entspringt daraus so etwas wie das folgende, in dem sich mein Verständnis des Humanismus spiegelt.

Erfahrung ist ein Prozeß, der uns kontinuierlich neues Material zur Verarbeitung anträgt. Die geistige Verarbeitung ist dabei durch die Masse jener Überzeugungen gewährleistet, die wir bereits besitzen und durch die in unterschiedlichem Maße angepaßt, abgewiesen oder neu angeordnet wird. Einige dieser apperzipierenden Vorstellungen sind unser eigener Neuerwerb, aber die meisten von ihnen sind menschheitsgeschichtliche Überlieferungen des gesunden Menschenverstandes. Zwischen all den Überlieferungen des gesunden Menschenverstandes, die uns heute im Leben begleiten, gibt es wahrscheinlich nicht eine, die ursprünglich keine genuine Entdeckung oder induktive Verallgemeinerung war, wie in der jüngeren Geschichte diejenigen des Atoms, der Massenträgheit, der Energie, des Handlungsreflexes oder der Überlebenstauglichkeit. Der Begriff der *einen* Zeit und des *einen* Raumes im Sinne einzelner beständiger Größen, die Unterscheidung zwischen Gedanken und Dingen, zwischen Materie und Geist sowie zwischen beständigen Subjekten und sich verändernden Attributen, die Vorstellung von Klassen mit in ihnen enthaltenen Unterklassen, die Trennung von zufällig und regelmäßig verursachten Zusammenhängen – all dies sind sicherlich jeweils bestimmte Errungenschaften, die zu historischen Zeiten von unseren Vorfahren in ihrem Versuch gemacht worden sind, das Chaos ihrer rohen individuellen Erfahrungen in eine besser kommunizierbare und handhabbare Form zu überführen. Ihren äußerst wirksamen Gebrauch als *Denkmittel* [dt. im Original] haben sie so sehr erwiesen, daß sie heute Teil unserer mentalen Struktur sind. Schindluder können wir mit ihnen nicht treiben. Keine Erfahrung kann sie ins Wanken bringen. Im Gegenteil, sie selbst apperzipieren jede Erfahrung und weisen ihr ihren Platz zu.

Zu welchem Zweck? Damit wir unseren Erfahrungsverlauf besser vorhersehen und miteinander kommunizieren können und unserem Leben durch Regeln festen Halt zu geben vermögen – und um einen reineren, klareren und umfassenderen geistigen Standpunkt einnehmen zu können.

Die nach der Entdeckung der *einen* Zeit und des *einen* Raumes wohl größte Errungenschaft des gesunden Menschenverstandes ist wahrscheinlich die Vorstellung von permanent existierenden Gegenständen. Ein Baby sucht nicht nach seiner Rassel, wenn sie ihm zum ersten Mal aus der Hand gefallen ist. Solange sich keine bessere Überzeugung einstellt, akzeptiert es, daß Nicht-Wahrnehmung und Vernichtung dasselbe sind. Daß sich hinter unseren Wahrnehmungen *Seiendes* verbirgt und Rasseln existieren – wir mögen sie in unseren Händen halten oder nicht –, wird in bezug auf das, was uns widerfährt, zu einer solch erhellenden Auslegung, daß wir sie – einmal angewendet – niemals wieder vergessen. Sie läßt sich mit gleichem Erfolg auf Gegenstände und Personen, auf den objektiven Bereich und den Bereich geistiger Phänomene anderer Menschen [*ejective realm*] * anwenden. Wie sehr ein Berkeley, ein Mill oder ein Cornelius sie auch kritisieren mögen – sie *bewährt* sich. Und im praktischen Leben denken wir niemals daran, hinter sie ›zurückzufallen‹ oder unsere aktuellen Erfahrungen in anderer Weise zu verstehen. Natürlich können wir spekulativ einen Zustand ›reiner‹ Erfahrung in Betracht ziehen, der existiert hat, bevor die Hypothese von den hinter dem Fluß dieser reinen Erfahrung beständig existierenden Gegenständen gebildet wurde; ebenso können wir mit dem Gedanken spielen, daß ein urzeitliches Genie zu einer anderen Hypothese gekommen sein könnte. Aber heute ist es uns unmöglich zu bestimmen, um was für eine andere Hypothese es sich gehandelt haben könnte, da der Begriff einer wahrnehmungsunabhängigen Realität nunmehr eine unserer Lebensgrundlagen ist. In unserem Denken muß er immer noch Anwendung finden, sofern diesem Denken Vernünftigkeit und Wahrheit zukommen sollen.

Diese Auffassung von einer *ersten* – ihrer Form nach äußerst chaotischen – reinen Erfahrung, die uns Fragen aufgibt, von einer *zweiten* Erfahrung im Sinne fundamentaler Kategorien, die vor langer Zeit in die Struktur unseres Bewußtseins eingebunden wurden, in praktischer Hinsicht irreversibel sind und den allgemeinen Rahmen festsetzen, innerhalb dessen Antworten gegeben werden müssen, und von einer *dritten* Erfahrung, die den Bereich solcher Antworten markiert, welche ihrer Form nach mit all unseren gegenwärtigen Bedürfnissen am meisten übereinstimmen – das ist die Essenz der humanistischen Konzeption, wie ich sie verstehe. Ihr zufolge verbirgt sich Erfahrung ursprünglichster Reinheit heute unter historisch entstandenen Prädikaten, so daß wir in ihr kaum mehr als ein *Anderes*, ein *Das* [*that*], sehen können, das – mit Herrn Bradley gesprochen – dem Geist ›begegnet‹ und auf dessen stimulierende Präsenz wir durch eine Form des Denkens reagieren, das wir ›wahr‹ nennen, je nachdem wie es unsere geistigen oder körperlichen Aktivitäten fördert und uns äußere Kraft und inneren Frieden bringt. Aber ob das Andere, das universale *Das*, selbst eine bestimmte innere Struktur aufweist oder, falls dies der Fall ist, ob diese Struktur irgendeiner der von uns ausgesagten *Washeiten* [*whats*] ähnelt – das ist

* Anm. d. Übers.: Vgl. hierzu die Anmerkung auf S. 44 in diesem Band.

eine Frage, die der Humanismus nicht berührt. Meines Erachtens besteht er in jedem Fall darauf, daß die Wirklichkeit eine Anhäufung unserer eigenen geistigen Erfindungen ist und das Ringen um ›Wahrheit‹ innerhalb unseres progressiven Umgangs mit ihr immer in dem Ringen besteht, neue Substantive und Adjektive einzuarbeiten, nicht aber ohne die alten so wenig wie möglich dabei zu verändern.

Es ist schwer einzusehen, warum Herr Bradley durch seine eigene Logik oder Metaphysik genötigt sein sollte, an dieser Konzeption etwas auszusetzen. Wenn er nur wollte, könnte er sie in konsistenter Weise *verbatim et literatim* übernehmen und – dem guten Beispiel von Professor Royce folgend – sein eigentümliches Absolutes einfach innerhalb dieser Konzeption entfalten. In Frankreich sind Bergson und seine Schüler, der Physiker Wilbois sowie Leroy durch und durch Humanisten im angegebenen Sinne. Auch Professor Milhaud scheint einer zu sein, und der große Poincaré verfehlt diesen Standpunkt nur um Haaresbreite. In Deutschland bietet sich der Name Simmel für den eines Humanisten radikalster Art an. Mach und seine Schule sowie Hertz und Ostwald müssen als Humanisten eingestuft werden. Diese Sichtweise existiert nun einmal und muß geduldig diskutiert werden.

Nach ihrer Alternative zu fragen, wäre die beste Art, sie zu diskutieren. In der Tat, was ist diese Alternative? Ihre Kritiker machen keine klare Aussage; Professor Royce ist bisher der einzige, der etwas Eindeutiges formuliert hat. Der erste Dienst, den der Humanismus der Philosophie erweist, scheint entsprechend darin zu bestehen, daß er wahrscheinlich jene, die ihn ablehnen, verpflichten wird, ihren eigenen Standpunkt zu formulieren. Er wird die Analyse in den Vordergrund stellen und diese zur Losung des Tages machen. Gegenwärtig scheint die träge Überlieferung, Wahrheit sei eine *adaequatio intellectus et rei*, alles zu sein, zu der er in Widerspruch steht. Der einzige Vorschlag von Herrn Bradley besteht darin, daß ein wahrer Gedanke mit einem »prädizierten Seienden übereinstimmen muß, von dem nicht gesagt werden kann, daß es von ihm hervorgebracht wird«,* doch offensichtlich wirft das kein neues Licht auf die Sache. Was ist die Bedeutung des Wortes ›übereinstimmen‹? Wo ist

* Anm. d. Übers.: Bradley, »On Truth and Practice«, a.a.O., S. 311.

das ›Seiende‹? Was sind ›Prädikationen‹, und was ist in diesem besonderen Fall mit ›wird nicht hervorgebracht‹ gemeint?

Der Humanismus macht sich sogleich daran, die Ungenauigkeit dieser Ausdrücke zu beheben. Wir stimmen in *spezifischer* Weise mit allem überein, zu dem wir überhaupt in Beziehung treten. Handelt es sich um einen Gegenstand, dann können wir ein genaues Abbild davon hervorbringen oder ihn einfach nur als etwas fühlen, das an einem bestimmten Ort existiert. Handelt es sich um eine an uns gestellte Anforderung, dann können wir ihr entsprechen, ohne mehr von ihr zu kennen als den mit ihr verbundenen Druck. Handelt es sich um eine Aussage, dann können wir mit ihr übereinstimmen, indem wir ihr nicht widersprechen und sie gelten lassen. Handelt es sich um eine Beziehung zwischen Dingen, dann können wir uns so nach dem ersten Ding richten, daß wir mit dem zweiten in Einklang stehen werden. Handelt es sich um etwas Unzugängliches, dann können wir dieses durch einen hypothetischen Gegenstand ersetzen, der wirkliche Ergebnisse für uns zuläßt und in dieser Hinsicht dieselben Konsequenzen hat. In allgemeiner Hinsicht können wir einfach das *von uns Gedachte auf ihn projizieren*; falls er *dieser Projektion standhält* und die gesamte Situation bereichert wird und sich harmonisch entfaltet, dann wird das Gedachte als wahr gelten können.

Obwohl das Seiende gedanklich nicht weniger präsent als nicht präsent sein kann, sieht der Humanismus hinsichtlich der Frage, wo das Seiende existiert, mit dem übereingestimmt wird, keinen Grund zur Behauptung, daß es außerhalb endlicher Erfahrung selbst liegt. In pragmatischer Hinsicht bedeutet seine Realität, daß wir uns ihm aussetzen und ihm gerecht werden, ob wir nun wollen oder nicht, aber dies müssen wir unaufhörlich hinsichtlich solcher Erfahrungen tun, die nicht die unsrigen sind. Das ganze System, mit dem die gegenwärtige Erfahrung ›adäquat‹ übereinstimmen muß, kann mit dieser Erfahrung selbst in einem Zusammenhang stehen. Wirklichkeit – verstanden als Erfahrung, die nicht die jetzige ist – könnte entweder das Vermächtnis vergangener oder der Inhalt zukünftiger Erfahrung sein. Ihre Prädikation durch *uns* jedenfalls realisiert sich in den Adjektiven, die wir ihr in unseren Urteilen zuschreiben, und diese entsprechen wesentlich dem humanistischen Geist.

Zu sagen, daß unser Denken diese Wirklichkeit nicht ›hervorbringt‹, bedeutet in pragmatischer Hinsicht, daß sie auch ohne unser individuelles Denken in irgendeiner Form weiter bestehen würde, obwohl dieser Form dann möglicherweise dasjenige fehlte, was unser Denken bestimmt. Daß die Wirklichkeit ›unabhängig‹ ist, bedeutet, daß es in jeder Erfahrung etwas gibt, das sich unserer willkürlichen Kontrolle entzieht. Handelt es sich etwa um sinnliche Erfahrung, erzwingt sie unsere Aufmerksamkeit; handelt es sich um eine Abfolge, können wir sie nicht umkehren, und vergleichen wir zwei Glieder, dann können wir zu nur einem Ergebnis kommen. Innerhalb unserer Erfahrung gibt es einen mächtigen Druck, eine Dringlichkeit, der gegenüber wir gänzlich machtlos sind und der uns in eine Richtung treibt, mit der das Schicksal unserer Ansichten verbunden ist. Daß dieses Treiben innerhalb der Erfahrung selbst auf etwas von aller möglichen Erfahrung Unabhängiges zurückgeht, kann wahr oder nicht wahr sein. Ein außererfahrungsmäßiges ›Ding an sich‹ [dt. im Original], das Kontinuität verbürgt, mag es geben oder nicht geben, nicht weniger als ein ›Absolutes‹, das ewig hinter all den menschheitsgeschichtlich aufeinanderfolgenden Prädikationen existiert. Aber *innerhalb* unserer Erfahrung *selbst*, sagt der Humanismus, erweisen sich in jedem Fall einige Prädikationen ihrerseits als unabhängig von anderen; bestimmte Fragen, sofern wir sie denn jemals stellen, können nur auf eine einzige Art und Weise beantwortet werden. Wesen, sofern wir denn jemals ihre Existenz annehmen, müssen doch wohl existiert haben, bevor wir ihre Existenz angenommen haben; bestimmte Beziehungen, wenn sie denn jemals existieren, müssen so lange wie ihre Glieder existieren.

Wahrheit, so der Humanismus, ergibt sich folglich aus der Beziehung von weniger fixierten Erfahrungsaspekten (Prädikaten) zu anderen, relativ fixierten Aspekten der Erfahrung (Subjekten); keinesfalls sind wir dazu aufgefordert, sie in der Beziehung zwischen Erfahrung als solcher und etwas, das jenseits davon existieren würde, zu suchen. Wir können ganz bei uns bleiben, denn unser Verhalten als Wesen, die der Erfahrung ausgesetzt sind, ist nach jeder Seite eingeschränkt. Sowohl die Kraft des Vorwärtskommens als auch die des Widerstandes geht von unseren eigenen Objekten aus, und so entwickelt sich in jedem menschlichen Leben unvermeidlich eine Auffassung von Wahrheit, die mit Eigensinn oder Regellosigkeit unvereinbar ist.

Das alles ist so offensichtlich, daß mich ein häufiger Vorwurf gegen die humanistischen Autoren schlichtweg ermüdet. »Wie kann ein

Anhänger der Lehre Deweys zwischen Aufrichtigkeit und Bluff unterscheiden?«, wurde ich im Rahmen einer philosophischen Tagung gefragt, auf der ich über Deweys *Studies* [*in Logical Theory*] referierte. »Wie kann der reine[3] Pragmatist irgendeine Pflicht verspüren, Wahres zu denken?«, lautet der von Professor Royce vorgebrachte Einwand. In dieser Hinsicht sagt Herr Bradley, daß ein Humanist, der seine eigene Lehre richtig versteht, »jeden auch noch so verrückten Gedanken für die Wahrheit halten muß, wenn irgendwer das möchte«.* Und Professor Taylor beschreibt Pragmatismus als einen Glauben an alles, was Befriedigung verschafft, was dann auch Wahrheit genannt würde.

Solch seichte Auffassungen über jene Bedingungen, unter denen das menschliche Denken tatsächlich stattfindet, kommen mir höchst befremdlich vor. Diese Kritiker scheinen vorauszusetzen, daß das sich selbst überlassene und ruderlose Floß der Erfahrung bereit ist, überall und nirgends hinzutreiben. Auch wenn es Kompasse an Bord gäbe, scheint man zu behaupten, würde es keine für sie anzeigbaren Pole geben. Und sollen wir denn jemals einen Hafen erreichen, so bestehen sie darauf, daß es von außen vorgegebene, für sich existierende Segelanweisungen geben müsse sowie eine unabhängige Reisekarte, die zur ›reinen‹ Reise selbst hinzukomme. Aber ist es nicht offensichtlich, daß selbst dann, wenn es solche absoluten Segelanweisungen in der Gestalt menschenunabhängiger Wahrheitsnormen gäbe, denen wir eigentlich folgen *sollten*, die einzige Garantie dafür, daß wir ihnen schließlich auch wirklich folgen werden, in unserer menschlichen Ausstattung liegen muß? Das ›sollte‹ wäre ein *brutum fulmen*, gäbe es innerhalb unserer Erfahrung kein insgeheim wirksames Gefühl für die richtige Richtung. Sachlich besehen müssen auch jene, die in frommster Weise an absolute Wahrheitsnormen glauben, zugeben, daß Menschen sie nicht zu befolgen vermögen. Bei ihnen herrscht Eigensinn vor, trotz dieser ewigen Verbote, und keine noch so reichlich existierende Wirklichkeit *ante rem* ist eine Garantie gegen unendlich große Irrtümer *in rebus*. Die einzige *wirkliche* Garantie gegen regelloses Denken ist der mit der Erfahrung selbst verbundene Druck, der uns konkreter Fehler überdrüssig sein läßt – ganz gleich, ob es nun eine überempirische Wirk-

3 Ich kenne keinen ›reinen‹ Pragmatisten, wenn – wie es scheint – *Reinheit* hier bedeutet, der pragmatistischen Denkweise die Konkretheit abzusprechen.

* Anm. d. Übers.: Bradley, »On Truth and Practice«, a.a.O., S. 322.

lichkeit gibt oder nicht. Wie weiß der Partisane der absoluten Wirklichkeit, was diese ihm zu denken befiehlt? Der direkte Anblick des Absoluten ist ihm unmöglich, und neben dem humanistischen Leitfaden besitzt er eben keine Mittel herauszufinden, was es von ihm will. Die einzige von ihm in praktischer Hinsicht jemals *akzeptierte* Wahrheit wird jene sein, zu der ihn seine endlichen Erfahrungen aus sich selbst heraus hinführen. Jene Geisteshaltung, die bei der Vorstellung vieler sich selbst überlassener Erfahrungen erschaudert und Schutz davor durch den reinen Begriff des Absoluten prophezeit, so als ob dieses Absolute – wie untätig es auch sei – immer noch für eine Art geisterhafte Sicherheit stehen könnte, erinnert an den Standpunkt jener guten Menschen, die, wann immer sie auch von einer verdammenswerten gesellschaftlichen Entwicklung hören, erröten, schnaufen und sagen: »Parlament oder Kongreß sollten ein neues Gesetz auf den Weg bringen« – als ob hier ein machtloses Dekret helfen könnte.

Sämtliche *Sanktionen*, die aus einem Wahrheitsgesetz entspringen, basieren auf der Beschaffenheit der Erfahrung selbst. Absolutes hin oder her, die konkrete Wahrheit *für uns* wird immer jene Art des Denkens sein, in der unsere verschiedenen Erfahrungen am effektivsten zusammenwirken können.

Und doch, wendet der Widersacher hartnäckig ein, wird Euer Humanist immer die größere Freiheit haben, mit der Wahrheit Schindluder zu treiben, als der Dogmatiker, der an ein unabhängiges Reich der Wirklichkeit glaubt, das die Norm nicht beugen läßt. Wenn mit diesem letzteren ein Mensch gemeint ist, der vorgibt, die Norm zu kennen, und er sie herauswettert, dann wird sich der Humanist zweifellos als der Flexiblere erweisen – wenn dabei auch nicht flexibler als der Absolutist, sofern er (wie es unsere heutigen Absolutisten glücklicherweise tun) bei konkreten Angelegenheiten empirische Untersuchungsmethoden anwendet. Sich mit Hypothesen auseinanderzusetzen ist sicherlich immer besser als *ins Blaue hinein* [dt. im Original] zu dogmatisieren.

Gleichwohl, unter Hinweis auf diese mutmaßliche Flexibilität seines Temperaments ist der Humanist der Sünde beschuldigt worden. Mit seinem Glauben, die Wahrheit liege *in rebus* und sei zu jedem Zeitpunkt unsere eigene, uns vorteilhafte Reaktion, werde ihm, wie ich einmal einen gebildeten Kollegen sagen hörte, auf ewig der Versuch verwehrt bleiben, seine Widersacher zu bekehren –

denn genüge nicht schon deren Sichtweise, d. h. die für *sie* vorteilhafteste augenblickliche Reaktion, den Ansprüchen? Nur derjenige, der an eine Wahrheit *ante rem* glaube, könne auf der Basis dieser Theorie den Versuch der Bekehrung unternehmen, ohne sich selbst zu blamieren. Aber ist es wirklich möglich, sich zu blamieren, indem man auf irgendeine wie auch immer geartete Wahrheitsbegründung drängt? Kann die Definition jemals in Widerspruch mit der Handlung stehen? »Wahrheit ist, was zu sagen ich aufgelegt bin« – nehmen wir einmal an, das sei die Definition. »Nun, ich bin dazu aufgelegt, etwas Bestimmtes zu sagen, und ich möchte, daß auch Sie dazu aufgelegt sind, dieses zu sagen, und werde so lange damit fortfahren, es zu sagen, bis ich Sie dazu gebracht habe, mit mir übereinzustimmen.« Wo ist da ein Widerspruch? Was auch immer als Wahrheit ausgewiesen werden mag, ist eine Art der Wahrheit, die durch ihre Definition selbst getragen wird. Das *Temperament*, das zu einer Definition passen mag, ist eine außerlogische Angelegenheit. In der Tat mag es bei dem einen Absolutisten hitziger sein als bei einem Humanisten, aber im Falle des nächsten muß das schon nicht mehr so sein. Und was den Humanisten angeht – er ist ganz und gar konsequent darin, in die weite Welt hinauszuziehen, um zu bekehren, falls sein Wesen enthusiastisch genug dafür ist.

»Aber wie ist es Ihnen nur *möglich*, von irgendeiner Sache begeistert zu sein, von der Sie wissen, daß sie zum Teil auf Sie selbst zurückgeht und die sich in der nächsten Minute zu verändern droht? Wie nur soll irgendeine heroische Hingabe an das Ideal der Wahrheit unter solch armseligen Bedingungen möglich sein?«

Das ist nur ein anderer jener Einwände, durch die die Anti-Humanisten ihre eigene, vergleichsweise flaue Ansicht der konkreten Verhältnisse dokumentieren. Wenn sie doch nur der pragmatischen Methode folgen würden und fragten: »*Als was* ist Wahrheit *bekannt*? Was bedeutet ihre Existenz hinsichtlich konkreter Güter?« – dann würden sie erkennen, daß ihr Name der *Inbegriff* [dt. im Original] von fast allem ist, was wertvoll in unserem Leben ist. Das Wahre ist das Gegenteil von dem, was instabil und in praktischer Hinsicht enttäuschend ist, was nutzlos ist, was lügt und unzuverlässig ist, was nicht verifizierbar und unbestätigt ist, was inkonsistent und widersprüchlich ist, was künstlich und exzentrisch ist und was schließlich unwirklich ist im Sinne praktischer Bedeutungslosigkeit. Dies sind äußerst gewichtige pragmatische Gründe, warum wir uns der Wahrheit zuwenden sollten – Wahrheit bewahrt uns vor einer Welt solchen Charakters. Wen wundert es da, daß ihr Name loyale Gefühle erweckt! Und wen wundert es im besonderen, daß alle kleinen provisorischen Glaubensparadiese des Narren im Vergleich mit dem reinen Streben nach ihr verächtlich wirken sollten! Lehnen Absolutisten den Humanismus ab, weil sie ihn für falsch halten, dann bleibt anzumerken, daß die gesamte Verfassung ihrer geistigen Bedürfnisse bereits eng an eine andere Wirklichkeitsauffassung gebunden ist, mit der verglichen die humanistische Welt nur als die Laune einiger verantwortungsloser Jugendlicher erscheint. Ihre eigene subjektive apperzipierende Masse ist es, die sich hier im Namen ewiger Eigenschaften ausspricht und die ihnen befiehlt, unseren Humanismus, so wie sie ihn verstehen, abzulehnen. Nicht anders sind wir Humanisten, wenn wir alle erhabenen, klar umrissenen, starren, ewigen, rationalen und tempelartigen Systeme der Philosophie verurteilen. Diese widersprechen dem *dramatischen Temperament* der Natur, wie wir es nunmehr unserem Umgang mit der Natur und unseren Denkgewohnheiten entsprechend auffassen. Sie erscheinen sonderbar privat und künstlich, wenn nicht sogar auf lächerliche Art und Weise bürokratisch und professionell. Wir wenden uns von diesen Systemen ab und zugleich einer großen befreiten und ungehinderten Wahrheitswildnis zu, so wie wir sie bilden wollen, und zwar mit ebenso gutem Bewußtsein wie die Rationalisten, wenn diese sich von unserer Wildnis ab- und ihrer geordneteren und sauberen intellektuellen Bleibe zuwenden.[4]

4 Zur Illustration des Gegensatzes zwischen dem humanistischen und dem rationalistischen Geistestemperament – freilich auf außerphilosophischem Gebiet – kann ich nicht umhin, die folgenden Bemerkungen zur Dreyfus-Affäre zu zitieren, die von jemandem verfaßt worden sind, der sicherlich noch niemals vom Humanismus oder Pragmatismus gehört hat: »Ebenso wie die Revolution ist die Affäre nunmehr einer unserer ›Ursprünge‹. Wenn sie den Abgrund auch nicht aufgetan hat, [...] so hat sie zumindest die langwährende unterirdische Arbeit, die lautlos die Trennung zwischen unseren beiden heutigen Lagern vorbereitet hatte, offenkundig und sichtbar gemacht, um schließlich schlagartig das *Frankreich der Traditionalisten (der Prinzipienreiter, Einheitssucher, Errichter apriorischer Systeme) und das auf die positive Tatsache und die unvoreingenommene Prüfung verpflichtete Frankreich auseinanderzudividieren* – das revolutionäre und romantische Frankreich, wenn man so will, jenes, das das Individuum in den Himmel emporhebt, und das nicht will, das ein Gerechter zugrunde geht, und sei es, um die Nation zu retten, und das die Wahrheit genauso in allen Teilen wie in der Gesamtschau sucht [...]

Das ist gewiß ausreichend, um zu zeigen, daß der Humanist das Wahrheitsmerkmal der Objektivität und Unabhängigkeit keinesfalls ignoriert. Lassen Sie mich im folgenden der Frage zuwenden, was seine Widersacher meinen, wenn sie sagen, daß unsere Gedanken ›übereinstimmen‹ müssen, um wahr zu sein.

Der volkstümliche Begriff der Übereinstimmung besagt, daß die Gedanken die Wirklichkeit *abbilden* müssen – *cognitio fit per* assimiliationem *cogniti et cognoscentis*. Ohne sich jemals ehrlich damit auseinandergesetzt zu haben, scheint die Philosophie diese Idee instinktiv akzeptiert zu haben: Man hält Aussagen für wahr, wenn sie ewige Gedanken abbilden; man hält Ausdrücke für wahr, wenn sie extramentale Wirklichkeiten abbilden. Im Grunde genommen denke ich, daß die Abbildtheorie die meiste Kritik am Humanismus angeregt hat.

Allerdings will es a priori keinesfalls von selbst einleuchten, daß die einzige Tätigkeit unseres Geistes darin bestehen soll, Wirklichkeiten abzubilden. Der Leser möge doch einmal annehmen, er selbst würde für bestimmte Zeit die gesamte Wirklichkeit des Universums ausmachen, um dann zu erfahren, daß ein anderes Wesen zu erschaffen sei, das ihn wahrhaft erkennen solle. Wie wird er dieses Erkennen im voraus darstellen? Wie wird er es sich wünschen? Ich bezweifle ernsthaft, daß ihm jemals in den Sinn kommen könnte, es als reines Abbilden vorzustellen. Welchen Nutzen für ihn hätte eine unvollendete zweite Ausgabe seiner selbst in der Innenwelt des Neuankömmlings? Es wäre eine pure Vergeudung einer vielversprechenden Chance. Die Forderung wäre wahrscheinlich eher die nach etwas absolut Neuem. Der Leser würde das Erkennen humanistisch denken; er würde sagen: »Der Neuankömmling muß *meiner Gegenwart Rechnung tragen, indem er so darauf reagiert, daß uns beiden Gutes widerfahren würde*. Sollte Abbildung dazu erforderlich sein, dann möge es Abbildung geben – andernfalls nicht.« Das We-

Duclaux konnte nicht begreifen, daß man etwas anderes der Wahrheit vorgezogen hatte. Aber doch sah er um sich herum höchst anständige Menschen, die – das Leben eines Menschen und die Staatsräson gegeneinander abwägend – ihm eingestanden, welch leichtes Gewicht sie der einfachen individuellen Existenz beimaßen, so unschuldig sie auch gewesen sein mag. *Das waren Traditionalisten, Menschen, für die einzig die Gesamtheit von Belang ist.*« *La Vie de Emile Duclaux*, par Mme. Em. D., Laval 1906, S. 243 und 247-248.

sentliche wäre in jedem Fall nicht die Abbildung, sondern die Bereicherung der vormaligen Welt.

In einem Buch von Professor Eucken las ich neulich eine Wendung – »*Die Erhöhung des vorgefundenen Daseins*«* [dt. im Original] –, die hier passend erscheint. Warum könnte die Funktion des Denkens nicht einfach darin bestehen, das Existierende zu erhöhen und besser zu machen anstatt es einfach nur nachzuahmen und zu vervielfältigen? Niemand, der Lotze gelesen hat, wird sich nicht an seine bemerkenswerte Kommentierung der Alltagssicht erinnern, welche sekundäre Qualitäten der Materie als ›illusorisch‹ brandmarkt, da sie nichts vom Gegenstand abbilden würden. Die Vorstellung von einer vollkommen in sich bestehenden Welt, so Lotze, zu der sich der Gedanke wie ein passiver Spiegel verhalte und der nichts zur Wirklichkeit hinzufüge, sei irrational. Der Gedanke selbst sei vielmehr ein äußerst bedeutsamer Teil der Wirklichkeit, und der ganze Sinn der präexistierenden und unzureichenden Welt der Materie könnte schlichtweg darin bestehen, Gedanken zwecks ihrer weit wertvolleren Ergänzung zu provozieren.

Um es kurz zu sagen: ›Erkennen‹ könnte – soweit wir im voraus nichts Gegenteiliges erkennen können – *lediglich ein Weg sein, in fruchtbare Beziehungen zur Wirklichkeit zu treten*, egal ob nun Abbildung eine dieser Beziehungen ist oder nicht.

Man erkennt leicht, aus welcher spezifischen Art von Erkennen die Abbildtheorie erwachsen ist. In unserem Umgang mit Naturerscheinungen kommt es ganz darauf an, zur Vorhersage fähig zu sein. Einem Autor wie Spencer zufolge besteht gar der ganze Zweck des Verstandes im Vorhersagen. Wenn in dessen ›Gesetz des Verstandes‹ zum Ausdruck kommt, daß innere und äußere Beziehungen ›übereinstimmen‹ müssen, dann bedeutet dies, daß die Anordnung von Gliedern in unserem inneren Zeit- und Raumschema ein genaues Abbild der Anordnung der wirklichen Glieder in der wirklichen Zeit und im wirklichen Raum sein müsse. Streng theoretisch genommen hätten die geistigen Glieder selbst nicht in dem Sinne auf die wirklichen Glieder zu antworten, daß sie diese einzeln abbilden, denn symbolische geistige Glieder seien ausreichend, wenn doch

* Anm. d. Übers.: James bezieht sich, ohne richtig zu zitieren, auf eine Passage aus *Geistige Strömungen der Gegenwart*, 3. Aufl. Leipzig 1904, S. 36, wo Rudolf Eucken über das »Erhöhen des vorgefundenen Daseins« schreibt.

nur die wirklichen Daten und Orte abgebildet würden.* Nun sind aber die geistigen Glieder in unserem gewöhnlichen Leben Vorstellungen und die wirklichen sind Empfindungen, und die Vorstellungen bilden die Empfindungen so häufig ab, daß wir die Abbildung von Gliedern und Beziehungen leichthin für die natürliche Bedeutung von Erkennen halten. Unterdessen wird aber auch viel in sprachlichen Symbolen ausgedrückt, sogar im Falle dieser allgemeinen deskriptiven Wahrheit. Wenn nun unsere Symbole in dem Sinne welt-*tauglich* sind, daß sie unsere Erwartungen in richtiger Weise festlegen, dann könnten sie sogar noch besser sein, wenn sie ihren Gegenstand nicht abbilden.

Offensichtlich scheint die pragmatische Auffassung hinsichtlich der Mechanik des Erfahrungswissens zutreffend zu sein. Wahrheit ist hier eine Beziehung, und zwar keine solche zwischen unseren Vorstellungen und nicht-menschlichen Wirklichkeiten, sondern eine zwischen begrifflichen Aspekten unserer Erfahrung und deren Empfindungsaspekten. Jene Gedanken sind wahr, die uns hinleiten zu einer *nutzbringenden Interaktion* mit spürbaren Einzelphänomenen, sobald sie auftreten, und zwar ganz gleich, ob sie sie nun im voraus abbilden oder nicht.

Aufgrund der Häufigkeit des Abbildens im Falle des Erkennens der Erscheinungswelt ist vermutet worden, daß Abbildung auch die Essenz der Wahrheit in rationalen Angelegenheiten ist. Geometrie und Logik, so meinte man, müssen archetypische Gedanken des Schöpfers abbilden. Indes besteht in diesen abstrakten Bereichen keine Notwendigkeit, Archetypen anzunehmen. Der Geist ist frei, so viele Figuren räumlich zu formen, so viele Zahlenkonstellationen anzuordnen, so viele Klassen und Serien einzurichten, und er kann dermaßen endlos analysieren und vergleichen, daß uns die Überfülle der daraus entspringenden Gedanken eine ›objektive‹ Präexistenz ihrer Modelle bezweifeln läßt. Es wäre einfach falsch, einen Gott anzunehmen, dessen Gedanke rechteckige, aber keine polaren Koordinaten, oder Jevons' Notation, nicht aber die von Boole weihen würde. Nehmen wir aber andererseits an, Gott besitze den Gedanken von einer jeden nur *möglichen* Bewegung menschlicher Einbil-

* Anm. d. Übers.: Vgl. hierzu Herbert Spencer, *Die Prinzipien der Psychologie*, nach der dritten englischen Ausgabe übersetzt von B. Vetter, Stuttgart 1882, S. 424 ff. (das Kapitel trägt den Titel »Das Gesetz des Verstandes«).

dungskraft in diese Richtungen im voraus, dann ähnelt sein Geist zu sehr einem Hindu-Götzenbild mit drei Köpfen, acht Armen und sechs Brüsten, das für uns zu sehr in Superfötation und Überfluß besteht, um es abbilden zu wollen, und der ganze Begriff des Abbildens neigt dazu, aus diesen Wissenschaften zu verschwinden. Deren Objekte werden besser als solche interpretiert, die von Menschen Schritt für Schritt geschaffen werden, und zwar in dem Tempo, in dem sie sukzessive verstanden werden.

Fragte man nun, warum die Eigenschaften und Beziehungen von Dreiecken, Quadraten, Quadratwurzeln, Gattungen und dergleichen so bereitwillig für ›ewig‹ gehalten werden können, wenn sie doch nichts anderes als improvisierte menschliche ›Artefakte‹ sind, dann ist die humanistische Antwort einfach. Wenn Dreiecke und Gattungen von uns selbst hervorgebracht worden sind, können wir sie unverändert beibehalten. Wir können sie ›zeitlos‹ machen, indem wir ausdrücklich festsetzen, daß die Zeit auf jene *Dinge, die wir meinen*, keine veränderliche Wirkung haben soll, daß sie intentionaler Natur sind und daß in fiktiver Hinsicht von jedem korrumpierenden Aspekt und jeder korrumpierenden Bedingung abstrahiert werden kann. Beziehungen aber zwischen unveränderlichen Objekten werden selbst unveränderlich sein. Solche Beziehungen können keine Ereignisse sein, denn die Hypothese verlangt, daß sich mit den Objekten nichts ereignen wird. Ich habe im letzten Kapitel meiner *Principles of Psychology*[5] zu zeigen versucht, daß sie nur Beziehungen des Vergleichs sein können. Bisher scheint allerdings niemand meine Vorschläge wahrgenommen zu haben, und ich bin über die Entwicklung innerhalb der Mathematik zu uninformiert, um meiner eigenen Ansicht gegenüber zuversichtlich sein zu können. Aber wenn sie richtig wäre, würde sie die Schwierigkeit vollends lösen. Beziehungen des Vergleichs sind eine Angelegenheit der unmittelbaren Einsicht. Sobald geistige Objekte geistig verglichen sind, werden sie entweder als gleich oder ungleich wahrgenommen. Aber unter diesen zeitlosen Bedingungen gilt: Einmal gleich, immer gleich, einmal verschieden, immer verschieden – was dasselbe ist wie zu sagen, daß Wahrheiten hinsichtlich dieser vom Menschen hervorgebrachten Objekte notwendig und ewig sind. Wir können unsere Schlüsse nur dann ändern, wenn wir zunächst unsere Daten ändern.

5 Bd. 2, S. 641 ff.

Die ganze Struktur der *apriorischen* Wissenschaften kann damit als ein vom Menschen hervorgebrachtes Produkt behandelt werden. Wie Locke vor langer Zeit hervorhob, stehen diese Wissenschaften in keinem unmittelbaren Zusammenhang mit der Wirklichkeit. Nur *wenn* eine Wirklichkeit durch Identifikation mit einem dieser idealen Objekte vermenschlicht werden kann, ist auch von der Wirklichkeit wahr, was zuvor nur von den Objekten wahr war. Die Wahrheit selbst indes war ursprünglich ein Abbild von nichts; sie war nur eine unmittelbar wahrgenommene Beziehung zwischen zwei künstlichen geistigen Dingen.[6]

Wir können unseren Blick jetzt auf einige spezielle Arten des Erkennens richten, um besser zu erkennen, ob die humanistische Auffassung zutrifft. Über die mathematischen und logischen Arten müssen wir uns nicht weiter ausbreiten; ebensowenig müssen wir ausführlich zum deskriptiven Wissen über den Lauf der Natur zurückkehren. Insofern jenes die Antizipation mit einschließt, bedeutet es, wie wir gesehen haben, wenig mehr als sich im voraus ›bereit machen‹ – obwohl es auch Abbildung heißen *könnte*. Hinsichtlich vieler ferner und zukünftiger Objekte aber sind unsere praktischen Beziehungen im höchsten Maße potentiell und weit entfernt. Wir können uns zum Beispiel heute in keinerlei Hinsicht dafür bereit machen, daß die Erde durch die Kraft der Gezeiten aufhört, sich zu drehen, und mit der Vergangenheit stehen wir in überhaupt keiner praktischen Beziehung, obwohl wir sie wahrhaft zu kennen meinen. Auch wenn streng praktische Interessen der ursprüngliche Ausgangspunkt für wahre Erscheinungsbeschreibungen gewesen sind, so ist es offensichtlich, daß mittlerweile doch ein inneres Interesse an der rein beschreibenden Funktion erwachsen ist. Wir verlangen nach Beschreibungen, die wahr sein sollen, ob sie nun zusätzlichen Nutzen bringen oder nicht. Die ursprüngliche Funktion hat ihren Anspruch auf Ausübung entwickelt. Diese theoretische Neugierde scheint die spezifisch menschliche *differentia* zu sein, und der Humanismus erkennt ihr enormes Ausmaß an. Ein wahrer Gedanke ist nun nicht mehr einfach nur ein solcher, der uns für eine tatsächliche Empfindung bereit macht. Er ist auch ein solcher, der uns für eine nur mögliche Empfindung bereitmachen könnte, oder einer, der,

6 Geistige Dinge, die innerhalb der geistigen Welt natürlich Wirklichkeiten sind.

wenn man ihn ausspricht, anderen Menschen mögliche Empfindungen – oder auch tatsächliche, die man selbst nicht teilen kann – nahelegen würde. Das *Ganze* von tatsächlichen und möglichen Empfindungen bildet demnach ein System, das in eine dauerhafte und konsistente Form zu bringen ganz offensichtlich vorteilhaft für uns ist; und hier erweist die Vorstellung des gesunden Menschenverstandes von dauerhaft existierenden Entitäten ihren triumphierenden Nutzen. Extramental existierende Entitäten erklären nicht nur die tatsächlichen Empfindungen, die ein Mensch in der Vergangenheit gemacht hat und in der Zukunft machen wird, sondern auch seine möglichen sowie die möglichen aller anderen Menschen. Entsprechend befriedigen sie unser theoretisches Bedürfnis auf höchst wunderbare Weise. Über sie gleiten wir von unseren unmittelbaren tatsächlichen Empfindungen zu den fremden und möglichen – und wieder zurück zu den zukünftig wirklichen – und erklären damit unzählige Einzelheiten durch eine einzige Ursache. Wie im Falle dieser Rundpanoramen, bei denen ein realer Vordergrund von Boden, Gras, Büschen, Felsen und einer zerfallene Kanone von einem Leinwandbild mit Himmel, Erde und einer tobenden Schlacht umgeben ist und diese Leinwand den Vordergrund so geschickt fortführt, daß der Betrachter keine Verbindungsstelle entdecken kann, so vereinigen sich diese begrifflichen Objekte mit unserer gegenwärtigen Empfindungswirklichkeit zur gesamten Welt unserer Überzeugung. Trotz aller Berkeleyschen Kritik bezweifeln wir nicht, daß es sie wirklich gibt. Obwohl die Entdeckung irgendeines von ihnen erst kürzlich stattgefunden haben mag, sagen wir ohne Zögern, daß es dieses nicht nur *gibt*, sondern auch *gegeben hat*, falls die Vergangenheit auf diese Weise mit der Gegenwart, wie wir sie verstehen, in einem konsistenteren Zusammenhang zu stehen vermag. Das ist die historische Wahrheit. Moses schrieb den Pentateuch, so glauben wir, denn hätte er es nicht getan, könnten wir all unseren religiösen Gewohnheiten nicht mehr nachgehen. Es gab Julius Caesar wirklich, oder wir werden niemals wieder der Geschichte lauschen können. Trilobiten waren einst lebendig, oder all unser Denken über die Erdschichten ist dahin. Radium – erst gestern entdeckt – muß es seit jeher gegeben haben, oder seine Ähnlichkeit mit anderen natürlichen Elementen, die dauerhaft sind, ist dahin. Bei all dem reagiert ein Aspekt unserer Ansichten auf einen anderen so, daß der am meisten befriedigende Gesamtzustand des Geistes erreicht wird. Dieser Geisteszustand, so sagen wir, erkennt Wahres, und den Inhalt seiner Äußerungen glauben wir.

Versteht man freilich das Befriedigende als etwas Konkretes, in diesem Moment Gefühltes, unter Wahrheit aber etwas Abstraktes und dauerhaft Verifiziertes, so können sie nicht gleichgesetzt werden, da es offenkundig ist, daß das temporär Befriedigende oftmals falsch ist. Doch zu jedem einzelnen Zeitpunkt ist Wahrheit für jeden Menschen das, was der Mensch zu jenem Zeitpunkt mit maximaler Befriedigung für sich ›gewahrheitet‹ [*troweth*]; gleichermaßen entsprechen abstrakte und dauerhaft verifizierte Wahrheit und das abstrakte und langfristige Befriedigende einander. Kurz, wenn wir Konkretes mit Konkretem und Abstraktes mit Abstraktem vergleichen, bedeuten das Wahre und das Befriedigende dasselbe. Ich vermute, daß hier ein gewisses Durcheinander die allgemeine philosophische Öffentlichkeit so unzugänglich für die Behauptungen des Humanismus macht.

Die grundlegende Wahrheit über unsere Erfahrung ist die, daß sie ein Prozeß der Veränderung ist. Vergleichbar dem sichtbaren Bereich um einen durch den Nebel hindurchgehenden Menschen herum oder dem, was George Eliot die »Wand der Dunkelheit, gesehen von kleinen Fischaugen, die durch eine Spanne im weiten Ozean hindurchschauen«, nennt, ist Wahrheit für den ›Gewahrheitenden‹ [*trower*] zu jedem Zeitpunkt ein objektiver Bereich, der sich im nächsten Moment erweitert und damit zum Gegenstand des Kritikers wird, und der sich dann entweder verändert oder unverändert beibehalten wird. Der Kritiker sieht sowohl die erste Wahrheit des Gewahrheitenden als auch seine eigene Wahrheit, vergleicht sie miteinander und bestätigt oder widerlegt sie. *Sein* Blickbereich ist eine Wirklichkeit, die unabhängig vom früheren Denken des Gewahrheitenden ist und mit der dieses Denken übereinstimmen sollte. Aber der Kritiker ist seinerseits nur ein Gewahrheitender; und sollte der ganze Prozeß der Erfahrung zu jenem Zeitpunkt enden, würde es keine anderweitig bekannte Wirklichkeit geben, mit der *sein* Denken verglichen werden könnte.

Das Unmittelbare in einer Erfahrung ist bei dieser Sachlage immer provisorisch. Der Humanismus zum Beispiel, den zu verteidigen ich mich so sehr bemühe, ist von meinem Standpunkt aus betrachtet die vollkommenste Wahrheit, die wir bis heute erreicht haben. Aber angesichts der Tatsache, daß jede Erfahrung ein Prozeß ist, kann kein Standpunkt jemals der *letzte* sein. Jeder ist unzureichend und unbalanciert sowie die Ursache späterer Standpunkte. Weil Sie selbst einige dieser späteren Standpunkte beziehen und an die Wirklichkeit anderer glauben, werden Sie kaum damit übereinstimmen, daß mein Standpunkt unumstößliche Wahrheit bedeutet – zeitlose Wahrheit, Wahrheit, die gilt –, wenn diese Standpunkte den meinigen nicht verifizieren und bewahrheiten.

Nun verallgemeinern Sie dies, indem Sie sagen, daß jede noch so befriedigende Ansicht nur insoweit als sicher und absolut wahr gelten könne, als sie mit einer Norm jenseits ihrer selbst übereinstimme; und wenn Sie dann vergessen, daß diese Norm immerwährend von innen heraus innerhalb des Erfahrungszusammenhanges erwächst, dann könnten Sie achtlos zur Aussage übergehen, daß das, was betreffend jeder einzelnen Erfahrung gelte, insgesamt von allen Erfahrungen gelte und daß sich Erfahrung als solche und in ihrer Totalität der Übereinstimmung mit absoluten Wirklichkeiten außerhalb ihrer selbst verdanke – ganz gleich, was für eine Wahrheit sie auch aufweisen möge. Das ist offensichtlich die weit verbreitete und traditionelle Position. Ausgehend von der Tatsache, daß endliche Erfahrungen durch andere getragen werden müssen, entwickeln Philosophen die Auffassung, daß Erfahrung *überhaupt* [dt. im Original] einer absoluten Trägerschaft bedürfen müsse. Die Ablehnung einer solchen Auffassung durch den Humanismus ist wahrscheinlich die Wurzel des meisten Widerwillens, die dieser gegen sich erregt.

Aber ist dies nicht wiederum Erdkugel, Elefant und Schildkröte übereinander? Kann nicht etwas bestehen, indem es sich selbst trägt? Der Humanismus ist gewillt, endliche Erfahrung selbsttragend sein zu lassen. Irgendwo muß das Sein das Nichtsein unmittelbar angehen. Warum sollte die voranschreitende Front der Erfahrung – mit ihren immanenten Befriedigungen und all dem Nichtbefriedigenden – nicht in das schwarze Nichts hineinschneiden können, so wie die leuchtende Mondkugel die tiefblaue Unendlichkeit durchschneidet? Warum sollte die Welt irgendwo in absoluter Weise fixiert und fertig sein? Und falls die Realität wirklich wächst, warum sollte sie nicht durch die hier und jetzt vorgenommenen Prädikationen wachsen können?

Tatsächlich scheint sie durch unsere geistigen Prädikationen zu wachsen, mögen sie so auch niemals ›wahr‹ sein. Nehmen Sie die Himmelskonstellation des Großen Bären respektive des Großen Wagens. Wir bezeichnen sie mit diesem Namen, wir zählen die Sterne und sprechen von sieben, wir sagen, sie waren vor ihrer Zählung sieben, und ganz gleich, ob jemals jemand diese Tatsache bemerkt hatte oder nicht, sagen wir, daß die schwache Ähnlichkeit mit einem langschwanzigen (oder langhalsigen?) Tier immer schon wahrhaft existierte. Aber was verbinden wir mit dieser Projektion von neueren menschlichen Denkmustern in die vergangene Ewigkeit hinein? Hat in Wirklichkeit ein ›absoluter‹ Denker die Zählung vorgenommen, die Sterne mit seinem bestehenden Zahlenmodell abgezählt und den Bärenvergleich unternommen, so albern dieses letztere auch ist? Waren sie ausdrücklich sieben, ausdrücklich bärengleich, bevor der menschliche Zeuge kam? Sicherlich zwingt uns nichts von der Wahrheit dieser Zuschreibungen, das zu denken. Sie waren nur implizit oder potentiell das, was wir sie nennen, und wir menschlichen Zeugen waren es, die sie als erste explizierten und ›wirklich‹ gemacht haben. Eine Tatsache präexistiert potentiell, wenn alle Bedingungen ihrer Realisierung bis auf eine bereits erfüllt sind. In unserem Fall handelt es sich bei der nicht erfüllten Bedingung um die Handlung des zählenden und vergleichenden Geistes. Aber die Sterne selbst, einmal betrachtet, diktieren das Ergebnis. Das Zählen modifiziert in keiner Weise ihre vorherige Verfassung, und ihre Zählung kann nicht anders ausfallen, denn sie sind, was und wo sie sind. Sie kann also *immer* vorgenommen werden. Die Zahl sieben könnte *niemals* angezweifelt werden, *wenn die Frage danach einmal gestellt würde*.

Wir haben hier den Schein einer Paradoxie. Durch das Zählen entsteht unbestreitbar etwas, das es vorher nicht gab. Und doch war es *immer schon wahr*. In einer Hinsicht bringt man es hervor, in anderer Hinsicht *findet* man es. Man muß seine Zählung so ansehen, als ob sie bereits vor der Auseinandersetzung mit dem Gegenstand wahr gewesen ist.

Folglich müssen unsere stellaren Attribute stets als wahr bezeichnen werden; und doch sind sie nichtsdestoweniger echte Ergänzungen der faktischen Welt durch unseren Verstand – nicht nur Ergänzung von Bewußtsein, sondern auch Ergänzung von ›Inhalt‹. Sie bilden nichts ab, was vorher existierte, und doch stimmen sie mit dem überein, was vorher existierte, treffen es, erläutern es, setzen es in Beziehung und Verbindung mit einem ›Wagen‹, einem Zahlenmodell und was nicht alles, und bauen es aus. Mir scheint, der Humanismus ist die einzige Theorie, die diesen Fall in angemessener Weise erörtert, und dieser Fall steht für unzählige andere Fallarten. So sonderbar es auch klingen mag: In all solchen Fällen könnte von unserem Urteil tatsächlich gesagt werden, daß es auf die Vergangenheit zurückwirkt und diese bereichert.

In jedem Fall aber verändern unsere Urteile den Charakter der *zukünftigen* Wirklichkeit, und zwar durch die von ihnen initiierten Handlungen. Wo diese Handlungen Ausdruck von Vertrauen sind – Vertrauen zum Beispiel darin, daß ein Mensch ehrlich ist, unsere Gesundheit gut genug ist oder wir uns erfolgreich engagieren –, diese Handlungen zugleich aber auch eine notwendige Ursache dafür sein mögen, daß die erhofften Dinge wahr werden, da sagt Professor Taylor,[7] daß unser Vertrauen in jedem Fall *zu jenem Zeitpunkt unwahr ist, zu dem es in uns aufkommt*, d. h. vor der Handlung; und ich erinnere an seine Auffassung, daß alles Glaubensartige inmitten der allgemeinen Vortrefflichkeit des Universums (die die Position des Glaubenden innerhalb dieses Universums in jedem Fall noch exzellenter macht) eine ›seelische Lüge‹ sei. Aber das Pathos dieses Ausdrucks sollte uns für die Komplizierung der Fakten nicht blind machen. Ich bezweifle, daß Professor Taylor es befürworten würde, solcherart Vertrauende praktisch als Lügner zu behandeln. Zukunft und Gegenwart wachsen in solchen dringenden Fällen zusammen, und man kann der Lüge darin immer entgehen, indem man auf hypothetische Formen zurückgreift. Aber im Denken von Herrn Taylor gibt es dermaßen absurde Handlungsmöglichkeiten, daß es mir wunderbar zu illustrieren scheint, wie sehr sich eine Wahrheitsauffassung, der zufolge die Wahrheit einzig einen bestehenden Gegenstand registrieren kann, zu blamieren vermag. Theoretische Wahrheit, Wahrheit passiven Abbildens, die einzig im Interesse des Ab-

7 In einem Aufsatz, in dem er den Pragmatismus (wie er ihn denkt) kritisiert, veröffentlicht im *McGill University Quarterly* (1904). [Anm. d. Übers.: James bezieht sich auf einen Artikel von Alfred E. Taylor, »Some Side Lights on Pragmatism«, in: *University Magazine* (McGill) 3 (1903/04), S. 44-66; die relevante Passage lautet: »Hence, if I have to accept them as a pre-condition of their becoming true, then, when I first accept them, I shall be believing what is not yet true; that is, what actually is false« (S. 58 f.).]

bildens als solchem angestrebt wird, nicht also deshalb, weil das Abbilden *gut für etwas* ist, sondern weil das Abbilden *schlechthin* [dt. im Original] stattfinden sollte, scheint bei genauer Betrachtung ein beinahe widersinniges Ideal zu sein. Warum sollte das in sich selbst bestehende Universum zusätzlich in Form von Abbildungen bestehen? Wie *kann* es in der Struktur seiner objektiven Fülle abgebildet werden? Und selbst, wenn dies möglich wäre – was wäre das Motiv? »Sogar die Haare auf Ihrem Kopf haben eine bestimmte Anzahl.« Tatsächlich und ohne jeden Zweifel haben sie das; aber warum *sollte* die Anzahl absolut abgebildet und erkannt werden? Zweifellos ist das Erkennen nur eine Form, mit der Wirklichkeit zu interagieren und sie zu bereichern.

Der Widersacher wird an dieser Stelle fragen: »Hat nicht Wahrheitskenntnis – jenseits von zusätzlichen Vorteilen, die sie bringen mag – irgendeinen wesentlichen Wert in sich selbst? Und wenn Sie zugeben, daß theoretische Befriedigungen überhaupt existieren – verdrängen sie dann nicht die Begleitbefriedigungen aus ihrem Domizil, und ist der Pragmatismus nicht bankrott, wenn er zugibt, daß theoretische Befriedigungen schlechthin existieren?« Die destruktive Wirkung eines solchen Geredes löst sich auf, sobald wir Worte nicht abstrakt, sondern konkret gebrauchen und in der Manier guter Pragmatisten fragen, als was uns die berühmten theoretischen Bedürfnisse bekannt sind und worin die intellektuellen Befriedigungen bestehen.

Sind sie nicht alle eine Sache des *konsistenten Zusammenhangs* – eines konsistenten Zusammenhangs, wie betont werden muß, der *nicht* zwischen einer absoluten Wirklichkeit und ihren mentalen Abbildungen besteht, sondern der ein wirklich gefühlter konsistenter Zusammenhang zwischen Urteilen, Gegenständen und Reaktionsgewohnheiten in der für den Verstand eigens erfahrbaren Welt ist? Und sind nicht beide, unser Bedürfnis nach einem solchen konsistenten Zusammenhang und unser Gefallen daran, als Folgen der natürlichen Tatsache denkbar, daß wir Wesen sind, die geistige *Gewohnheiten* ausbilden – wobei sich eine Gewohnheit in einer Umwelt als in angepaßter Weise nützlich erweist, in der dieselben Gegenstände oder dieselben Arten von Gegenständen regelmäßig wiederkehren und dem ›Gesetz‹ folgen? Bliebe dies zu bejahen, dann wäre zunächst der die Gewohnheit begleitende Nutzen als solcher empfunden worden, und das theoretische Leben wäre entstanden, um diesen zu befördern. In der Tat scheint das der zu vermutende Fall gewesen zu sein. Am Ursprung des Lebens mag jede aktuelle Wahrnehmung ›wahr‹ gewesen sein, sofern ein solches Wort auf jene damalige Zeit überhaupt anzuwenden ist. Als sich dann später Reaktionen organisierten, waren diese ›wahr‹, wann immer sie eine Erwartung erfüllten. Andernfalls waren sie ›falsche‹ oder ›verkehrte‹ Reaktionen. Aber dieselbe Klasse von Gegenständen erfordert dieselbe Klasse von Reaktionen; also muß sich nach und nach der Impuls eingerichtet haben, im Einklang mit diesen Gegenständen zu reagieren, aber auch eine Enttäuschung, die immer dann gefühlt wurde, wenn die Ergebnisse den Erwartungen nicht gerecht werden konnten. Hierin können wir einen äußerst plausiblen Keim für all unsere höherwertigen konsistenten Zusammenhänge sehen. Heutzutage lehnt es unser geistiges Räderwerk ab, rund zu laufen, falls uns von einem Gegenstand eine Reaktion abverlangt wird, die für gewöhnlich nur der gegenteiligen Klasse von Gegenständen gewährt wird. Die Situation ist dann intellektuell unbefriedigend.

Theoretische Wahrheit ist deshalb eine *inner*geistige Angelegenheit, da sie die Übereinstimmung einiger geistiger Prozesse und Gegenstände mit anderen Prozessen und Gegenständen ist – wobei ›Übereinstimmung‹ hier in gut bestimmbaren Beziehungen besteht. Solange uns die Befriedigung verwehrt ist, eine solche Übereinstimmung zu fühlen, sind nutzbringende Begleitfaktoren, welche auch immer aus unseren Überzeugungen entspringen mögen, nur unwichtiges Beiwerk – immer vorausgesetzt, daß wir verstandesmäßig hoch organisiert sind, was die Mehrheit von uns nicht ist. Das Gros der Übereinstimmung, das die meisten Männer und Frauen befriedigt, ist lediglich das Ausbleiben eines starken Zusammenpralls zwischen ihren gewöhnlichen Gedanken und Aussagen und jenem begrenzten Bereich der Sinneswirklichkeit, der ihr Leben ausmacht. Jene theoretische Wahrheit, von der die meisten von uns denken, daß wir sie erwerben ›sollten‹, ist deshalb der Besitz einer Reihe von Prädikaten, die mit ihren Subjekten in keinem offenen Widerspruch stehen. Wir bewahren diese Wahrheit sehr oft, indem wir andere Prädikate und Subjekte einfach nicht verwenden.

Im Falle einiger Menschen ist Theorie eine Leidenschaft, gerade so wie Musik für andere eine ist. Sie streben weit jenseits der Grenze, an der nutzbringende Begleitfaktoren enden, nach innerer Konsistenz. Solche Menschen systematisieren und klassifizieren und schematisieren und erstellen Übersichtstabellen und erfinden ideale Gegenstände, alles aus reiner Liebe zur Vereinheitlichung. Die Ergebnisse, die für ihre Urheber vor ›Wahrheit‹ nur so erstrahlen, scheinen für die Zuschauer dagegen nur allzu häufig privat und künstlich zu sein – was der Aussage gleichkommt, daß das rein theoretische Wahrheitskriterium uns genauso leicht im Stich lassen kann wie jedes andere Kriterium auch und daß die Absolutisten aufgrund all ihrer Ansprüche faktisch mit genau jenen ›im selben Boot‹ sitzen, die sie attackieren.

Ich bin mir sehr wohl bewußt, daß diese Abhandlung einen extrem weiten Bogen geschlagen hat. Aber der ganze Gegenstand ist induktiv, und scharfe Logik ist hier gar kaum zulässig. Die Nichtexistenz irgendeiner eindeutig vertretenen Alternative auf seiten meiner Widersacher ist ein großes Hindernis für mich gewesen. Es mag der Klarheit dienen, wenn ich am Ende rekapituliere, was meines Erachtens die zentralen Aspekte des Humanismus sind. Es handelt sich um folgende:

1. Eine Erfahrung, sinnlicher oder begrifflicher Natur, muß der Wirklichkeit entsprechen, um wahr sein zu können.
2. Unter ›Wirklichkeit‹ versteht der Humanismus nicht mehr als jene anderen begrifflichen oder sinnlichen Erfahrungen, inmitten deren eine gegebene aktuelle Erfahrung sich tatsächlich wiederfinden kann.[8]
3. Unter ›entsprechen‹ versteht der Humanismus eine Form des Gerechtwerdens, das zu irgendeinem intellektuell und praktisch befriedigenden Ergebnis führt.
4. ›Gerechtwerden‹ und ›befriedigend‹ sein sind Ausdrücke, die keine Definition zulassen, gibt es doch so viele Möglichkeiten, diese Bedingungen in praktischer Hinsicht zu realisieren.
5. Vage und allgemein gesprochen, werden wir einer Wirklichkeit gerecht, indem wir sie in so unveränderter Form wie nur irgend möglich *bewahren*. Aber um befriedigend zu sein, darf sie keinen anderen Wirklichkeiten widersprechen, die ebenso den Anspruch auf Bewahrung stellen. Daß wir soviel Erfahrung wie

8 Damit ist nur beabsichtigt, eine Wirklichkeit von ›nicht zu erkennender‹ Art auszuschließen, die weder durch sinnliche noch begriffliche Ausdrücke begründet werden kann. Natürlich aber ist hier jede Form empirischer Wirklichkeit mitgemeint, die unabhängig vom kognitiven Subjekt besteht. Der Pragmatismus folgt deshalb dem erkenntnistheoretischen Realismus.

möglich bewahren und Widerspruch in dem, was wir bewahren, minimieren müssen, ist alles, was im voraus gesagt werden kann.

6. Die Wahrheit, welche durch die der Wirklichkeit entsprechenden Erfahrung verkörpert wird, kann eine positive Ergänzung der früheren Wirklichkeit sein, so daß spätere Urteile *ihr* zu entsprechen haben mögen. Dennoch aber könnte sie, zumindest potentiell, bereits vorher wahr gewesen sein. In pragmatischer Hinsicht bedeuten potentielle und wirkliche Wahrheit ein und dasselbe: die Möglichkeit nämlich nur einer Antwort, *wenn die Frage danach erst einmal gestellt ist.*

6.
Die Bedeutung des Wortes ›Wahrheit‹[1]

Meine Begründung der Wahrheit ist realistisch und folgt dem erkenntnistheoretischen Dualismus, wie ihn der Common sense zugrunde legt. Nehmen Sie einmal an, ich sage zu Ihnen, »das Ding existiert« – ist das wahr oder nicht? Wie können Sie das entscheiden? Erst wenn der Sinn meiner Aussage deutlicher wird, erweist sie sich als wahr, falsch oder gänzlich irrelevant für die Wirklichkeit. Aber wenn Sie jetzt fragen: »Was für ein Ding?«, und ich antworte »ein Tisch«, und wenn Sie fragen »wo?«, und ich auf einen Ort zeige; wenn Sie dann fragen: »Existiert er in materieller Hinsicht oder nur in der Einbildung?«, und ich darauf mit »materiell« antworte; und wenn ich ferner sage: »Ich meine diesen Tisch da«, und anschließend einen Tisch, den Sie so wahrnehmen, wie ich ihn gerade beschrieben habe, anfasse und an ihm rüttele, dann sind Sie gewillt, meine Aussage als wahr zu bezeichnen. Aber Sie und ich sind hier vertauschbar; wir können die Plätze des anderen einnehmen, und so, wie Sie für meinen Tisch bürgen, so kann ich dann für Ihren Tisch bürgen.

Diese Auffassung einer von uns beiden unabhängigen Wirklichkeit ist der gewöhnlichen Alltagserfahrung entnommen und bildet das Fundament der pragmatistischen Wahrheitsdefinition. Mit irgendeiner so beschaffenen Wirklichkeit muß jede Aussage übereinstimmen, um als wahr gelten zu können. Der Pragmatismus definiert ›übereinstimmen‹ damit, sich in bestimmter Weise zu ›bewähren‹, ob nun aktuell oder nur potentiell. Damit meine Aussage »Der Tisch existiert« in Hinsicht auf einen Tisch, dessen Existenz Sie anerkannt haben, wahr sein kann, muß sie mich folglich dahinführen können, an Ihrem Tisch zu rütteln, mich durch Worte zu erklären, die Ihnen diesen Tisch in Ihr Bewußtsein rufen, eine Zeichnung anzufertigen, die jenem Tisch entspricht, den Sie sehen, und so weiter. Nur so ist es sinnvoll zu sagen, sie stimme mit *dieser* Wirklichkeit überein, nur so verschafft sie mir folglich die Befriedigung,

1 Anmerkungen, vorgetragen auf der Versammlung der American Philosophical Association an der Cornell University im Dezember 1907.

mich von Ihnen bestätigt zu hören. Die Bezugnahme auf etwas Bestimmtes und eine Form von Anpassung an sie, die den Namen Übereinstimmung verdient, sind daher wesentliche Bestandteile der Klassifizierung jedweder Aussage von mir als ›wahr‹.

Man wird weder auf die Bezugnahme noch auf die Anpassung kommen, ohne auf die Auffassung des Sichbewährens zurückzugreifen. *Daß* ein Ding ist, *was* es ist, und *welches* es ist (von all den möglichen Dingen dieser Art), sind Aspekte, die nur durch die pragmatische Methode feststellbar sind. Das ›welches‹ meint die Möglichkeit, auf einen speziellen Gegenstand hinzuzeigen oder ihn in anderer Weise hervorzuheben. Das ›was‹ verweist auf unsere Wahl eines wesentlichen Aspekts, durch den wir den Gegenstand begreifen (und dies ist immer abhängig von dem, was Dewey unsere eigene ›Situation‹ nennt); und das ›daß‹, daß wir eine Haltung der Überzeugung annehmen – die Haltung der Wirklichkeitserkenntnis. Gewiß ist die Erwähnung dieser Bewährungsaspekte für ein Verständnis dessen, was das auf eine Aussage angewendete Wort ›wahr‹ meint, unerläßlich. Gewiß auch würden, ließen wir sie unerwähnt, das Subjekt und das Objekt der kognitiven Beziehung bloß dahintreiben – zwar durchaus im gleichen Universum, aber nur unbestimmt, unwissend und ohne gegenseitigen Kontakt oder gegenseitige Vermittlung.

Gleichwohl, meine Kritiker halten das Sichbewähren für unwesentlich. Sie sagen, funktionale Möglichkeiten würden unsere Überzeugungen nicht wahr ›machen‹; diese seien vielmehr in sich wahr, unbedingt wahr, so ›wahr‹ geboren wie der Graf von Chambord als ›Henri V.‹ geboren wurde. Im Gegensatz dazu besteht der Pragmatismus darauf, daß es Aussagen und Überzeugungen, die wahr sind, und zwar auf entsprechend träge und statische Weise, nur aus Höflichkeitsgründen gibt: sie gelten praktisch als wahr; *aber es ist unmöglich, genau zu erklären, was man meint*, wenn man sie wahr nennt, ohne sich auf ihre funktionalen Möglichkeiten zu beziehen. Denn diese verleihen jener Beziehung einer Überzeugung zur Wirklichkeit ihren ganzen *logischen Gehalt*, auf die der Name ›Wahrheit‹ angewendet wird – eine Beziehung, die andernfalls eine solche bloßer Koexistenz oder reiner Mitheit bliebe.

Die vorangegangenen Erklärungen rekapitulieren den wesentlichen Inhalt der Vorlesung über Wahrheit in meinem Buch *Pragmatismus*. Schillers Lehre vom ›Humanismus‹, Deweys *Studies in*

Logical Theory und mein eigener ›radikaler Empirismus‹ vertreten sämtlich diese allgemeine Auffassung von Wahrheit als etwas, das sich entweder tatsächlich oder nur denkbar ›bewährt‹. Sie sehen darin allerdings nur einen Aspekt inmitten viel umfassenderer Theorien, deren Ziel letztlich darin besteht, zu bestimmen, was ›Wirklichkeit‹ im ganzen ihrer grundlegenden Natur und Verfassung nach ist.

7.
Die pragmatistische Darstellung der Wahrheit und ihre Fehldeutungen[1]

Die Darstellung der Wahrheit, die ich in meinem Buch *Pragmatismus* gegeben habe, stößt nach wie vor auf hartnäckige Mißverständnisse, so daß ich geneigt bin, hierauf in Kürze ein letztes Mal einzugehen. Meine Ideen mögen es ja verdienen, widerlegt zu werden, aber solange sie nicht angemessen verstanden sind, ist ihre Widerlegung unmöglich. Der abenteuerliche Charakter gegenwärtiger Mißverständnisse indes zeigt, wie wenig vertraut man mit dem konkreten Standpunkt des Pragmatismus ist. Menschen, die mit einem Entwurf vertraut sind, finden dermaßen leicht Orientierung darin, daß sie einander allein aufgrund einer Andeutung verstehen und darüber diskutieren können, ohne sich ängstlich abzusichern. Angesichts der Mißverständnisse muß ich wohl zugeben, verfrüht Verständnis vorausgesetzt und deshalb vielfach eine zu schludrige Sprache verwendet zu haben. Ich hätte mich niemals nur verkürzt äußern dürfen. Die Kritiker sind vor jedem nur möglichen Wort zurückgeschreckt und weigerten sich, meine Abhandlung dem Sinne statt lediglich dem Buchstaben nach aufzufassen. Hier scheint sich zu offenbaren, wie überaus unvertraut man mit meinem Standpunkt auf ganzer Linie ist. Zudem, so denke ich, wird daran deutlich, daß die zweite Phase des Widerstandes – sie findet ihren Ausdruck gegenwärtig in der stereotypen Wendung: ›Was neu ist, ist nicht wahr, und was wahr ist, ist nicht neu‹ – im Falle des Pragmatismus unredlich ist.* Wenn ich in keiner Weise

1 Wiederabdruck aus der *Philosophical Review* 17 (1908), S. 1[-17].

* Anm. d. Übers.: James nimmt hier wahrscheinlich Bezug auf seine Auffassung darüber, welche Phasen der Kritik eine Theorie normalerweise durchläuft. Zu Beginn seiner Vorlesung über den pragmatistischen Wahrheitsbegriff informiert er seine Zuhörer diesbezüglich wie folgt: »Ich gehe davon aus, daß die pragmatistische Sicht der Wahrheit alle Phasen der klassischen Theorien durchlaufen wird. Zuerst wird eine neue Theorie als absurd angegriffen; dann wird zugegeben, daß sie richtig ist, aber eben auch trivial und belanglos; schließlich wird sie als so wichtig angesehen, daß ihre Gegner beanspruchen, sie selbst entdeckt zu haben. Unsere Auffassung der Wahrheit befindet sich gegenwärtig im ersten dieser drei Stadien, wo-

etwas Neues gesagt habe, warum war man dann so hoffnungslos überfordert, mich zu verstehen? Das Dunkle meiner Rede kann nicht allein dafür verantwortlich gemacht werden, ist es mir doch auf anderen Gebieten gelungen, mich verständlich zu machen. Aber Gegenbeschuldigungen sind stillos, und soweit es mich betrifft, bin ich sicher, daß einige jener Mißverständnisse, über die ich mich beklage, darauf zurückzuführen sind, daß meine Lehre von der Wahrheit in jener Sammlung populärer Vorlesungen von zahlreichen anderen, nicht unbedingt mit ihr verbundenen Ansichten umgeben ist, so daß der Leser beinahe zwangsläufig in Verwirrung gestürzt worden sein mag. Dafür habe ich die Verantwortung zu tragen – wie auch für das Versäumnis, bestimmte explizite Warnungen gegeben zu haben, von denen nun einige auf den folgenden Seiten zu lesen sind.

Erstes Mißverständnis:
Der Pragmatismus ist nur eine Neuauflage des Positivismus.

Diese Auffassung scheint der häufigste Irrtum zu sein. Skeptizismus, Positivismus und Agnostizismus stimmen mit dem gewöhnlichen dogmatischen Rationalismus in der Voraussetzung überein, daß jeder ohne weitere Erklärung wisse, was das Wort ›Wahrheit‹ bedeutet. Darüber hinaus aber suggerieren oder erklären diese Positionen, daß wirkliche Wahrheit – absolute Wahrheit – unzugänglich für uns sei und wir mit relativer oder ›phänomenaler‹ Wahrheit als deren besten Ersatz vorliebnehmen müssen. Der Skeptizismus erkennt hierin einen unbefriedigenden Zustand, während Positivismus und Agnostizismus ihn freudig bejahen, wirkliche Wahrheit saure Trauben nennen und meinen, daß ›phänomenale‹ Wahrheit für all unsere ›praktischen‹ Zwecke ausreichend sei.

Von all dem ist das, was der Pragmatismus über Wahrheit zu sagen hat, denkbar weit entfernt. Seine These setzt gänzlich früher an, und er hört auf, wo die anderen Theorien erst beginnen, da er sich mit der *Definition* von Wahrheit zufriedengibt. »Unabhängig davon, ob überhaupt ein im Universum existierender Geist im Besitze der Wahrheit ist oder nicht – was ist die *ideale* Bedeutung des Wahr-

bei sich in bestimmten Kreisen bereits Symptome des zweiten Stadiums zeigen.« (William James, *Pragmatismus. Ein neuer Name für einige alte Denkweisen*, übersetzt und mit einer Einleitung herausgegeben von Klaus Schubert und Axel Spree, Darmstadt 2001, S. 131.)

heitsbegriffs?«, so die Überlegung des Pragmatismus. »Was wären wahre Urteile, *wenn* sie existierten?« Die Antwort, die der Pragmatismus bietet, zielt auf eine Wahrheit, wie sie umfassender nicht gedacht werden könnte – auf ›absolute‹ Wahrheit, wenn Sie so wollen, aber auch auf Wahrheit von höchst relativer und unvollständiger Beschreibung. Die Frage, was Wahrheit wäre, wenn sie existierte, ist offensichtlich einer rein spekulativen Untersuchung zugehörig. Es handelt sich hierbei um keine psychologische, sondern eher um eine logische Frage. Es handelt sich nicht um eine Theorie über irgendeine Art von Wirklichkeit oder eine Theorie darüber, welche Art von Wissen tatsächlich möglich ist; hier wird gänzlich von speziellen Gliedern abgesehen und lediglich die Natur einer möglichen Beziehung zwischen zwei von ihnen definiert.

Wie sich Kants Frage nach synthetischen Urteilen früheren Philosophen entzogen hatte, so ist die pragmatistische Frage nicht nur subtil genug, um bis heute der allgemeinen Aufmerksamkeit entgangen zu sein, sondern sogar derart subtil, daß – so scheint es – Dogmatiker und Skeptiker sie nicht verstehen würden und der Meinung wären, der Pragmatist würde etwas völlig anderes behandeln, brächte man denn diese Frage offen zur Sprache. Er besteht darauf, sagen sie (ich zitiere einen gegenwärtigen Kritiker), »daß die größeren Probleme durch menschliche Intelligenz nicht lösbar sind, daß unser Bedürfnis nach wahrem Wissen künstlich und illusorisch ist und daß unsere Vernunft – unfähig, die Grundlagen der Wirklichkeit zu erreichen – sich allein dem *Handeln* zuwenden muß«. Es könnte kein größeres Mißverständnis geben.

Zweites Mißverständnis:
Pragmatismus ist in erster Linie der Ruf nach Handlung.

Ich muß zugeben, daß der Name ›Pragmatismus‹ mit seiner Handlungsimplikation eine unglückliche Wahl gewesen ist; er hat dieses Mißverständnis gefördert. Aber kein Wort der Welt könnte eine Lehre vor Kritikern schützen, die ihr so blind gegenüberstehen, daß sie – wenn Dr. Schiller von sich ›bewährenden‹ Vorstellungen spricht – allein an ein unmittelbares Sichbewähren in der physischen Umwelt denken und daran, daß diese Vorstellungen uns zum Gelderwerb oder zu ähnlichen ›praktischen‹ Vorteilen verhelfen. Selbstverständlich bewähren sich Vorstellungen hier auf unmittelbare oder mittelbare Weise, aber auch innerhalb der geistigen Welt bewähren sie sich in unbegrenzter Weise. Unsere Kritiker, die uns eine solche elementare Einsicht nicht zugestehen wollen, betrachten unsere Lehre damit als eine solche, die sich allein an den Ingenieur, Arzt oder Finanzmann – generell also an den Mann der Tat – wendet, der zwar so etwas wie eine behelfsmäßige *Weltanschauung* [dt. im Original] brauche, aber nicht genügend Zeit oder Verstand für das Studium der echten Philosophie habe. Für gewöhnlich wird unsere Lehre als eine typisch amerikanische Bewegung beschrieben, als eine Art zurechtgestutztes Gedankensystem: wie für den Mann von der Straße gemacht, der die Theorie von Natur aus haßt und nach direktem barem Nutzen verlangt.

Es ist vollkommen richtig, daß zweitrangige Folgesätze praktischer Art auftreten, sobald einmal die subtile theoretische Frage beantwortet ist, mit der der Pragmatismus beginnt. Untersuchungen zeigen, daß vorausgehende Wirklichkeiten im Kontext der Wahrheitsfunktion nicht die einzigen unabhängigen Variablen sind. In einem bestimmten Maße sind auch unsere Vorstellungen, unter denen wir Wirklichkeiten verstehen müssen, ebenso unabhängige Variablen, und so, wie sie einer der anderen Wirklichkeiten folgen und sich ihr anpassen, so folgt diese andere Wirklichkeit unseren Vorstellungen und paßt sich ihnen bis zu einem gewissen Grade an. Indem sie sich zum Sein hinzugesellen, bestimmen sie das, was existiert, zum Teil neu, so daß die Wirklichkeit im ganzen als nicht vollständig definierbar erscheint, solange nicht auch die Vorstellungen berücksichtigt werden. Diese pragmatistische Auffassung, die in Vorstellungen komplementäre Faktoren der Wirklichkeit sieht, öffnet – da unsere Vorstellungen ja zum Handeln anstiften – den Blick für menschliche Handlungen und erlaubt gedankliche Originalität. Aber nur wenig könnte dümmer sein als das zugrundeliegende erkenntnistheoretische Gebäude zu ignorieren, in dem sich das Fenster befindet, aus dem dieser Blick möglich ist, oder so zu reden, als ob der Pragmatismus an diesem Fenster beginnen und enden würde. Das jedoch tun meine Kritiker fast ausnahmslos. Sie ignorieren meinen ersten Schritt und dessen Motiv und sehen den Bezug auf Handlungen als primär an, in dem ich nur eine zweitrangige Errungenschaft sehe.

Drittes Mißverständnis:
Pragmatisten entziehen sich selbst das Recht, an die Realität geistiger Phänomene anderer Menschen [ejective realities]* *zu glauben.*

Den Kritikern zufolge tun sie dies, indem sie die Wahrheit unserer Ansichten in deren Verifizierbarkeit bestehen lassen und die Verifizierbarkeit davon abhängig machen, wie jene sich bewähren. In seiner im übrigen ebenso bewundernswerten wie hoffnungsvollen Rezension eines Buches von Schiller in *Mind* (1907) meint Professor Stout, dies müsse Schiller, sofern er sich über die Implikationen seiner eigenen Lehre ehrlich Rechenschaft ablege, zu der absurden Konsequenz führen, nicht mehr wahrhaft an die Kopfschmerzen eines anderen Menschen glauben zu können, selbst dann nicht, wenn es sie gäbe. Er könne sie nur für sich selbst ›postulieren‹, und zwar um des funktionalen Wertes eines solchen Postulats willen. Das Postulat leite bestimmte Handlungen und führe zu vorteilhaften Konsequenzen, aber in dem Moment, in dem er vollkommen verstehe, daß das Postulat *nur* (!) in diesem Sinne wahr sei, so sei für ihn nicht mehr wahr (oder sollte es zumindest nicht mehr sein), daß der andere auch wirklich Kopfschmerzen habe. Gerade das, was das Postulat so wertvoll mache, verfliege dann: Das Interesse am Mitmenschen werde zu einer »verschleierten Form des Eigennutzens, und seine Welt wird kalt, stumpfsinnig und herzlos«.**

Solch ein Einwand bringt einiges im Diskursuniversum des Pragmatisten durcheinander. Innerhalb dieses Universums gibt es für den Pragmatisten jemanden mit Kopfschmerzen oder mit irgendeinem anderen Gefühl sowie jemanden, der dieses Gefühl postuliert. Auf die Frage, unter welcher Bedingung dieses Postulat ›wahr‹ ist, antwortet der Pragmatist, daß es wenigstes für den Postulierenden wahr ist, und zwar gerade in dem Maße, in dem durch den Glauben daran eine größere Befriedigung in ihm hervorgerufen wird. Was ist hier befriedigend? Sicherlich der *Glaube* an den postulierten Gegenstand, d.h. der Glaube an das wirklich existierende Gefühl des anderen Menschen. Aber wie könnte es jemals befriedigend für ihn sein, *nicht* an dieses Gefühl zu glauben (insbesondere,

* Anm. d. Übers.: Vgl. hierzu die Anmerkung des Übersetzers auf S. 44 in diesem Band.

** Anm. d. Übers.: George Frederick Stout (1860-1944), englischer Philosoph und Psychologe, hat Schillers *Studies in Humanism* (London/New York 1907) in *Mind* 16 (1907), S. 579-588 rezensiert; James bezieht sich hier auf S. 587.

wenn der Postulierende selbst durch und durch Pragmatist wäre), solange – in Professor Stouts Worten – die Welt durch den Zweifel an diesem Gefühl für ihn »kalt, stumpfsinnig und herzlos« wird? Vor dem Hintergrund pragmatistischer Prinzipien käme das Bezweifeln von Gefühlen unter solchen Bedingungen gar nicht in Frage, sofern nicht die Herzlosigkeit der Welt schon aus anderen Gründen wahrscheinlich gemacht würde. Und da der Glaube an die Kopfschmerzen, der für das im Diskursuniversum des Pragmatisten angenommene Subjekt wahr ist, auch für den Pragmatisten selbst wahr ist, der dieses ganze Universum für seine erkenntnistheoretischen Zwecke angenommen hat – warum sollte dieser Glaube in jenem Universum dann nicht absolut wahr sein? Die Kopfschmerzen, an die geglaubt wird, sind dort Wirklichkeit, und niemand bezweifelt sie, weder der Kritiker noch jenes Subjekt selbst! Kennen meine Gegner irgendeine bessere Art von Wahrheit in diesem unseren realen Universum, die sie uns zeigen können?[2]

Soviel zum dritten Mißverständnis, bei dem es sich um eine Spezifizierung des folgenden, noch umfassenderen handelt.

2 Ich sehe hier die Möglichkeit, einer Kritik zuvorzukommen, die man an der dritten Vorlesung in meinem Buch *Pragmatismus* üben könnte, wo ich auf den Seiten 96-100 [James, *Pragmatismus*, a.a.O., S. 84-86] gesagt habe, daß ›Gott‹ und ›Materie‹ als synonyme Begriffe betrachtet werden könnten, solange nicht unterschiedliche Konsequenzen aus diesen zwei Begriffen ableitbar wären. Diese Passage hatte ich aus einem Vortrag übernommen, den ich vor der California Philosophical Union gehalten hatte und der im *Journal of Philosophy*, Bd. 1, S. 673 wiederabgedruckt wurde. Erst nachdem ich den Vortrag gehalten hatte, wurde mir ein Gedankenfehler bewußt; ich habe jene Passage jedoch unverändert gelassen, weil ihr Anschauungswert durch diesen Fehler nicht geschmälert wird. Der Fehler wurde offensichtlich, als ich – in Analogie zu einem gottlosen Universum – über das nachdachte, was ich einen ›Liebesautomat‹ nannte; damit meinte ich einen seelenlosen Körper, der absolut ununterscheidbar sein sollte von einer geistig belebten Maid, die lacht, erzählt, vor Scham errötet, uns hätschelt und alle weiblichen Pflichten so taktvoll und lieblich erfüllt, als ob eine Seele in ihr wäre. Würde irgend jemand in ihr ein volles Äquivalent zu einem Menschen sehen? Gewiß nicht. Und warum? So wie wir geartet sind, sehnen wir uns in unserem Egoismus vor allem nach innerlich empfundener Sympathie und Anerkennung, Liebe und Bewunderung. In der erfahrenen Zuwendung sehen wir hauptsächlich einen Ausdruck, eine Manifestation jenes Bewußtseins, an das wir glauben. In pragmatischer Hinsicht würde sich der Glaube an den Liebesautomaten also nicht *bewähren*, und in der Tat sieht darin niemand eine seriöse Hypothese. Mit dem

Viertes Mißverständnis:
Kein Pragmatist kann erkenntnistheoretischer Realist sein.

Dies folgt angeblich aus seiner Aussage, die Wahrheit unserer Ansichten basiere im allgemeinen auf der Befriedigung, die diese Vorstellungen verschaffen. Natürlich ist nun aber Befriedigung *per se* ein subjektiver Zustand. So wird die Schlußfolgerung gezogen, daß Wahrheit ein gänzlich subjektives Phänomen sei, das dann vom einzelnen nach Belieben hervorgebracht werden könne. Wahre Ansichten würden somit zu eigensinnigen Affekten, losgelöst aus aller Verantwortlichkeit gegenüber anderen Erfahrungsbereichen.

Es ist schwierig, eine solche Parodie auf die Meinung des Pragmatisten zu entschuldigen, die in der Tat alle Elemente seines Diskursuniversums bis auf eines ignoriert. Die Elemente, aus denen jenes Universum besteht, verbieten jede nicht-realistische Interpretation der dort definierten Funktion von Wissen. Der pragmatistische Erkenntnistheoretiker postuliert dort eine Wirklichkeit und einen Geist mit Vorstellungen. Was, fragt er nun, kann diese Vorstellungen von jener Wirklichkeit wahr machen? Herkömmliche Erkenntnistheorie begnügt sich mit der vagen Aussage, die Vorstellungen müßten ›korrespondieren‹ oder ›übereinstimmen‹; der Pragmatist besteht darauf, konkreter zu sein, und fragt, was eine solche ›Übereinstimmung‹ im einzelnen bedeuten könnte. Zunächst meint er, daß die Vorstellungen auf *diese* Wirklichkeit und auf keine andere hinweisen oder hinführen müssen; des weiteren müssen diese Hinweisungen und Hinführungen im Ergebnis Befriedigung hervorrufen. Insoweit ist der Pragmatist kaum weniger abstrakt als der gewöhnliche, nachlässige Erkenntnistheoretiker. Aber in dem

gottlosen Universum wäre es exakt dasselbe. Selbst wenn die Materie alles Äußere ebenso gut wie Gott verursachen könnte, wäre diese Vorstellung weniger befriedigend, denn das Verlangen des modernen Menschen nach einem Gott ist in erster Linie das nach einem Wesen, das sie innerlich erkennt und mitfühlend über ihn urteilt. Materie enttäuscht diese Sehnsucht unseres Ichs, und aus diesem Grunde bleibt Gott für die meisten Menschen die wahrere Hypothese, und das zweifellos aus definitiv pragmatischen Gründen. [Anm. d. Übers.: Der Titel des oben genannten Vortrags lautet »Philosophical Conceptions and Practical Results«; er wurde am 26. August 1898 in Berkeley gehalten und zunächst veröffentlicht in Berkeleys *University Chronicle* 1 (1898), S. 287-310. Dieser Vortrag wurde dann in revidierter Form im *Journal of Philosophy* 1 (1904), S. 673- 687 unter dem Titel »The Pragmatic Method« wiederabgedruckt. Die ursprüngliche Fassung findet sich in Works I (*Pragmatism*, Cambridge/London 1975), S. 255-270.]

Maße, in dem er sich selbst näher definiert, wird er konkreter. Seine Differenz mit dem Intellektualisten dreht sich lediglich um die Frage der Konkretheit, behauptet der Intellektualismus doch, daß die vagere und abstraktere Darstellung hier die profundere sei. Das Hinweisen und Hinführen ist für den Pragmatisten eine Leistung anderer Aspekte jenes Universums, zu der Wirklichkeit und Geist gehören: eine Leistung verifizierender Einzelerfahrungen, die zwischen Geist und Wirklichkeit liegen und diese beiden vermittelnd in Beziehung setzen. Die ›Befriedigung‹ ihrerseits, so besehen, ist keine von einem unspezifischen Wesen gefühlte, abstrakte Befriedigung *überhaupt* [dt. im Original]; es wird vielmehr angenommen, daß sie aus solchen Befriedigungen (im Plural) besteht, die konkret existierende Menschen tatsächlich in ihren Überzeugungen vorfinden. So wie wir Menschen wirklich geartet sind, meinen wir, daß der Glaube an den Geist anderer Menschen, an unabhängige physische Wirklichkeiten, an vergangene Ereignisse und an ewige logische Beziehungen befriedigend ist. Wir meinen, daß Hoffnung befriedigend ist. Oftmals finden wir es befriedigend, unseren Zweifel aufzugeben. Vor allem halten wir *Konsistenz* für befriedigend, d. h. den konsistenten Zusammenhang zwischen einer gegenwärtigen Vorstellung und dem gesamten Rest unserer mentalen Ausstattung, einschließlich der ganzen Ordnung unserer Empfindungen, unserer Intuitionen bezüglich Gleichartigkeit und Verschiedenheit und des gesamten Fundus bereits erworbener Wahrheiten.

Der Pragmatist – selbst ein Mensch und niemand, der sich im allgemeinen vorstellen würde, es gäbe eine andere und richtigere Auffassung von ›Wirklichkeit‹ als die unsrige – hat diese Auffassung zur Grundlage seiner erkenntnistheoretischen Diskussion gemacht und ist bereit, unsere Befriedigungen als möglicherweise wirklich wahre – und nicht allein für *uns* wahre – Wegweiser zu dieser Wirklichkeit zu sehen. Es scheint hier die Pflicht seiner Kritiker zu sein, ausführlich darzulegen, warum diese Befriedigungen, die unsere subjektiven Gefühle sind, *keine* ›objektive‹ Wahrheit sollen hervorbringen können. Die Ansichten, die sie begleiten, ›postulieren‹ die angenommene Wirklichkeit, ›korrespondieren‹ und stehen in ›Übereinstimmung‹ mit ihr, und sie ›passen‹ auf perfekt bestimmte und bestimmbare Weise zu ihr, und zwar durch aufeinanderfolgende Gedankengänge und Handlungsketten, durch die sie ihre Verifikation erhalten. Allein darauf zu bestehen, diese Worte abstrakt und nicht konkret zu verwenden, ist also kein Weg, den Pragmatisten vom Feld zu treiben – seine konkrete Darstellung enthält gewissermaßen diejenige seines Kritikers. Sollten meine Kritiker irgendeinen bestimmten Begriff von Wahrheit haben, der objektiverer Natur ist als der von mir vorgeschlagene, warum legen sie ihn dann nicht deutlicher vor? Wie sie so dastehen, erinnern sie an Hegels Mann, der ›Obst‹ wollte, aber Kirschen, Birnen und Trauben ablehnte, weil sie kein Obst im abstrakten Sinne seien.* Wir bieten ihnen den vollen Maßkrug, sie aber flehen um das Fassungsvermögen des leeren Gefäßes.

An dieser Stelle wird mir der Kritiker vermutlich folgendes entgegnen: »Wenn man allein Befriedigungen braucht, um Wahrheit zu schaffen, wie steht es dann um die bekannte Tatsache, daß Irrtümer so häufig befriedigend sind? Und was ist mit der gleichermaßen bekannten Tatsache, daß bestimmte wahre Ansichten bitterste Unzufriedenheit verursachen können? Ist es nicht offensichtlich, daß nicht die Befriedigung, die mit einer Ansicht verbunden ist, sondern die Beziehung dieser Ansicht *zur Wirklichkeit* eine Ansicht wahr macht? Angenommen, es gäbe keine solche Wirklichkeit, und doch würden die Befriedigungen bleiben: würden sie dann nicht im Grunde Unwahrheit mit sich bringen? Kann man sie also als spezifische Wahrheitserzeuger behandeln? Es ist die einer Ansicht *innewohnende Beziehung zu einer Wirklichkeit*, die uns jene spezifische *Wahrheits*-Befriedigung gibt, mit der verglichen alle anderen Befriedigungen bloßer Schwindel sind. Die Befriedigung, etwas wahrhaft zu wissen, ist damit die einzige, auf die der Pragmatist sein Augenmerk hätte richten sollen. Im Sinne eines *psychologischen Gefühls* gesteht der Anti-Pragmatist sie ihm gerne zu, aber auch dann nur als ein Begleitphänomen der Wahrheit und nicht als dessen Komponente. Was die Wahrheit *konstituiert*, ist nicht das Gefühl, sondern

* Anm. d. Übers.: James bezieht sich auf eine Passage aus G. W. F. Hegel, *Enzyklopädie der philosophischen Wissenschaften im Grundrisse (1830), Erster Teil: Die Wissenschaft der Logik,* in: Werke, Bd. 8, Frankfurt/M. 1970, S. 59 (§ 13). Hegel schreibt: »Das Allgemeine, formell genommen und *neben* das Besondere gestellt, wird selbst auch zu etwas Besonderem. Solche Stellung würde bei Gegenständen des gemeinen Lebens von selbst als unangemessen und ungeschickt auffallen, wie wenn z. B. einer, der Obst verlangte, Kirschen, Birnen, Trauben usf. ausschlüge, weil sie Kirschen, Birnen, Trauben, *nicht* aber Obst seien.« Hegels Text lag James in der englischen Übersetzung von William Wallace vor (*The Logic of Hegel*, Oxford 1874).

die rein logische oder objektive Funktion richtiger Wirklichkeitserkenntnis, und die Tatsache, daß der Pragmatist es versäumt, diese Funktion auf grundsätzlichere Werte zu reduzieren, liegt auf der Hand.«

Ein solcher Anti-Pragmatismus ist in meinen Augen ein verwirrendes Gewebe. Um hiermit zu beginnen: Sagt der Pragmatist ›unentbehrlich‹, verwechselt der Anti-Pragmatismus es mit ›hinreichend‹. Für den Pragmatisten sind Befriedigungen für die Wahrheitserzeugung unentbehrlich, aber ich habe sie stets als unzureichend bezeichnet, wenn sie nicht auch nebenbei zur Wirklichkeit hingeführt haben. Würde die vorausgesetzte Wirklichkeit aus dem Diskursuniversum des Pragmatisten verabschiedet, dann würde er die verbleibenden Ansichten trotz ihres befriedigenden Charakters geradewegs als Unwahrheiten bezeichnen. Wie für seinen Kritiker kann es auch für ihn keine Wahrheit geben, wenn es nichts gibt, auf das sich das Wahre beziehen ließe. Vorstellungen sind doch nur glatte Seelenoberfläche, wenn ihnen die gespiegelte Materie keinen kognitiven Glanz verleiht. Das ist der Grund, warum ich als Pragmatist mit Bedacht *ab initio* ›Wirklichkeit‹ postuliert habe, und warum ich in allen meinen Beiträgen ein erkenntnistheoretischer Realist bleibe.[3]

Zur Verwirrung trägt der Anti-Pragmatist des weiteren mit seiner Behauptung bei, ich würde ihm erklären, was Wahrheit formal bedeutet, zugleich aber annehmen, Wahrheit konkret erweisen zu können, indem ich die Situationen bestimme, in denen er sicher sein kann, sie auch tatsächlich zu besitzen. Diese naive Erwartung wird freilich enttäuscht, da ich sie abhängig sein lasse von einer ›unabhängigen‹ Wirklichkeit, so daß Wahrheit da ist, wenn Wirklichkeit da ist, und Wahrheit verschwindet, wenn Wirklichkeit verschwindet; aus diesem Grunde hält er meine Beschreibung für unbefriedigend. Ich vermute jedoch, dieser Verwirrung liegt die noch tiefere zugrunde, nicht hinreichend zwischen dem Begriff der Wahrheit und dem Begriff der Wirklichkeit zu unterscheiden. Wirklichkeiten sind nicht *wahr*, sie *sind*; und Ansichten sind wahr *bezogen auf* sie. Aber ich befürchte, daß diese zwei Begriffe im Geiste des

3 Ich brauche den Leser wohl nicht daran zu erinnern, daß sowohl Sinneswahrnehmung als auch Wahrnehmungen idealer Beziehungen (Vergleiche etc.) zur Wirklichkeit gezählt werden sollten. Der überwiegende Teil unseres geistigen ›Vorrats‹ besteht aus Wahrheiten, die diese Ausdrücke betreffen.

Anti-Pragmatisten zuweilen ihre Attribute tauschen. Die Wirklichkeit selbst, fürchte ich, wird so behandelt, als sei sie ›wahr‹, und umgekehrt. Wer deshalb von dem einen spreche, so meint man dann, müsse auch vom anderen sprechen, und eine wahre Vorstellung habe gewissermaßen jene Wirklichkeit zu *sein*, zu der sie in kognitiver Hinsicht gehöre, oder sie zumindest ohne weiteres *zugänglich zu machen*.

Dieser absolut-idealistischen Forderung stellt der Pragmatismus schlichtweg sein *non possumus* entgegen. Wenn es Wahrheit geben soll, sagt er, müssen – um sie hervorzubringen – sowohl die Wirklichkeiten als auch die Ansichten über sie zusammenwirken; aber ob es überhaupt so etwas wie Wahrheit gibt, oder wie man sicher sein kann, daß die eigenen Ansichten wahr sind, das zu bestimmen maßt der Pragmatismus sich nicht an. Jene Befriedigung durch Wahrheit *par excellence*, die mit einer in anderer Hinsicht unbefriedigenden Ansicht einhergehen mag, stellt sich dem Pragmatismus unschwer als das Gefühl eines konsistenten Zusammenhangs mit bereits vorhandenen, früher erworbenen oder angenommenen Wahrheiten dar, in deren Besitz einen die Gesamtheit früherer Erfahrungen im allgemeinen gebracht hat.

Aber sind nicht alle Pragmatisten sicher, so werden ihre Feinde an diesem Punkt fragen, daß ihre eigene Ansicht richtig ist? Das führt mich zu dem

Fünftes Mißverständnis:
Mit dem, was Pragmatisten sagen, widersprechen sie sich selbst.

Ein Brieffreund formuliert diesen Einwand folgendermaßen: »Wenn Sie Ihr Publikum wissen lassen, der Pragmatismus sage die Wahrheit über die Wahrheit, dann unterscheidet sich die erste Wahrheit von der zweiten. Über die erste dürfen Sie und Ihre Leser nicht uneins sein; Sie geben ihnen nicht die Freiheit, sie zu akzeptieren, je nachdem, ob sie für den privaten Gebrauch nützlich ist oder nicht. Die zweite Wahrheit aber, die die erste beschreiben und enthalten sollte, bejaht diese Freiheit. Damit scheint die *Absicht* Ihrer Äußerung deren *Inhalt* zu widersprechen.«

Ebendiese klassische Widerlegung hat der generelle Skeptizismus zu allen Zeiten erfahren. »Ihr müßt dogmatisch auftreten«, halten die Rationalisten den Skeptikern entgegen, »sobald Ihr die skeptische Position formuliert; Euer Leben widerspricht damit fortwährend Eurer Behauptung«. Man sollte meinen, daß das Unvermögen dieses alt gedienten Arguments, den generellen Skeptizismus in der Welt auch nur im mindesten zu verringern, einige Rationalisten selbst schon hat zweifeln lassen, ob diese reflexartigen logischen Anfechtungen am Ende wirklich so vernichtend für lebendige Geisteshaltungen sind. Genereller Skeptizismus ist die lebendige Geisteshaltung der Weigerung, Schlüsse zu ziehen. Es handelt sich hier um eine anhaltende Trägheit des Willens, die sich bei jeder neuen sich anbietenden These gewissenhaft wieder zur Geltung bringt und die ebensowenig aus der Welt zu schaffen ist (auch durch Logik, nicht), wie sich Eigensinn oder Possenreißerei aus der Welt schaffen lassen. Ebendarum ist sie ja so irritierend. Der konsequente Skeptiker bringt seinen Skeptizismus niemals in einer formalen Aussage zum Ausdruck – er wählt ihn schlechthin als Habitus. Provozierend sperrt er sich dort, wo er doch so einfach mit uns »ja« sagen könnte. Aber er ist nicht unlogisch oder dumm – im Gegenteil: oftmals beeindruckt er uns durch seine intellektuelle Überlegenheit. Dies ist der *wirkliche* Skeptizismus, mit dem Rationalisten sich auseinanderzusetzen haben, während ihre Logik ihn noch nicht einmal berührt.

Auch das Verhalten des Pragmatisten ist durch Logik keinesfalls zu beseitigen: Seine Äußerung – weit entfernt vom Widerspruch – veranschaulicht die Sache, über die er sich äußert, genau. Über welche Sache er sich äußert? Unter anderem darüber, daß Wahrheit – konkret betrachtet – eine Eigenschaft unserer Ansichten ist und daß diese Ansichten Einstellungen sind, die auf Befriedigungen folgen. Die Vorstellungen, die als befriedigend empfunden werden, sind in erster Linie nur Hypothesen, die einen dazu heraus- oder auffordern, zu ihnen Stellung zu nehmen. Der pragmatistische Wahrheitsbegriff ist lediglich eine solche Herausforderung; der Pragmatist nun findet es höchst befriedigend, sie anzunehmen, und entsprechend bezieht er selbst seine eigene Position. Aber gesellig wie sie sind, versuchen Menschen, ihre Überzeugungen zu verbreiten, Nachahmung hervorzurufen und andere zu beeinflussen. Warum solltest nicht auch *du* dieselbe Ansicht befriedigend finden? – denkt der Pragmatist und versucht unverzüglich, dich zu bekehren. Du und er werden dann gleicher Ansicht sein; du wirst die subjektive Seite der Wahrheit repräsentieren, die eine objektive und unwiderrufliche Wahrheit sein wird, falls die Wirklichkeit die objektive Seite repräsentiert, indem sie zur selben Zeit gegenwärtig ist. Ich muß gestehen: Was in all diesem selbstwidersprüchlich sein soll, vermag ich nicht zu entdecken. Im Gegenteil scheint mir das eigene Verhalten des Pragmatisten seine allgemeine Formel in bewunderungswürdiger Weise zu illustrieren; und von allen Erkenntnistheoretikern ist er vielleicht der einzige, der einwandfrei mit sich selbst in Übereinstimmung steht.

Sechstes Mißverständnis:
Der Pragmatismus erklärt nicht, was Wahrheit ist, sondern nur, wie man zu ihr gelangt.

Tatsächlich erklärt er beides: Denn indem er erklärt, wie man zur Wahrheit gelangt, erklärt er nebenbei auch, was Wahrheit ist – wohin auch sonst sollte man gelangt sein als zu dem, was Wahrheit *ist*? Wenn ich Ihnen sage, wie Sie zum Bahnhof gelangen, mache ich Sie dann nicht auch implizit mit dem *Was* bekannt, mit dem Wesen und der Art dieses Gebäudes? Es ist wirklich wahr, daß das abstrakte *Wort* ›wie‹ nicht dieselbe Bedeutung hat wie das abstrakte *Wort* ›was‹, aber in diesem Universum konkreter Tatsachen ist es nicht möglich, das Wie und das Was auseinanderzuhalten. Die Gründe dafür, warum ich es als befriedigend empfinde, zu glauben, daß eine Vorstellung wahr ist – die Art und Weise, *wie* ich zu dieser Vorstellung gelange –, könnten zu ebenjenen Gründen zählen, warum die Vorstellung auch in Wirklichkeit wahr ist. Falls nicht, fordere ich den Anti-Pragmatisten auf, die Unmöglichkeit deutlich zu erklären.

Sein Problem scheint mir hauptsächlich in seiner bleibenden Unfähigkeit zu gründen, zu verstehen, wie eine konkrete Aussage möglicherweise soviel bedeuten oder wert sein kann wie eine abstrakte. Ich sagte oben, daß der zentrale Streit zwischen mir und meinen Kritikern der zwischen Konkretheit und Abstraktheit ist. Hier ist der Ort, diesen Punkt weiter zu entfalten.

Im Falle unserer Frage ist es nicht nur so, daß die einer Vorstellung folgenden, zwischen dieser Vorstellung und einer Wirklichkeit vermittelnden Erfahrungsreihen die *konkrete* Wahrheitsbeziehung formen, die zwischen Vorstellung und Wirklichkeit besteht – dem Pragmatisten zufolge *sind* sie auch diese konkrete Beziehung. Sie oder andere ähnliche vermittelnde Verifikationsreihen meinen wir, so sagt er, wenn wir von der Vorstellung sagen, daß sie auf die Wirklichkeit ›hinweist‹, zu ihr ›paßt‹, mit ihr ›korrespondiert‹ oder mit ihr ›übereinstimmt‹. Solche Vermittlungsgeschehnisse *machen* die Vorstellung ›wahr‹. Diese Vorstellung selbst, sofern sie überhaupt existiert, ist ebenfalls ein konkretes Ereignis: Der Pragmatismus besteht deshalb darauf, daß Wahrheit im Singular nur ein Sammelname für Wahrheiten im Plural ist, die immer aus Serien eindeutiger Ereignisse bestehen; und das, was der Intellektualismus *die* Wahrheit, die *innewohnende* Wahrheit einer jeden solchen Serie nennt, ist nur der abstrakte Name für ihren Wahrheitsgehalt *in actu*, für die Tatsache also, daß die Vorstellungen hier auf eine Weise zur vorgestellten Wirklichkeit hinführen, die wir für befriedigend halten.

Der Pragmatist selbst erhebt keinen Einwand gegen Abstraktionen. Elliptisch und der Kürze halber verwendet er sie ebenso wie jeder andere auch, stellt er doch bei unzähligen Gelegenheiten fest, daß ihre relative Leere sie zu einem nützlichen Ersatz für jene Überfülle von Fakten macht, der er begegnet. Aber einen höheren Grad von Wirklichkeit schreibt er ihnen niemals zu. Die volle Wirklichkeit einer Wahrheit besteht für ihn immer in einem Prozeß der Verifikation, in dem die abstrakte Eigenschaft, Vorstellungen mit Objekten wahrhaft zu verbinden, auf bewährte Weise verwirklicht ist. Unterdessen scheint es unendlich nützlich, in der Lage zu sein, abstrakt und fern ihres Sichbewährens über Eigenschaften zu sprechen, sie in unzähligen Fällen identisch anzutreffen, sie ›aus der Zeit‹ herauszunehmen und ihre Beziehungen zu anderen, ähnlichen Abstraktionen zu erörtern. Auf diese Weise formen wir ganze Welten platonischer Ideen *ante rem*, Welten *in posse*, obwohl keine von diesen tatsächlich existiert, es sei denn *in rebus*. Unzählige Beziehungen bestehen dort, die niemand als bestehend erfährt – wie die Noten von Ännchen von Tharau in der ewigen Sphäre musikalischer Beziehungen zum Beispiel eine entzückende Melodie waren, lange bevor sterbliche Ohren sie jemals gehört haben. So schläft jetzt sogar die Musik der Zukunft, die hernach zu wecken ist. Oder – nehmen wir die Welt geometrischer Beziehungen – die tausendste Dezimalstelle von π ruht dort, auch wenn niemals jemand versuchen sollte, sie zu berechnen. Oder – nehmen wir die Welt des ›Passens‹ – unzählige Mäntel passen zu Rücken, und unzählige Schuhe passen zu Füßen, von denen sie gerade nicht getragen werden; unzählige Steine passen in Mauerlücken, in welche sie tatsächlich einzupassen niemand versucht. In gleicher Weise ›passen‹ unzählige

Meinungen zu Wirklichkeiten, und unzählige Wahrheiten sind gültig, obwohl kein Denker sie jemals denkt.

Für den Anti-Pragmatisten sind diese vorgängigen, zeitlosen Beziehungen die Voraussetzung für konkrete Beziehungen; sie besäßen die grundlegendere Würde und den grundlegenderen Wert. Das konkrete Sichbewähren unserer Vorstellungen in Verifikationsprozessen sei nichts im Vergleich mit der ›Geltung‹ dieser rein geistigen [*discarnate*] Wahrheit in ihnen.

Für den Pragmatisten dagegen ist alle rein geistige Wahrheit statisch, ohnmächtig und ziemlich geisterhaft, während lebensvolle Wahrheit Energie und Tatkraft verleiht. Kann sich jemand vorstellen, daß die ruhende Qualität der Wahrheit jemals abstrahiert worden wäre oder einen Namen erhalten hätte, wenn Wahrheiten für immer in diesem Speichergewölbe essentieller, zeitloser ›Übereinstimmungen‹ geblieben und niemals im keuchenden Ringen lebendiger menschlicher Vorstellungen um Verifikation realisiert worden wären? Sicherlich nicht mehr als die abstrakte Eigenschaft des ›Passens‹ hätte einen Namen erhalten, wenn es in unserer Welt keine Rücken, Füße oder Mauerlücken gegeben hätte, zu denen etwas hätte passen sollen. *Existentielle* Wahrheit ist unmittelbar mit dem tatsächlichen Wettbewerb der Meinungen verbunden. *Essentielle* Wahrheit – die Wahrheit der Intellektualisten, die von keinem gedachte Wahrheit – gleicht dem passenden Mantel, den niemand jemals anprobiert hat, und der Musik, die noch von keinem Ohr vernommen wurde. Sie ist weniger wirklich – und nicht wirklicher – als die verifizierte Sache, und ihr höheren Ruhm zuzusprechen scheint wenig mehr zu sein als ein Akt perverser Verehrung von Abstraktion. Genausogut könnte ein Bleistift darauf beharren, daß die Umrißlinie das Wesentliche einer jeden bildlichen Darstellung sei, und den Malerpinsel und die Kamera dafür tadeln, diese zu vergessen – dabei übersehend, daß *deren* Bilder nicht nur den ganzen Umriß enthalten, sondern hundert andere Dinge zusätzlich. Pragmatistische Wahrheit enthält die ganze intellektualistische Wahrheit und hundert andere Dinge zusätzlich. Intellektualistische Wahrheit ist deshalb nur pragmatistische Wahrheit *in posse*. Kein anderer als der Pragmatist schreibt der Tatsache mehr Bedeutung zu, daß Menschen bei unzähligen Gelegenheiten Verifikation oder Wahrheit in actu durch Wahrheit *in posse* oder Verifizierbarkeit ersetzen: er betont die praktische Nützlichkeit einer solchen Gewohnheit. Aber die Wahrheit *in posse* – eine Wahrheit, die keinesfalls so lebendig ist, daß sie jemals behauptet, in Zweifel gezogen oder mit Widerspruch bedacht worden wäre – betrachtet er deshalb kaum als einen metaphysisch vorgängigen Gegenstand, dem sich Wahrheiten *in actu* unterordnen läßt. Gehen Intellektualisten so vor, dann werden sie vom Pragmatismus beschuldigt, die wirkliche Beziehung umzukehren. Wahrheit in posse *bedeutet* nur soviel wie Wahrheiten in actu, und der Pragmatismus besteht darauf, daß letztere sowohl der Logik als auch dem Sein nach Vorrang haben.

Siebentes Mißverständnis:
Der Pragmatismus ignoriert das theoretische Interesse.
Hierbei würde es sich um eine absolut böswillige Verleumdung handeln, wäre da nicht eine gewisse Entschuldigung möglich mit Verweis auf die linguistischen Beziehungen des Wortes ›Pragmatismus‹ sowie auf gewisse sprachliche Nachlässigkeiten meinerseits, die zuviel Großzügigkeit auf der Seite meiner Leser vorausgesetzt haben. Wenn ich von der Bedeutung von Vorstellungen gesprochen habe, die in ihren ›praktischen‹ Konsequenzen liege, oder von den ›praktischen‹ Unterschieden, die unsere Ansichten für uns haben, und wenn ich gesagt habe, daß die Wahrheit einer Ansicht in ihrem Grad des ›Sichbewährens‹ bestehe, dann war meine Sprache offensichtlich zu nachlässig; denn beinahe ausnahmslos wurde angenommen, ich verstünde unter ›praktisch‹ den *Gegensatz* zu theoretisch oder kognitiv im eigentlichen Wortsinne, und so zog man pünktlich die Konsequenz, daß Wahrheit, wie ich sie sehe, in keiner Beziehung zu irgendeiner unabhängigen Wirklichkeit oder zu irgendeiner anderen Wahrheit stehen könne, oder zu überhaupt gar nichts außer zu Handlungen, die wir auf sie gründen könnten, oder zu Befriedigungen, die diese Handlungen hervorrufen könnten. Man erhob den Vorwurf, daß eine Vorstellung meiner absurden pragmatistischen Erkenntnistheorie zufolge durch ihre bloße Existenz vollkommen wahr gemacht würde, wenn doch nur ihre Ergebnisse befriedigend wären. Daß man mir solchen Unsinn allen Ernstes zuschrieb, wurde noch durch zwei andere Umstände ermutigt. Erstens, Vorstellungen *sind* im engen Sinne praktisch nützlich – manchmal falsche Vorstellungen, meist aber solche, die wir durch die Gesamtheit all ihrer praktischen Hinführungen verifizieren können, wodurch die Wirklichkeit ihrer Gegenstände als unbezweifel-

bar gelten kann. Daß diese Vorstellungen vor ihrer Nützlichkeit und unabhängig davon wahr sind, daß ihre Objekte, mit anderen Worten, wirklich existieren, ist die eigentliche Bedingung dafür, daß ihnen diese Form der Nützlichkeit zukommt – die Gegenstände, mit denen sie uns in Berührung bringen, sind so wichtig, daß jene Vorstellungen, die als Ersatz dieser Gegenstände fungieren, nicht weniger wichtig werden. In den Augen der Urmenschen war es zuvörderst dieses praktische Sichbewähren, das Wahrheiten gut machte, und verschüttet unter all den anderen guten Funktionen, durch die wahre Ansichten sich auszeichnen, bleibt diese Art von Folge-Nützlichkeit auch weiterhin bestehen.

Der zweite irreführende Umstand bestand in der Betonung, die Schiller und Dewey auf die Tatsache gelegt haben, daß es nicht gut sei, auf eine Wahrheit zu drängen, wenn sie ohne Bedeutung für die momentane Geistesverfassung sei und in keinem Zusammenhang mit einer ›praktischen‹ Situation stehe, worunter sie eine ziemlich spezielle Verwicklung verstehen. Sie würde unseren Interessen genau so wenig gerecht werden wie eine falsche Ansicht unter denselben Bedingungen. Ich wünschte mir nun aber, unsere Kritiker würden erklären, warum unsere Verfassungen und Verwicklungen nicht genausogut theoretischer wie (im engen Sinne) praktischer Natur sein können sollen. Sie setzen einfach voraus, daß kein Pragmatist ein genuin theoretisches Interesse zugeben *kann*. Weil ich vom ›Barwert‹ einer Vorstellung gesprochen habe, hat mich ein Brieffreund beschworen, diesen Ausdruck zu ändern, »da jedermann denkt, daß Sie damit nur pekuniären Gewinn und Verlust meinen«. Weil ich gesagt habe, das Wahre sei das ›Zweckdienliche in unserem Denken‹, bin ich in folgender Weise von einem anderen gelehrten Brieffreund gerügt worden: »Der Begriff des Zweckdienlichen hat keine andere Bedeutung als die von Eigennutz. Das Streben danach hat hierzulande schon so manchen Bankangestellten ins Gefängnis gebracht. Eine Philosophie, die zu solchen Ergebnissen führt, muß die falsche sein.«

Das Wort ›praktisch‹ aber verwendet man nun gewohnheitsmäßig so locker, daß ein wenig mehr Nachsicht hätte erwartet werden können. Sagt man, ein kranker Mann sei jetzt praktisch genesen oder eine Unternehmung sei praktisch gescheitert, dann meint man für gewöhnlich geradezu das Gegenteil von ›praktisch‹ im buchstäblichen Sinne. Man meint, daß das, was man sagt, theoretisch wahr sei, im Grunde genommen wahr sei, *gewiß* wahr sei – obwohl es streng lebensweltlich besehen unwahr ist. Unter dem Praktischen versteht man auch oft das spezifisch Konkrete, das Individuelle, Besondere und Wirkungsvolle, das dem Abstrakten, Allgemeinen und Trägen entgegengesetzt ist. Um für mich selbst zu sprechen: Wann immer ich auch die praktische Natur der Wahrheit betont habe, war es hauptsächlich dies, was ich im Sinne hatte. ›Pragmata‹ sind Gegenstände in ihrer Pluralität, und wenn ich in meinem bereits erwähnten Vortrag in Kalifornien die pragmatistische Auffassung zum Ausdruck gebracht habe, daß die »Bedeutung einer jeden Aussage immer auf irgendeine spezifische Konsequenz unserer zukünftigen – passiven oder aktiven – praktischen Erfahrung zurückgeführt werden kann«, dann habe ich ausdrücklich diese erklärenden Worte hinzugefügt: »Wichtiger als die Tatsache, daß diese Erfahrung aktiver Natur ist, ist dabei, daß sie eine spezifische Erfahrung ist«, wobei ›aktiv‹ hier ›praktisch‹ im engen, buchstäblichen Sinne meint.[4] Spezifische Konsequenzen aber können sehr gut theoretischer Natur sein. Jede indirekte Tatsache, die wir aus einem Gedanken schließen, ist eine spezifische theoretische Konsequenz, auf die unser Geist praktisch hinarbeitet. Der Verlust einer jeden alten Meinung, bei der wir einsehen, daß wir sie aufzugeben haben, falls eine neue Meinung wahr ist, ist sowohl eine spezifisch theoretische als auch eine spezifisch praktische Konsequenz. Das größte Bedürfnis des Menschen – nach dem Bedürfnis, frei zu atmen – ist dasjenige nach *Konsistenz* (da es sich niemals ändert oder nachläßt wie die meisten anderen physischen Bedürfnisse), nach dem Gefühl also, daß das, was er jetzt denkt, mit dem vereinbar ist, was er bei anderen Gelegenheiten denkt. Unermüdlich ver-

4 Die Zweideutigkeit des Wortes ›praktisch‹ zeigt sich wunderbar in diesen kürzlich geäußerten Worten eines Möchtegern-Berichterstatters unserer Auffassungen: »Pragmatismus ist eine angelsächsische Reaktion gegen den Intellektualismus und Rationalismus des romanischen Geistes. [...] Der Mensch, jeder einzelne Mensch, ist das Maß aller Dinge. Er kann keine anderen als relative Wahrheiten denken, d. h. Illusionen. Wieviel diese Illusionen wert sind, zeigt sich ihm nicht durch allgemeine Theorie, sondern individuelle Praxis. Der Pragmatismus, der darin besteht, diese gedanklichen Illusionen zu erfahren und durch Ausführung zu befolgen, ist eine *Philosophie ohne Worte*, eine Philosophie der *Gesten und Handlungen*, die das Allgemeine preisgibt und nur an dem *Besonderen* festhält.« (Bourdeau, im *Journal des Débats*, 29. Oktober 1907.)

gleichen wir Wahrheit mit Wahrheit um dieses einzigen Zweckes willen. Steht die jetzige sich anbietende Ansicht vielleicht in Widerspruch zu Prinzip Nummer eins? Ist sie mit Tatsache Nummer zwei vereinbar? – und so weiter. Die spezifischen Operationen sind hier die rein logischen von Analyse, Deduktion, Vergleich etc.; und obwohl Abstrakta *ad libitum* verwendet werden dürfen, besteht das befriedigende *praktische Sichbewähren* einer sich anbietenden Vorstellung in dem Bewußtsein, das durch jede einzelne nachfolgende theoretische Konsequenz geschaffen wird. Aus diesem Grunde ist es schlichtweg blödsinnig zu wiederholen, daß der Pragmatismus rein theoretische Anliegen nicht berücksichtige. Er besteht nur darauf, daß Wahrheit in actu *Verifikationen* bedeutet und daß diese immer spezifische sind. Auch in ausschließlich theoretischen Fragen pocht er darauf, daß sich mit Unbestimmtheit und Allgemeingültigkeit nichts verifizieren läßt.

Achtes Mißverständnis:
Der Pragmatismus kann dem Solipsismus nicht entgehen.

Ich habe über dieses Mißverständnis bereits unter dem dritten und vierten Punkt etwas gesagt, aber ein wenig mehr könnte hilfreich sein. Der Einwand kleidet sich gern in folgende Worte: »Ihnen zufolge besteht Wahrheit in jedem Wert, nur nicht im eigentlich kognitiven; Sie belassen das kognitive Subjekt immer viele Schritte (oder mindestens einen Schritt) entfernt von seinem wirklichen Gegenstand; das beste, was Sie zu bieten haben, besteht darin, daß es durch seine Vorstellungen zu diesem wirklichen Gegenstand hingeführt wird; es bleibt für immer außerhalb von ihm« etc.

Bei dem treibenden Motiv, das hier am Werke ist, handelt es sich, so meine ich, um den fest eingewurzelten intellektualistischen Glauben, daß – um Kenntnis von einer Wirklichkeit zu besitzen – eine Vorstellung diese Wirklichkeit auf unergründliche Weise besitzen oder selbst sein muß.[5] Für den Pragmatismus ist diese Art der Verschmelzung unwesentlich. In der Regel sind Kognitionen nur aus der Balance geratene Geistesprozesse, die sich in die Richtung realer

5 In der Tat können Empfindungen ihre Gegenstände besitzen oder mit ihnen verschmelzen, wie der Common sense es annimmt; und intuitiv erkannte Unterschiede zwischen Begriffen können mit den ›ewigen‹ objektiven Unterschieden verschmelzen. Aber um meine Erörterung hier zu vereinfachen, darf ich mir erlauben, von diesen sehr speziellen Fällen des Erkennens zu abstrahieren.

Endpunkte bewegen; und die Wirklichkeit dieser Endpunkte, an die man durch die in Frage stehenden Geisteszustände glaubt, kann nur durch jemanden *verbürgt* werden, der ein umfassenderes Wissen besitzt.[6] Aber wenn es im Universum keinen Grund gibt, sie anzuzweifeln, dann sind Ansichten in dem einzigen Sinne wahr, in dem überhaupt etwas wahr sein kann, nämlich: sie sind in praktischer und konkreter Hinsicht wahr. Wahr im undefinierbaren mystischen Sinne einer *Identitätsphilosophie* [dt. im Original] müssen sie nicht sein; es gibt auch keinen vernünftigen Grund, warum sie anders als beweisbar und praktisch wahr sein sollten. Es ist Sache der Wirklichkeit, ihre eigene Existenz zu besitzen; es ist Sache der Gedanken, mit ihr auf unzähligen Wegen der Verifikation in »Berührung« zu kommen.

Ich befürchte, daß die ›humanistischen‹ Entwicklungen auf dem Gebiet des Pragmatismus hier eine gewisse Schwierigkeit verursachen könnten. Wir gelangen ja zu einer Wahrheit nur über andere Wahrheiten, und die Wirklichkeit, die fortwährend als das postuliert wird, womit all unsere Wahrheit in Verbindung bleiben muß, wird uns vielleicht nie in anderer Form zur Verfügung stehen als in Form einer Wahrheit, die gerade nicht auf dem Prüfstand steht. Aber da Dr. Schiller gezeigt hat, daß alle unsere Wahrheiten, selbst die elementarsten, durch Vererbung von einem menschlichen Faktor betroffen sind, könnte Wirklichkeit *per se* nur eine Art von Grenze sein; sie ließe sich auf den bloßen *Ort* für ein Objekt zusammen-

6 Der transzendentale Idealist denkt, daß die endlichen Geisteszustände in unerklärlicher Weise identisch sind mit dem überendlichen Allwissenden [*all-knower*], den zu postulieren er sich genötigt sieht, um ein *fundamentum* für die kognitive Beziehung, wie er sie versteht, bereitzustellen. Pragmatisten können die Frage nach der Identität offen lassen. Aber wollen sie einen Fall von Kenntnis *beweisen*, dann kommen sie genausowenig ohne denjenigen aus, der eine umfassendere Kenntnis besitzt [*wider knower*], wie sie auch nicht ohne die Wirklichkeit auskommen. Sie selbst spielen für das Diskursuniversum, das ihnen als Material für ihre erkenntnistheoretischen Ausführungen dient, die Rolle des absoluten Wissenden [*absolute knower*]. Sie bürgen dort für die Wirklichkeit sowie für das wahre Wissen über sie auf seiten des Subjekts. Aber ob das, was sie selbst über jenes ganze Universum sagen, objektiv wahr ist, d.h., ob die pragmatistische Theorie der Wahrheit *wirklich* wahr ist, dafür können sie nicht bürgen – sie können es nur glauben. So wie ich es mit meinen Lesern tue, so können sie ihren Hörern diese Theorie nur als etwas *vorschlagen*, daß *ambulando* zu verifizieren ist, oder in der Weise, in der ihre Konsequenzen sie bestätigen mögen.

schrumpfen, und der Gegenstand des Wissens ließe sich für rein geistigen Stoff halten, mit dem wir diesen Ort füllen.*

Ein auf diese Weise humanistisch begründeter Pragmatismus ist, so muß bekannt werden, mit dem Solipsismus *vereinbar*. Er reicht dem agnostizistischen Teil des Kantianismus die Hand, aber auch dem zeitgenössischen Agnostizismus wie dem Idealismus allgemein. Doch in dieser Ausarbeitung ist er eine metaphysische Theorie der Wirklichkeit und geht weit über die bescheidene pragmatistische Analyse der Natur der Wissensfunktion hinaus, welche genauso harmonisch mit weniger humanistischen Wirklichkeitsauffassungen kombiniert werden könnte. Eines der Verdienste des Pragmatismus besteht ja darin, daß er so rein erkenntnistheoretischer Natur ist. Er muß Wirklichkeiten annehmen; aber er präjudiziert deren Verfassung nicht, und selbst die unterschiedlichsten Metaphysiken können ihn zu ihrer Grundlage machen. Eine spezielle Affinität zum Solipsismus hat er gewißlich nicht.

Beim Rückblick auf das Geschriebene beschleicht mich an vielen Stellen das sonderbare Gefühl, als hätte ich das Offensichtliche in so herablassender Weise dargestellt, daß die Leser sich mit gutem Recht über meine Aufgeblasenheit lustig machen könnten. Es könnte jedoch sein, daß eine so radikale Konkretheit wie die meinige doch nicht so selbstverständlich ist. Die ganze Originalität des Pragmatismus, seine Pointe, besteht in seiner konkreten Betrachtung der Dinge. Er beginnt mit Konkretheit, kehrt zu ihr zurück und endet mit ihr. Mit seinen beiden ›praktischen‹ Aspekten der Wahrheit – situationsbezogene Relevanz (1) und nachfolgende Nützlichkeit (2) – füllt Dr. Schiller uns lediglich den Kelch des Konkreten bis zum Rande. Greife einmal diesen Kelch, und du kannst den Pragmatismus nicht mißverstehen. Man sollte meinen, die Fähigkeit, die Welt konkret zu denken, hätte verbreitet genug sein *können*, daß die Leser mich besser hätten verstehen, daß sie zwischen den Zeilen hätten lesen und trotz meiner unglücklichen Ausdrucksweise ein wenig genauer hätten erahnen können, was ich im

* Anm. d. Übers.: Vgl. hierzu Ferdinand C. S. Schillers Essay »Axioms as Postulates« (in: *Personal Idealism. Philosophical Essays by Eight Members of the University*, herausgegeben von Henry Sturt, London 1902), in dem diese Ideen vorgetragen werden.

Sinne hatte. Aber o weh! – das war vom Schicksal nicht vorgesehen; mir bleibt deshalb nur mit dem deutschen Liedchen zu denken:

»Es wär' zu schön gewesen,
Es hat nicht sollen sein.«
[dt. im Original]

8.
Die Philosophie und ihre Kritiker

Der Fortschritt einer Gesellschaft beruht darauf, daß einzelne Individuen vom menschlichen Durchschnitt in unterschiedlichster Weise abweichen und in ihrer Originalität oftmals so anziehend oder nützlich sind, daß sie von ihrem Volk als führende Persönlichkeiten anerkannt werden, neue Ideale begründen und sich schließlich als Menschen erweisen, die entweder Neid oder Nachahmung erfahren.

Unter diesen Abweichungen gibt es in jeder Menschheitsgeneration immer wieder einige Individuen mit einem außergewöhnlich starken Interesse an der Theorie. Solche Menschen finden Grund zum Rätseln und Staunen dort, wo niemand sonst es tut. Kraft ihrer Vorstellungsgabe ersinnen sie Deutungen, die sie miteinander kombinieren. Sie bewahren das Wissen ihrer Zeit, geben Prophezeiungen und Warnungen kund und werden als Weise betrachtet. Philosophie nun – in etymologischer Hinsicht die Liebe zur Weisheit – ist das Geschäft dieser Geister, die mit wohlwollender Nachsicht, wenn nicht mit Bewunderung betrachtet werden, selbst von denen, die sie nicht verstehen oder die nicht viel von der von ihnen verkündeten Wahrheit halten.

Philosophie, solcherart zum Menschheitserbe geworden, bringt – als umfassende Einheit verstanden – einen ungeheuer sperrigen Wissenskorpus hervor. So betrachtet besteht kein Grund, warum nicht eine beliebige Einzeldisziplin wie zum Beispiel die Chemie oder die Astronomie zu ihr gehören sollte. Durch einen übergreifenden Konsens jedoch und aus Gründen, die nunmehr zu erklären sind, sind die Einzeldisziplinen heute von ihr ausgeschlossen, und das, was übrig bleibt, ist handlich genug, um unter dem Namen der Philosophie von nur einem einzigen Mann gelehrt zu werden, sofern seine Interessen nur breit genug sind.

Wenn dies ein deutsches Lehrbuch wäre, würde ich zunächst eine abstrakte Definition des Gegenstandes geben – der damit über den Sprachgebrauch festgelegt würde – und anschließend dazu übergehen, *Begriff* und *Einteilung* wie auch *Aufgabe* und *Methode* [dt. jeweils im Original] zu entfalten. Aber da solche Darstellungen für

Anfänger normalerweise unverständlich und nach der Lektüre des Buches ohnehin überflüssig sind, wird es der Kürze dienen, ein solches Kapitel gänzlich wegzulassen, auch wenn es für fortgeschrittenere Leser im Sinne einer Zusammenfassung des dann folgenden möglicherweise nützlich sein könnte.

Ich werde allerdings noch einen Moment bei dem Aspekt der Bestimmung des Gegenstandes bleiben. In seiner Bedeutung durch die Ausschließung der Einzeldisziplinen begrenzt, wird der Name ›Philosophie‹ mehr und mehr zur ausschließlichen Bezeichnung von Ideen universaler Reichweite verwendet. Die Erklärungsprinzipien, die allen Dingen ausnahmslos zugrunde liegen, die Elemente, die Göttern, Menschen, Tieren und Steinen gemeinsam sind, das erste *Woher* und das letzte *Wohin* des Weltenlaufs, die Bedingungen aller Erkenntnis und die allgemeinsten Regeln menschlichen Handelns – sie alle liefern die Probleme, die man im allgemeinen für philosophisch *par excellence* hält; und der ›Philosoph‹ ist ebenjener Mensch, der darüber am meisten zu sagen vermag. Im herkömmlichen akademischen Lehrbuch wird Philosophie definiert als das ›Wissen von Dingen, im allgemeinen das über ihre letzten Gründe, sofern die natürliche Vernunft solches Wissen erlangen kann‹.* Eine Erklärung des Universums im ganzen, nicht die Beschreibung seiner einzelnen Elemente, ist demnach das, worauf die Philosophie abzuzielen hat; weshalb denn auch eine bestimmte Sichtweise als ›philosophisch‹ genau in dem Maße bezeichnet wird, wie sie weitreichender Natur ist, mit anderen in Beziehung steht und zu ihrer Begründung nicht etwa unmittelbare oder vermittelte, sondern letzte und allumfassende Prinzipien anführt. In diesem Sinne ist jede umfassende Sicht auf die Welt eine Philosophie, selbst wenn es sich dabei um eine vage handeln mag. Sie ist eine *Weltanschauung* [dt. im Original], eine intellektuell geprägte Haltung gegenüber dem Leben. Professor

* Anm. d. Übers.: Ob es sich hier um ein Zitat handelt oder um das Referat einer allgemeinen Sichtweise, ist unklar. Der deutsche Neuscholastiker Albert Stöckl (1823-1895) definiert Philosophie folgendermaßen: »Philosophie ist die Wissenschaft von den höchsten und letzten Gründen alles Seienden, in so fern und in so weit dieselben durch die bloße Vernunft erkannt und aus den Vernunftprinzipien allein erwiesen werden können. (Cognitio rerum per causas ultimas et altissimas naturali lumine comparata.)« (*Lehrbuch der Philosophie*, 4. Aufl. Mainz 1876, S. 5.) Eine mit Anmerkungen versehene Ausgabe dieses Buches soll sich in James' Bibliothek befunden haben.

Dewey beschreibt die Verfassung der gegenwärtig existierenden Philosophien angemessen, wenn er sagt, daß »Philosophie eher eine bestimmte Haltung, Absicht und Veranlagung zur wechselseitigen Durchdringung von Wille und Intellekt ausdrückt, als daß sie eine Disziplin wäre, deren Grenzen fein säuberlich gezogen werden könnten«.[1]

Die wichtigsten konkurrierenden Haltungen gegenüber dem Leben zu kennen, die in der Geschichte menschlichen Denkens hervorgebracht worden sind, und einige der Gründe gehört zu haben, die diese zu ihren Gunsten ins Feld führen können, sollte sicherlich als ein wesentlicher Bereich der Allgemeinbildung angesehen werden. In einem bestimmten Sinne des Wortes ist Philosophie in der Tat nur ein Kürzel für jenen Bildungsgeist, für den in Amerika das Wort ›College‹ steht. Inhalte können auf trocken-dogmatische oder auf philosophische Weise vermittelt werden. An einer Fachhochschule mag ein Mensch zu einem erstklassigen Instrument zur Ausführung einer bestimmten Arbeit ausgebildet werden, und dennoch kann ihm völlig jene Geistesanmut abgehen, die sich mit dem Begriff der ›Kultiviertheit‹ verbindet. Anstatt ein Gentleman zu werden, kann er ein Flegel bleiben, der intellektuell an sein eines enges Fachgebiet gefesselt ist sowie nüchtern und unfähig erscheint, etwas anderes zu imaginieren als das, was er selbst gesehen hat, er also ohne Einbildungskraft, Aura oder eine geistige Perspektive ist.

Philosophie, die – wie Platon und Aristoteles gesagt haben – mit dem Staunen beginnt, ist in der Lage, sich alles und jedes entgegen dessen ursprünglichen Natur vorzustellen. Sie betrachtet das Vertraute, als ob es fremd wäre, und das Fremde, als ob es vertraut wäre. Sie kann anfangen, sich mit Dingen zu befassen, um diese Auseinandersetzung sogleich wieder zu beenden. Ihr Geist ist von inspirativer Kraft, die jeden Gegenstand umgreift. Sie erweckt uns aus unserem ursprünglichen ›dogmatischen Schlummer‹ und bricht unsere verkrusteten Vorurteile auf. In historischer Hinsicht ist sie immer eine Art der gegenseitigen Befruchtung von vier verschiedenen menschlichen Interessengebieten gewesen: Wissenschaft, Dichtung, Religion und Logik. Sie hat sich in harter Vernunftarbeit um emotional wertvolle Ergebnisse bemüht. Ein wenig Kontakt zu ihr

1 Vgl. den Artikel »Philosophie« in Baldwins *Dictionary of Philosophy and Psychology*, Bd. 2, [New York 1902,] S. 291[-296].

zu haben und ihren Einfluß zu spüren ist deshalb sowohl für Studenten der Literatur wie für jene der Wissenschaften gewinnbringend. In ihrer Poesie wirkt sie auf den literarischen Geist, doch ihre Logik festigt ihn und wirkt damit seiner Weichheit entgegen. In ihrer Logik spricht sie den wissenschaftlichen Geist an, aber durch ihre anderen Aspekte macht sie diesen weicher und bewahrt ihn vor allzu trockener Technizität.

Sowohl dieser als auch jener studentische Typus sollte durch die Philosophie einen freien Geist, mehr Aura und einen stärkeren Bildungshintergrund erwerben. »Hast du etwas wie Philosophie in dir, Schäfer?«* – diese Frage von Touchstone ist ebenjene, mit der Menschen einander immer begegnen sollten. Ein Mensch, der *keine* Philosophie in sich trägt, ist der am wenigsten verheißungsvollste und nutzloseste Mitmensch, den man sich denken kann.

Über das, was als gymnastischer Nutzen des philosophischen Studiums bezeichnet werden könnte – die rein intellektuelle Kraft, die durch die definitorische Bestimmung hochtheoretischer Begriffe und deren Differenzierung erreicht wird –, will damit im übrigen nichts gesagt sein.

Trotz der zuvor aufgezählten Vorteile hat das Studium der Philosophie systematische Feinde, und niemals zuvor waren sie so zahlreich wie heute. Zum Teil sind dafür die eindeutigen Errungenschaften der Naturwissenschaft und die augenscheinliche Unbestimmtheit philosophischer Ergebnisse verantwortlich – von der dem Menschen eigentümlichen geistigen Roheit ganz zu schweigen, die es in boshafter Weise zu genießen weiß, lange Worte und Abstraktionen zu verspotten. Für viele Menschen sind ›scholastischer Jargon‹ und ›mittelalterliche Dialektik‹ recht eigentlich Synonyme für das Wort ›Philosophie‹. Mit seinen ›obskuren und vagen Spekulationen über die eigentliche Natur der Dinge und deren Ursachen‹ vergleicht man den Philosophen mit einem ›blinden Menschen in einem dunklen Raum, in dem er eine schwarze Katze sucht, die gar nicht da ist‹.** Seine Tätigkeit beschreibt man als die ›Kunst des end-, aber auch ergebnislosen Debattierens‹, oder – noch geringschätziger – als

* Anm. d. Übers.: William Shakespeare, *As you like it*, III, 2 (hier in der Übersetzung von Erich Fried, in: ders., *Shakespeare*, Bd. 2, Berlin 1989, S. 228).

** Anm. d. Übers.: Das *Oxford Dictionary of Quotations* (5. Aufl. Oxford 1999, S. 145) schreibt diesen Ausspruch dem englischen Juristen Charles Bowen (1835-1894) zu.

den ›systematische[n] Mißbrauch einer eben zu diesem Zwecke erfundenen Terminologie‹* [dt. im Original].

Angemessen ist diese Form der Gegnerschaft in nur sehr begrenzter Weise. Ich werde nun einige der aktuellen Einwände nacheinander diskutieren, da eine Replik darauf ein geeignetes Mittel sein wird, in das Zentrum unseres Themas zu gelangen.

Einwand 1
Während die ›Wissenschaften‹ kontinuierlichen Fortschritt machen und unvergleichlichen Anwendungsnutzen erzielen, ist die Philosophie vom theoretischen Fortschritt ausgenommen und ohne praktische Anwendung.

Replik
Diese Entgegensetzung basiert auf ungerechtfertigten Annahmen, da die Wissenschaften selbst Zweige des Baumes der Philosophie sind. Sobald Fragen genau beantwortet worden waren, nannte man die Antworten ›wissenschaftlich‹, und was man heute ›Philosophie‹ nennt, ist nur noch das Residuum von noch unbeantworteten Fragen. Gegenwärtig beobachten wir zwei Wissenschaften, die Psychologie und die Allgemeine Biologie, wie sie vom Mutterstamm abfallen und sich als unabhängige Spezialdisziplinen etablieren. Die mehr allgemein gehaltene Philosophie kann den umfangreichen Details der Einzelwissenschaften dann in der Regel nicht mehr folgen.

Ein Blick zurück auf die Entwicklung der Philosophie wird hier lohnenswert sein. Die frühesten Philosophen eines jeden Landes waren enzyklopädisch gebildete Weise, Weisheitsliebende, manchmal mit, manchmal ohne vorherrschendes ethisches oder religiöses Interesse. Es handelte sich schlichtweg um Männer, die jenseits unmittelbarer praktischer Bedürfnisse wißbegierig waren; nicht dem einzelnen Problem, sondern eher der Problematik im allgemeinen galt ihre besondere Aufmerksamkeit. Solche weisen Menschen lebten in China, Persien, Ägypten und Indien, aber jene in Griechenland sind die einzigen Weisen, die die Entwicklung des abendländischen Denkens bis in die jüngste Vergangenheit hinein beeinflußt haben. Die frühere griechische Philosophie zog sich, grob gespro-

* Anm. d. Übers.: *Das große Handbuch geflügelter Definitionen* (München 1971, S. 345) referiert auf die Frage, was Philosophie sei, folgende Antwort: »Die systematische Verdrehung einer eigens zu diesem Zweck erfundenen Terminologie.«

chen, ab ungefähr 600 v. Chr. über einen Zeitraum von 250 Jahren hin. Männer wie Thales, Heraklit, Pythagoras, Parmenides, Anaxagoras, Empedokles und Demokrit waren Mathematiker, Theologen, Politiker, Astronomen und Physiker. Das gesamte Wissen ihrer Zeit stand ihnen gewissermaßen zur Verfügung. Platon und Aristoteles setzen deren Tradition fort, und die großen mittelalterlichen Philosophen erweiterten nur das Anwendungsfeld der Überlieferung. Wenden wir uns der im 13. Jahrhundert geschriebenen, großartigen *Summa* des heiligen Thomas von Aquin zu, so stoßen wir auf Stellungnahmen zu buchstäblich allem, angefangen von Gott über Engel, Menschen und Dämonen bis hinunter zur Materie. Nacheinander werden die Beziehungen zwischen beinahe allen nur denkbaren Dingen behandelt – zwischen dem Schöpfer und seinen Geschöpfen, Wissendem und Erkanntem, Form und Substanz, Körper und Geist, Sünde und Erlösung. Bis ins kleinste Detail werden eine Theologie, eine Psychologie und ein System der Pflichten und Sitten entwickelt, während Physik und Logik in ihren universalen Prinzipien begründet werden. Der Leser muß dabei fast den Eindruck gewinnen, hier werde aus übermenschlichen geistigen Ressourcen geschöpft.

Es ist richtig, daß die Methode des heiligen Thomas hinsichtlich des Umgangs mit dieser Masse von Fakten (oder mutmaßlichen Fakten) sich von der uns heute geläufigen unterschied. Alles wurde entweder aus apriorischen Vernunftprinzipien oder aus der Heiligen Schrift abgeleitet und bewiesen. Die Eigenschaften und Veränderungen von Körpern zum Beispiel wurden – ganz aristotelisch – durch die zwei Prinzipien der Materie und Form erklärt. Materie war das quantitative, bestimmbare und passive Element, Form das qualitative, vereinigende, bestimmende und aktive Prinzip. Jede Aktivität geschehe um eines Zweckes willen, und die Dinge würden nur dann aufeinander einwirken können, wenn sie in Kontakt zueinander stehen. Die Zahl der Arten von Dingen wäre bestimmt, ihre Unterschiede hingegen wären unbestimmt usw.[2]

Mit Beginn des 17. Jahrhunderts wurde man der sorgfältig ausgearbeiteten apriorischen Methoden der Scholastik überdrüssig. Die

2 John Rickabys *General Metaphysics* (Longmans, Green and Co.) [London 1898] gibt eine gemeinverständliche Übersicht über die zentralen Aspekte der Thomasischen Naturphilosophie. Thomas M. Harpers *Metaphysics of the School* (Macmillan) [London 1879-1884] geht sehr ins Detail.

Traktate eines Suárez konnten sie nicht in Mode halten. Die ›neue Philosophie‹ des Descartes aber, die die scholastische Lehre ersetzte und wie ein Lauffeuer über Europa hinwegfegte, behielt den enzyklopädischen Charakter bei. Heutzutage sehen wir in Descartes jenen Metaphysiker, der das *cogito, ergo sum* sprach, zwischen Materie und Geist als zwei entgegengesetzten ›Substanzen‹ unterschied und einen erneuerten Gottesbeweis vorführte. Seine Zeitgenossen jedoch dachten über ihn sehr viel eher so, wie wir heute über Herbert Spencer denken; sie sahen in ihm einen bedeutenden Vertreter der kosmischen Entwicklungslehre, der durch die ›Neuverteilung von Materie und Bewegung‹* und durch die Gesetze der Stoßkraft die Rotation des Sternenhimmels, den Blutkreislauf, die Lichtbrechung, den Wahrnehmungs- und Nervenapparat, die Leidenschaften der Seele und den Zusammenhang zwischen Geist und Körper erklärt hat.

Descartes starb im Jahre 1650. Mit Lockes im Jahre 1690 veröffentlichtem *Versuch über den menschlichen Verstand* wandte sich die Philosophie zum ersten Mal ausschließlicher dem Erkenntnisproblem zu und wurde ›kritisch‹. Diese subjektivistische Tendenz setzte sich fort, und obwohl die Schule eines Leibniz, der das Urbild eines Universalgelehrten war, noch an der mehr universalistischen Tradition festhielt – Leibnizens Nachfolger Wolff veröffentlichte systematische Abhandlungen über *alles*, physikalischer und moralischer Art –, erweckte Hume, der Nachfolger Lockes, Kant aus seinem ›dogmatischen Schlummer‹, und seit Kant schließlich steht das Wort ›Philosophie‹ in der Regel hauptsächlich für Spekulationen auf dem Gebiet der Bewußtseins- und Moralphilosophie und kaum noch für physikalische Theorien. Noch bis vor relativ kurzer Zeit wurde Philosophie an unseren Colleges ausschließlich unter dem Namen einer ›Bewußtseins- und Moralphilosophie‹ oder auch unter dem einer ›Philosophie des menschlichen Geistes‹ gelehrt, um sie von der ›Naturphilosophie‹ zu unterscheiden.

Allein, die ältere Tradition ist die bessere und vollständigere. Zweifellos ist ein Wissen von der tatsächlichen Eigenart der Welt, in die wir hineingeboren werden, genauso wichtig wie das Wissen darüber, was Welten abstrakt eigentlich möglich macht. Und doch ist

* Anm. d. Übers.: Hier handelt es sich um einen Auszug aus Herbert Spencer, *Die ersten Prinzipien der Philosophie* (1862), Pähl 2004, S. 238.

letzteres Wissen von vielen seit Kant als das einzige Wissen angesehen worden, das es verdienen würde, philosophisch genannt zu werden. Gewöhnliche Menschen indes halten die Frage »Wie ist die Natur beschaffen?« für genauso bedeutsam wie die Kantische Frage »Wie ist Natur möglich?«, weshalb die Philosophie, wenn sie ihr Ansehen bei den Menschen nicht verlieren soll, die tatsächliche Beschaffenheit der Realität zur Kenntnis nehmen muß. Gegenwärtig gibt es Anzeichen für eine Rückkehr zu dieser mehr objektiven Tradition. Ich verweise meine Leser nur auf Paulsens *Einleitung in die Philosophie*, in der eine exzellente Verteidigung dieser Tradition geliefert wird.[3]

Philosophie im vollen Sinne des Wortes will allein sagen: *Der Mensch denkt nach* – über Allgemeinheiten eher als über Besonderheiten. Aber ob nun über Allgemeinheiten oder Besonderheiten, der Mensch denkt immer unter Rückgriff auf dieselben Methoden nach. Er beobachtet, unterscheidet, verallgemeinert, klassifiziert, sucht nach Ursachen, spürt Analogien nach und stellt Hypothesen auf. Eine von Wissenschaft und praktischen Angelegenheiten unterschiedene Philosophie folgt keiner ihr eigentümlichen Methode. Unser gesamtes heutiges Denken hat sich nach und nach aus dem urzeitlichen menschlichen Denken entwickelt, und die einzig wirklich wichtigen Veränderungen, die sich hinsichtlich seiner Ausprägung (im Gegensatz zu seinen Glaubensinhalten) ergeben haben, sind das stärkere Zögern, Überzeugungen zu verteidigen, und die Angewohnheit, sie wann immer möglich zu bestätigen.[4] Es wird deshalb aufschlußreich sein, den Ursprüngen unserer gegenwärtigen Denkgewohnheiten in aller Kürze nachzuspüren.

Auguste Comte, der Begründer einer von ihm als ›positiv‹ bezeichneten Philosophie,[5] hat behauptet, daß alle menschlichen Theorien immer in drei aufeinanderfolgenden Formen aufgetreten sind. In der ›theologischen‹ Theoriephase würden Phänomene

3 Übersetzt von Thilly (1895), S. 19-44. [Dt.: Friedrich Paulsen, *Einleitung in die Philosophie*, Berlin 1892.]

4 Vgl. George H. Lewes, *Aristotle*[. *A chapter from the history of science*] ([London] 1864), Kap. 4. [Dt.: *Aristoteles*: *Ein Abschnitt aus einer Geschichte des Wissens, nebst Analysen der naturwissenschaftlichen Schriften des Aristoteles*, Leipzig 1865.]

5 *Cours de philosophie positive*, 6 Bände, Paris (1830-1842). [Dt.: *Die positive Philosophie*. Im Auszug von Jules Rig. Übersetzt von J. H. von Kirchmann, Leipzig 1883-1884.]

durch Geister erklärt, durch die sie hervorgebracht werden; in der ›metaphysischen‹ Phase werde aus ihrem wesentlichen Merkmal eine abstrakte Idee gemacht und – als wäre dies schon eine Erklärung – hinter diese Phänomene gestellt; in der ›positiven‹ Phase würden Phänomene einfach hinsichtlich ihrer Koexistenz und ihrer Aufeinanderfolge beschrieben. Zwar werden ihre ›Gesetze‹ formuliert, aber eine Begründung ihrer Natur oder ihrer Existenz wird nicht angestrebt. Somit wäre ein ›Spiritus rector‹ eine theologische, ein ›Prinzip der Anziehungskraft‹ eine metaphysische und ein ›Gesetz des inversiven Quadrates‹ eine positive Theorie der Planetenbewegungen.

Comtes Darstellung ist zu scharf und eindeutig. Wie die Anthropologie zeigt, waren das theologische und das metaphysische Moment in den ersten Ansätzen menschlichen Theoretisierens vermengt. Gewöhnliche Dinge erforderten keine besondere Erklärung, nur bemerkenswerte und sonderbare Dinge verlangten danach, vor allem Todesfälle, Katastrophen und Krankheiten. Treibende Kraft war eine mysteriöse Energie in den Dingen, und je *schrecklicher* sie waren, desto mehr von diesem *Mana* besaßen sie. Das Größte war es, selbst in den Besitz von *Mana* zu kommen. ›Sympathetische Magie‹ ist Sammelbezeichnung für das, was hier Philosophie auf primitiver Stufe gewesen zu sein scheint. Man konnte auf jeden Gegenstand einwirken, indem man all das kontrollierte, was mit ihm in Verbindung stand oder ihm ähnelte. Wollte man einen Feind verwunden, hatte man entweder ein Bild von ihm anzufertigen oder in den Besitz einiger seiner Haare, anderer ihm gehörender Dinge oder aber seines geschriebenen Namens zu gelangen. Fügte man dann diesem Ersatz Schaden zu, dann suchte das Leiden in entsprechender Weise auch ihn auf. Wollte man, daß es regnet, dann besprengte man den Boden, wollte man aber, daß Wind aufkommt, dann pfiff man usw. Sollten die Süßkartoffeln im eigenen Garten gut gedeihen, so mußte man dort einen Stein plazieren, der wie eine Süßkartoffel aussieht. Wollte man Gelbsucht heilen, dann war Gelbwurz zu verabreichen, die Dinge gelb aussehen läßt; Mohnblumen waren bei Kopfschmerzen zu verabreichen, da ihre Samengefäße einen ›Kopf‹ formen. Diese ›Zeichenlehre‹ spielte eine große Rolle in der frühen Medizin. Hier kommen die diversen Mantien und Mantiken ins Spiel, in denen sich Hexerei und beginnende Wissenschaft ununterscheidbar vermischen. ›Sympathetisches‹ Theoretisieren gibt es bis auf den heutigen Tag. ›Gedanken sind Dinge‹, so eine zeitgenössische und insgesamt besehen gute Schule der praktischen Philosophie: Kultiviere den Gedanken an das, was du begehrst, bejahe ihn, und er wird zwecks Verstärkung alle ähnlichen Gedanken anziehen, so daß der Wunsch schließlich in Erfüllung gehen wird.[6]

Nach und nach begannen ›positivere‹ Betrachtungsweisen sich durchzusetzen. Man fing an, häufig auftretende Aspekte von Erscheinungen herauszuheben und als Grundlage von Generalisierungen zu verwenden. Zunächst aber mußten diese Aspekte notwendigerweise die dramatischeren oder vom Standpunkt des Menschen interessanteren sein. Das Kalte, das Heiße, das Feuchte, das Trockene in Dingen erklärte deren Verhalten. Einige Körper waren von Natur aus warm, andere kalt. Bewegungen waren ›natürlich‹ oder ›gewaltsam‹ verursacht. Der Sternenhimmel bewegte sich kreisförmig, weil die kreisende Bewegung die ›vollkommenste‹ war. Der Hebel wurde durch das höhere Maß an Perfektion erklärt, die durch die Bewegung seines längeren Arms zum Ausdruck kommt. Zu Winterzeiten verschwand die Sonne in den Süden, um der Kälte zu entgehen. Kostbare oder schöne Gegenstände hatten außergewöhnliche Eigenschaften. Das Fleisch des Pfaus etwa widerstand der Verwesung, und der Magnet ließ das von ihm gehaltene Eisen fallen, wenn der eine höhere Anziehungskraft ausübende Diamant in dessen Nähe gebracht wurde usw.[7]

Für uns klingen solche Gedanken grotesk, aber stellen wir uns einmal vor, wir hätten keine wissenschaftlichen Vorläufer, die uns den Weg gebahnt hätten – welche Aspekte der Natur würden *wir* dann wohl herausgreifen, um etwas zu verstehen? Erst mit Beginn des 17. Jahrhunderts wandte sich die allgemeine Aufmerksamkeit von den ursprünglich im Mittelpunkt stehenden Eigenschaften ab

6 Vgl. Prentice Mulfords Arbeiten und andere, die das ›Neue Denken‹ repräsentieren. – Hinsichtlich der primitiven sympathetischen Magie vgl. das Kapitel über die Analogie in Joseph Jastrow, *Fact and Fable* [*in Psychology*, Boston 1900] usw.; Frank B. Jevons, *Introduction to the History of Religion*, Kap. 4 [London 1896]; James G. Frazer, *The Golden Bough*[: *A Study in Magic and Religion*], Kap. 1, § 2 [London 1890; dt.: *Der goldene Zweig: Eine Studie über Magie und Religion*, Frankfurt/M. 1977]; Robert R. Marett, *The Threshold of Religion,* [London 1909] passim; Arthur O. Lovejoy, [»The Fundamental Concept of the Primitive Philosophy«,] in: *The Monist*, 16 [1906], S. 357[-382].

7 Zur griechischen Wissenschaft vgl. William Whewells, *History of the Inductive Sciences*, Bd. 1, Buch 1 [London 1857]; G. H. Lewes, *Aristotle* [a.a.O.,], passim.

und den weniger spektakulären Formen von Regelmäßigkeit an den Dingen zu. Nur wenige von uns sind sich darüber im klaren, wie jung die Karriere dessen ist, was wir als ›Wissenschaft‹ kennen. Vor 350 Jahren glaubte kaum jemand an die Planetentheorie des Kopernikus. Die optischen Gesetze waren noch nicht entdeckt. Blutkreislauf, Luftgewicht, Wärmeleitung und Bewegungsgesetze waren unbekannt. Die Funktionsweise der einfachen Pumpe war unerklärlich; es gab keine Uhren, keine Thermometer, keine allgemeine Gravitation. Die Welt war fünftausend Jahre alt und die Planeten wurden von Geisterhand bewegt. Alchemie, Magie und Astrologie besaßen Allgemeingültigkeit. Die moderne Wissenschaft begann erst ab 1600 mit Kepler, Galilei, Descartes, Torricelli, Pascal, Harvey, Newton, Huyghens und Boyle. Fünf Männer, die einander der Reihe nach jene Entdeckungen erzählen, die zu ihren Lebzeiten gemacht worden sind, könnten uns mit der ganzen Geschichte vertraut machen: Harvey hätte Newton berichten können, der wiederum Voltaire hätte berichten können; Voltaire hätte Dalton berichten können, der dann Huxley hätte berichten können – der schließlich den Lesern dieses Buches hätte berichten können.

Jene Männer, die den Akt der Emanzipation eingeleitet haben, waren Philosophen im ursprünglichen Sinne des Wortes, mithin Universalgelehrte. Galilei sagte, er habe mehr Jahre mit der Philosophie zugebracht als Monate mit der Mathematik. Descartes war ein universaler Philosoph im höchsten Wortsinne. Aber die Fruchtbarkeit der neuen Konzeptionen führte zu einem solchen Anwachsen spezieller Wissensgebiete, daß diese vor lauter Einzelfakten zu schwerfällig für den eher universal ausgerichteten Geist wurden; und so begannen Einzelwissenschaften wie Mechanik, Astronomie und Physik, sich vom Mutterstamm zu lösen.

Niemand hätte die außergewöhnliche Fruchtbarkeit der eher unspektakulären mathematischen Verhältnisse vorhersehen können, die von diesen Geistesgrößen aufgedeckt worden sind. Niemand hätte sich von jener Naturbeherrschung träumen lassen, die durch die Suche nach den mit jenen Verhältnissen einhergehenden Veränderungen möglich werden würde. Es sind ›Gesetze‹, die die Veränderungen beschreiben, und allen unseren gegenwärtigen Naturgesetzen liegt im Sinne eines Modells das Verhältnis von v zu t und von s zu t^2 zugrunde, das zuerst von Galilei nachgewiesen wurde. Pascals Entdeckung des Verhältnisses von Höhe zu Luftdruck, Newtons

Entdeckung des Verhältnisses von Beschleunigung zu Entfernung, Boyles Entdeckung des Verhältnisses von Luftvolumen zu Druck und Descartes' Entdeckung des Verhältnisses von Sinus zu Sinus in der Lichtbrechung stellen die ersten Früchte der Entdeckung Galileis dar. Die personalisierte Frage nach der Urheberschaft wurde nicht gestellt, und es gab nichts Animistisches oder Sympathetisches in dieser neuartigen Auseinandersetzung mit der Natur. Es handelte sich lediglich um die Beschreibung zusammen auftretender Veränderungen oder Schwankungen, nachdem die einzelnen Größen, die schwanken, erfolgreich isoliert worden waren. Schon bald hatte dies die Einteilung menschlichen Wissens in zwei Bereiche zur Folge – ›Wissenschaft‹ der eine genannt, innerhalb dessen eindeutige Gesetze Anwendung finden, ›allgemeine Philosophie‹ der andere, in dem dies nicht der Fall ist.

Der sogenannte positivistische Standpunkt ist die Folge. Nieder mit der Philosophie! – ist die Parole unzähliger wissenschaftlicher Köpfe. Gebt uns nichts weiter als meßbare Tatsachen und Phänomene, ohne subjektive Färbung und ohne Entitäten oder Prinzipien, die eine Erklärung nur vortäuschen. Vor allem aus dieser Geisteshaltung heraus kann auch weiterhin der Einwand formuliert werden, die Philosophie habe keinen Fortschritt gemacht.

Wenn jeder Schritt vorwärts, den die Philosophie macht, mithin jede Frage, auf die eine exakte Antwort gegeben wurde, der ›Wissenschaft‹ gutgeschrieben wird, dann liegt es auf der Hand, daß das Residuum ungelöster Probleme allein übrig bleiben muß, um die Domäne der Philosophie zu bilden, und dieses allein ihren Namen tragen wird. Tatsächlich ereignet sich derzeit genau das. Philosophie ist zu einer Sammelbezeichnung für Fragen geworden, die bisher nicht zur Befriedigung all jener, die sie gestellt haben, beantwortet worden sind. Auch wenn einige dieser Fragen schon seit zweitausend Jahren einer Antwort harren, so folgt daraus indes nicht, daß es eine solche niemals geben wird. Zweitausend Jahre stellen vermutlich nur eine Episode in jenem Abenteuerroman dar, der die Geschichte des menschlichen Denkens genannt wird. Der ungeheure Fortschritt der letzten dreihundert Jahre ist der eher plötzlichen Entdeckung des Weges geschuldet, wie ein bestimmter Fragenkomplex, der sich auf mathematischer Grundlage behandeln läßt, in Angriff genommen werden sollte. Aber deshalb anzunehmen, daß die einzig mögliche Philosophie eine mechanistische und mathematische sein müsse, und jede Auseinandersetzung mit anders gearteten Fragen in Verruf zu bringen, bedeutet, jenen außerordentlichen Reichtum zu vergessen, durch den die Wirklichkeit zweifellos ausgezeichnet ist. Auch für spirituelle Fragen wird man ohne jeden Zweifel einmal angemessene philosophische Ansätze finden. In einem gewissen Maße hat man sie sogar bereits gefunden – ja, in mancher Hinsicht hat die Wissenschaft weniger Fortschritt gemacht als die Philosophie. Die allgemeinsten wissenschaftlichen Konzeptionen würden weder einen Aristoteles noch einen Descartes in Staunen versetzen, könnten sie zu uns zurückkehren. Die Zusammensetzung von Gegenständen aus Elementen, deren Entwicklung, die Erhaltung der Energie, die Idee eines universalen Determinismus würde ihnen nur allzu selbstverständlich vorkommen – die kleinen Dinge, Mikroskope, elektrische Lichter, Telefone und die Einzelfakten der Wissenschaften, wären für sie die ehrfurchtgebietenden Dinge. Aber öffneten sie unsere Bücher zur Metaphysik oder besuchten einen philosophischen Hörsaal, dann würde ihnen alles fremd erscheinen. Die gesamte idealistische oder ›kritische‹ Haltung unserer Zeit wäre neu für sie, und viel Zeit würde vergehen, bevor sie diese annähmen.[8]

Einwand 2
Die Philosophie ist dogmatisch und gibt vor, Probleme durch die reine Vernunft zu lösen, wo doch die einzig fruchtbringende Art und Weise, in den Besitz von Wahrheit zu gelangen, darin besteht, sich auf konkrete Erfahrung zu stützen. Die Wissenschaft sammelt, ordnet und analysiert Fakten und läßt die Philosophie auf diese Weise weit hinter sich.

Replik
Dieser Einwand ist in historischer Hinsicht berechtigt. Zu viele Philosophen haben sich um geschlossene Systeme bemüht, die *a priori* begründet wurden, Unfehlbarkeit behaupteten und nur als Ganzes zu akzeptieren oder zu widerlegen waren. Die Wissenschaften dagegen, die zwar nur mit Hypothesen arbeiten, diese aber beständig durch Experiment oder Beobachtung zu verifizieren suchen, öffnen den Weg für unbegrenzte Selbstkorrektur und Wissenszuwachs.

8 Der Leser wird das hier Gesagte und manches mehr in einem ausgezeichneten Artikel von James Ward, [»The Progress of Philosophy«,] in *Mind* 15 (1890), S. 213[-233] ausführlicher diskutiert vorfinden.

Zum gegenwärtigen Zeitpunkt wird es für Dogmatiker, die Endgültigkeit für ihre Systeme in Anspruch nehmen, zunehmend schwieriger, sich in gebildeten Kreisen Gehör zu verschaffen. Hypothese und Verifikation, die Schlüsselbegriffe der Wissenschaft, haben sich dafür zu stark im akademischen Geist eingenistet.

Da es sich bei Philosophen nur um Menschen handelt, die über Dinge in möglichst umfassender Weise nachdenken, können sie von jeder nur denkbaren Methode freien Gebrauch machen. In jedem Fall muß die Philosophie die Wissenschaften vervollständigen und deren Methoden für sich einsetzen. Falls ein solches Verfahren ratsam erscheinen sollte, ist nicht einzusehen, warum die Philosophie nicht allem Dogmatismus abschwören und so hypothetisch wie die empirischste aller Wissenschaften werden können sollte.

Einwand 3
Die Philosophie hat keinen Bezug mehr zum wirklichen Leben, das sie durch abstrakte Begriffe ersetzt. Die wirkliche Welt ist vielgestaltig, verworren und schmerzhaft. Philosophen hingegen haben sie fast ausnahmslos als eine erhabene, unkomplizierte und vollkommene Welt behandelt; sie ignorierten deren Komplexität und gaben sich einer Art von Optimismus hin, der ihre Systeme der Verachtung gewöhnlicher Menschen, aber auch der Satire von Autoren wie Voltaire und Schopenhauer ausgesetzt hat. Der große Erfolg eines Schopenhauer beim Volke gründet in der Tatsache, daß er als erster unter den Philosophen die konkrete Wahrheit über die Übel des Lebens ausgesprochen hat.
Replik
Auch dieser Einwand ist in historischer Hinsicht begründet, aber es gibt keinen Grund, warum die Philosophie dem Leben auf Dauer fernbleiben sollte. Entwickelt sie sich erfolgreich weiter, dann können sich ihre Verhaltensweisen ändern. Die zerbrechlichen und vornehmen Abstraktionen können solideren und realitätshaltigeren Konstruktionen weichen, sobald die Materialien und Methoden solcher Konstruktionen reichlicher und mit größerer Zuverlässigkeit zur Verfügung stehen. Am Ende könnten die Philosophen in ebenso engen Kontakt mit den Tatsachen des Lebens treten wie die Autoren realistischer Romane.

Schluß

Gemäß ihrer ursprünglichen Bedeutung – als einem vollständigen Wissen über das Universum – muß die Philosophie die Ergebnisse aller Wissenschaften enthalten, so daß sie diesen auch nicht gegenübergestellt werden kann. Sie strebt schlichtweg danach, aus der Wissenschaft das zu machen, was Herbert Spencer ein System des ›*vollständig vereinheitlichten* Wissens‹[9] nennt. Der eher modernen Bedeutung gemäß – Philosophie als etwas den Wissenschaften Gegenübergestelltes – ist Philosophie ›Metaphysik‹. Allein, die ältere Bedeutung ist die wertvollere, und weil die Ergebnisse der Wissenschaften einer Koordination offener gegenüber sind und die Bedingungen der Wahrheitssuche in unterschiedlichen Bereichen zunehmend methodischer definiert werden, dürfen wir hoffen, daß der Ausdruck dereinst wieder seine ursprüngliche Bedeutung annehmen wird. Wissenschaft, Metaphysik und Religion können dann wieder einen einzigen Bereich der Weisheit bilden und sich gegenseitig stützen.

Zum gegenwärtigen Zeitpunkt ist diese Hoffnung allerdings noch weit entfernt davon, erfüllt zu werden. Ich schlage hier deshalb vor, Philosophie in der engen Bedeutung als Metaphysik zu verstehen und sowohl Religion als auch naturwissenschaftliche Ergebnisse außen vor zu lassen.

9 Vgl. hierzu das exzellente Kapitel in Spencers *Ersten Prinzipien* mit dem Titel »Die Bestimmung der Philosophie«. [Anm. d. Übers.: Spencer schreibt: »Kurz, knapp und klar formuliert: Das Wissen der niedrigsten Art ist *nicht-vereinheitlichtes* Wissen. Die Wissenschaft besteht in *teilweise vereinheitlichtem* Wissen. Philosophie ist *vollständig vereinheitlichtes* Wissen.« (Spencer, *Die ersten Prinzipien der Philosophie*, a.a.O., S. 112.)]

Editorische Notiz

Die in diesem Band versammelten acht Texte des amerikanischen Philosophen und Psychologen William James (1842-1910) liegen zum ersten Mal in deutscher Sprache vor.

Die Übersetzung folgt der Textgestalt, wie sie durch die nunmehr maßgebliche Werkausgabe vorgegeben wird (*The Works of William James*. 19 Bände. Herausgegeben von Frederick H. Burckhardt, Fredson Bowers und Ignas K. Skrupskelis. Cambridge/London 1975-1988).

James' Zitierweise wurde modernisiert und um bibliographische Angaben ergänzt. Diese Angaben finden sich in eckigen Klammern. Im Originaltext vorkommende deutsche Wörter sind dem deutschen Schriftbild angepaßt und stets durch den Zusatz [dt. im Original] gekennzeichnet. Englische Ausdrücke, die in eckigen Klammern stehen, indizieren entweder eine Übersetzungsproblematik oder heben die Bedeutung eines Ausdrucks hervor. Um die Texte in bibliographischer Hinsicht unabhängig voneinander lesen zu können, werden vollständige Quellenangaben wiederholt. Anmerkungen des Übersetzers inhaltlicher Art sind durch ein Sternchen gekennzeichnet und finden sich in den Fußnoten. Diese Anmerkungen verdanken sich vielfach dem philologischen Apparat des jeweiligen Bandes der Werkausgabe, aus deren quellenkritischer Aufarbeitung wertvolle Informationen ausgewählt wurden, um sie dem deutschen Publikum zugänglich zu machen.

Für Unterstützung, ohne die ein solches Projekt nicht gelingen kann, danke ich Katrin Grünepütt, Lars Blöhdorn, Jenifer Hirthe, Astrid von der Lühe, Maren Syring, Ralf Becker, Björn Freter, Henning Hahn, Daniel Lorenz, Rainer Mausfeld und schließlich Manfred Sommer sowie insbesondere Wolfgang Kersting. Mein wesentlicher Dank gilt dem Wissenschaftslektorat des Suhrkamp Verlags, in persona Eva Gilmer und Bernd Stiegler, die die Arbeit an dieser Edition geduldig und mit großer Sachkenntnis betreut haben.

Claus Langbehn

Im Diskursuniversum von William James
Ein Nachwort von Claus Langbehn

Als William James am 26. August 1910 starb, waren seine Zeitgenossen aufgefordert, das Lebenswerk dieses berühmten Mannes zu würdigen. Wie es scheint, hatte man sich dabei entweder für den *Psychologen* oder für den *Philosophen* zu entscheiden. Den *Principles of Psychology*, im Jahre 1890 veröffentlicht und schnell zu einem Standardwerk des Faches geworden, standen unterschiedliche Arbeiten zur Philosophie gegenüber, deren Einfluß allerdings kaum mit der Wirkung des psychologischen Hauptwerkes verglichen werden konnte. Und so erinnerte man in erster Linie an die wegweisende Leistung des Psychologen. Der Pariser Korrespondent der Londoner *Times* etwa stellte unmißverständlich klar, worin das hohe Ansehen des Amerikaners in Frankreich begründet sei: in seinen Beiträgen zur experimentellen Psychologie.[1]

Heute, fast hundert Jahre später, haben wir den Vorteil, diese Logik des Entweder-Oder übergehen zu können. Philosophen erhalten ihren festen Platz in der Philosophie in retrospektiver Distanz, durch die die Konturen einer Epoche und die Stellung einer Figur in ihr allererst wahrnehmbar werden. Und so sehen wir in William James eben nicht nur den naturwissenschaftlichen Psychologen, sondern auch den Mitbegründer einer wichtigen philosophischen Strömung des 20. Jahrhunderts. Auch in diesem Sinne versöhnt die Zeit, weil sie zuläßt, die Frage nach der Bedeutung anders, nämlich historisch zu stellen, und in dieser Hinsicht müssen wir William James als einen der prominenten Wegbereiter des Pragmatismus bezeichnen. Seine geistesgeschichtliche Bedeutung ist deshalb nicht allein aus psychologischer Perspektive zu begründen; auch die Gegenwartsphilosophie wird sich an ihn erinnern lassen dürfen.

In James den Philosophen zu suchen wird seinem Selbstverständnis nur gerecht. Denn wenn er auch zunächst Medizin studierte und später Psychologie, Physiologie und Anatomie lehrte, so scheint die intellektuelle Identität dieses gelehrten Mannes kaum von seiner Arbeit als Psychologe abhängig gewesen zu sein. Im Gegenteil,

1 *The Times*, 29. August 1910, S. 11.

James sah sich zunehmend als Philosoph, und als solcher wollte er wahrgenommen werden. Bereits im Jahre 1880, lange vor der ersten Veröffentlichung von philosophischen Aufsätzen in dem Band *The Will to Believe and other Essays in Popular Philosophy* (1897), hatte sich James darum bemüht, den Titel eines Assistenzprofessors für Philosophie führen zu dürfen. Einige Jahre zuvor – er war gerade Dozent für Physiologie geworden – bekundete er seinem Bruder Henry gegenüber sogar die Überlegung, sich für eine vakante Philosophieprofessur an der Harvard University zu bewerben. Daß er diese Überlegung nicht in die Tat umgesetzt hat, dürfte nicht nur seinem Zweifel an der eigenen Qualifikation, sondern auch dem an einer institutionalisierten Philosophie zuzuschreiben sein.

So nutzte der Dozent für Physiologie und spätere Experimentalpsychologe seine Zeit in Cambridge, neben seiner eigentlichen wissenschaftlichen Tätigkeit einen eigenen philosophischen Standpunkt zu entwickeln. Es war der Versuch, sich weitgehend unabhängig von den akademischen Riten für die Philosophie zu sensibilisieren. Auf die Einladung, der neu gegründeten American Philosophical Association beizutreten, antwortete James später in seinem Leben (1901), daß er den Nutzen einer solchen Gesellschaft nicht einsehe. Und er fügte hinzu: »Philosophical discussion proper only succeeds between intimates who have learned how to converse by months of weary trials and failure. The philosopher is a lone beast dwelling in his individual burrow.«[2] William James war sicherlich nicht das einsame, in seiner eigenen Erdhöhle zurückgezogen lebende Tier, das seine Artgenossen scheute und nur den Kontakt zu jenen suchte, die ihm vertraut und zuträglich waren. Aber betrachtet man seine Haltung gegenüber der Fachphilosophie, dann sollte man die Höhlenmetaphorik nicht gänzlich überlesen. Sie illustriert die Distanz gegenüber einer Universitätsphilosophie, deren Ansprüche James nur bedingt teilen konnte. Das grundsätzliche Bedürfnis, als Philosoph wahrgenommen zu werden, wurde deshalb zuzeiten auch von Unsicherheit begleitet. Symptomatisch ist hier die Beunruhigung, die James vor einer Ehrung an seiner Heimatuniversität (1902) befiel. Würde Charles W. Eliot, Präsident der Harvard University, ihn wohl als Philosophen

2 William James, Brief an Harry N. Gardiner, 14. November 1901, in: *The Correspondence of William James*, Vol. 9: 1899-1901, hg. v. Ignas K. Skrupskelis/Elizabeth M. Berkeley, Charlottesville/London 2001, S. 558.

ankündigen? Oder doch nur als Psychologen? Die Erleichterung, dem anwesenden Publikum schließlich als Philosoph vorgestellt zu werden, dürfte gerade in einem solchen Menschen nicht gering ausgefallen sein, dessen philosophisches Geltungsbedürfnis von einem Biographen einmal als ans *Neurotische* grenzend bezeichnet worden ist.[3]

Der Sinn dieser Ausführungen liegt nicht darin, den Psychologen James zu relativieren oder Voraussetzungen dafür zu schaffen, früh gefällte Urteile über dessen Bedeutung zu revidieren. James war ein Psychologe von Rang, der erst spät in seinem Leben als philosophischer Autor auftrat. Es soll vielmehr an sein grundlegend philosophisches Selbstverständnis erinnert werden, durch das man veranlaßt ist, seinen philosophischen Beiträgen mit besonderer Aufmerksamkeit zu begegnen. Zwei zentrale Positionen, die er hier bezogen hatte, sind der *Pragmatismus* und der *radikale Empirismus*. Beiden aufmerksam zu begegnen könnte unter anderem bedeuten, die Möglichkeit eines Zusammenhangs zwischen beiden nicht auszuschließen, auch wenn James selbst einmal deren ›logische‹ Unabhängigkeit behauptete. Insbesondere Hilary Putnam, durch den das Interesse der Gegenwartsphilosophie an James enormen Aufschwung erhalten hat, forciert diesen methodischen Zugang und sieht in den Abhandlungen zum radikalen Empirismus eine Propädeutik zu James' Pragmatismus.[4] Darüber hinaus gilt es jedoch auch, sich nicht von der intellektuellen Biographie des Autors beider philosophischer Positionen täuschen zu lassen und etwa den Psychologen über dem Philosophen zu vergessen, wenn man die pragmatistischen und radikalempiristischen Ansichten des William James betrachtet. Zumindest der radikale Empirismus könnte sich als philosophische Position erweisen, die unabhängig von den *Principles of Psychology* nicht angemessen verstanden werden kann. Wie wir sehen werden, hat der Psychologe so viel philosophisches Problembewußtsein, daß man den werkhistorisch beobachtbaren Übergang von der Psychologie zur Philosophie in den frühen 1890er Jahren als eine Folge der Einsicht in die metaphysischen Voraussetzungen psychologischer Forschung und Theoriebildung verstehen kann. Zudem gibt es auch theoretische Anknüpfungen des radikalen Empi-

3 Vgl. Gay W. Allen, *William James. A Biography*, New York 1967, S. 437.

4 Vgl. Hilary Putnam, »James's Theory of Perception«, in: ders., *Realism with a Human Face*, hg. v. James Conant, Cambridge/London 1990, S. 232-251, hier S. 233.

rismus an die *Principles* – Grund genug, die Vorgeschichte des Philosophen in der Geschichte des Psychologen zu suchen.

Galileo der Psychologie?

Es war Henry Holt, Verleger und Herausgeber der *American Science Series*, der William James als Autor für ein Lehrbuch der Psychologie zu gewinnen hoffte. Zwei Jahre würde er schon brauchen, warnte der junge Harvard-Dozent seinen zukünftigen Verleger. Holt fühlte sich nicht wohl bei der Aussicht, so lange auf dieses Buch warten zu müssen, und bat James deshalb darum, zumindest das Manuskript bis spätestens Sommer 1880 einzureichen, damit es dann rechtzeitig für die Studierenden zum Herbst jenes Jahres auf dem Markt sei.[5] Dieser Zeitraum indes verstrich, ohne daß das avisierte Lehrbuch der Psychologie geschrieben, geschweige denn für die Veröffentlichung vorbereitet war. Am Ende sollten nicht weniger als weitere *zehn* Jahre vergehen, bevor die *Principles of Psychology* vorlagen und schließlich im Jahre 1890 veröffentlicht werden konnten.

Wenn auch das Buch auf sich warten ließ – der Ruhm, den es seinem Autor eintrug, tat es nicht. Binnen kurzem galt James als Begründer einer neuen amerikanischen Psychologie, mit der die verschmähte, weil empirieferne ›armchair psychology‹ überwunden werden sollte. Die *Principles of Psychology* markieren in diesem Sinne eine Zäsur. James' Versuch, die Psychologie physiologisch, mithin naturwissenschaftlich zu begründen, ist eine epochale Leistung in der Geschichte der Psychologie, die James zu einem der bedeutendsten Psychologen dieser Geschichte überhaupt macht. Das Buch eröffnete nicht nur eine neue Ära in der Psychologie, sondern bot zugleich ein beeindruckendes Panorama der Theorielandschaft vornehmlich des 19. Jahrhunderts. James vollbrachte schon deshalb Beachtliches, weil er es verstand, die Diskussion aller relevanten Theorien seiner Zeit in den eigenen Entwurf zu integrieren. Damit erklärt sich auch der immense Umfang des Buches. Ein klassisches Werk der Psychologie sind die *Principles* aber vor allem deshalb, weil ihr Autor auf dem amerikanischen Kontinent vollzog, was in Euro-

5 Vgl. William James, Brief an Henry Holt, Juni 1878, in: *The Correspondence of William James*, Vol. 5: 1878-1884, a. a. O., S. 14; Henry Holt, Brief an William James, 8. Juni 1878, in: ebd., S. 14 f.

pa schon einige Jahrzehnte zuvor eingesetzt hatte: den Versuch einer Begründung der Psychologie als *Wissenschaft*.

Für James war die Psychologie eine Disziplin, die empirische Korrelationen zwischen Bewußtseins- und Gehirnzuständen in psychologischen Gesetzen zu beschreiben hatte. Gegen die radikale Reduktion des Bewußtseins darauf, nichts anderes als eine Erscheinung physiologischer Vorgänge zu sein, wehrte er sich allerdings entschieden. Für ihn hatte das Konzept einer Seele, wie es aus der substanzontologischen Tradition seit Descartes hervorgegangen war, zwar keinen Bestand mehr – das, was diese Tradition unter Seele verstand, konnte für den darwinistisch inspirierten James nur noch als *Funktion* eines psychophysischen Organismus beschreibbar sein –, aber mit dieser Abwendung vom klassischen Seelenbegriff wandte sich James trotz aller von ihm selbst betonten positivistischen Grundhaltung keinesfalls dem Vorhaben zu, das Bewußtsein selbst aus seinen physiologischen Bedingungen zu erklären.

In methodischer Hinsicht verpflichtete James die neue Psychologie auf Introspektion, Experiment und Komparation. Polemisch verwies er in diesem Kontext im übrigen auf die deutsche Psychologie, um die Entstehung der experimentellen Methode zu erörtern: Der mikroskopischen Psychologie, die unter anderem mit Fechner und Wundt entstanden sei, liege eine experimentelle Methode zugrunde, die unmöglich hätte in einem Land erfunden werden können, in dem die Menschen fähig seien, *gelangweilt* zu werden.[6] Das ist natürlich für einen Wissenschaftler, der dieser Methode selbst folgt, auch ein Stück weit Selbstironie, im Falle von James jedoch auch Symptom einer grundsätzlichen Skepsis gegenüber der experimentellen Psychologie. Doch James' kritische Einstellung gegenüber seiner Disziplin ist damit noch nicht hinreichend beschrieben, denn sie geht über den experimentellen Aspekt hinaus und betrifft die Psychologie als solche, sofern diese sich bereits als Wissenschaft zu verstehen können meinte. Der Beginn einer Hoffnung darauf datiert ins frühe 19. Jahrhundert zurück.

In seiner *Psychologie als Wissenschaft* (1824) suchte Johann Friedrich Herbart (1776-1841) die Orientierung an der Physik und damit am durch Newton etablierten mathematisch-mechanistischen Paradigma, um eine wissenschaftliche Psychologie zu begründen. Als

6 Vgl. Works VIII (*The Principles of Psychology*, Cambridge / London 1981), S. 192.

einen Newton der Psychologie, der er vielleicht gern gewesen wäre, wollte er sich allerdings nicht mehr empfinden: »Früh oder spät findet vielleicht die Psychologie ihren *Newton*. Ihm gebührt es alsdann, den Einfluß dieser Wissenschaft auf die anderen nicht bloß in Worten auszudrücken, sondern durch die That vor Augen zu stellen.«[7] Der Orientierung an Newton konnte auch eine zweite wichtige Gestalt in der Psychologie des 19. Jahrhunderts nicht widerstehen. Gustav T. Fechner (1801-1887), der mit seinen *Elementen der Psychophysik* (1860) ebenjene Psychophysik begründete, glaubte prophezeien zu können, daß das sogenannte Weber-Fechnersche Gesetz für das »Feld der Beziehungen von Leib und Seele eine eben so wichtige, allgemeine, fundamentale Bedeutung gewinnen wird, als das Gravitationsgesetz für das Feld der himmlischen Bewegungen«.[8] Diese Erwartung wurde freilich enttäuscht; Fechner war es nicht vergönnt, zum Newton der Psychologie zu avancieren.

Die Euphorie, die das szientifische Bedürfnis einige Jahrzehnte begleiten konnte, wurde am Ende des 19. Jahrhunderts zu einem unerwarteten Zeitpunkt relativiert. »It seems to me«, heißt es in einem Brief von William James aus dem Jahre 1890, »that Psychology is like Physics before Galileo's time. – Not a single *elementary* law yet caught a glimpse of.«[9] 1890 war das Jahr, in dem James sein psychologisches Opus magnum der akademischen Gemeinde übergab, und so stellt sich die Frage, warum er eine solche Feststellung just zu diesem Zeitpunkt gemacht hat. In den zitierten Worten, so eine Möglichkeit, könnte man eine strategisch klug inszenierte Beschreibung eines unbefriedigenden Status quo der psychologischen Wissenschaft sehen, um sich aufgrund dieser Diagnose als Galileo der Psychologie zu empfehlen. Allein, von einem solchen Optimismus war der Autor nicht getragen. Das Gesagte schloß das eigene Werk durchaus ein und war ein Zugeständnis an die Grenzen des Erreichten. Selbst dem Verleger Holt teilte er seine Sicht der Dinge unverhohlen mit: Eine wissenschaftliche Psychologie gäbe es nicht, und er – James – sei ein Unfähiger.[10]

7 Zitiert nach Moritz W. Drobisch, *Beiträge zur Orientirung über Herbart's System der Philosophie*, Leipzig 1834, S. 71 f.

8 Gustav T. Fechner, *Elemente der Psychophysik*, Bd. 1 (1860), Nachdruck Amsterdam 1964, S. 68.

9 William James, Brief an James Sully, 8. Juli 1890, in: *The Correspondence of William James*, Vol. 7: 1890-1894, a. a. O., S. 53.

Um dieses Urteil über den Stand der zeitgenössischen Psychologie und den Erfolg der eigenen wissenschaftlichen Bemühungen angemessen zu verstehen, muß man freilich das komplexe Wissenschaftsverständnis von James berücksichtigen. In diesem Wissenschaftsverständnis spielt erstaunlicherweise der Begriff der Metaphysik eine wichtige Rolle. Eine Passage aus dem Vorwort zu den *Principles* deutet dies an: »The reader will in vain seek for any closed system in the book. It is mainly a mass of descriptive details, running out into queries which only a metaphysics alive to the weight of her task can hope successfully to deal with. That will perhaps be centuries hence; and meanwhile the best mark of health that a science can show is this unfinished-seeming front.«[11] Die Frage nach dem Wissenschaftsverständnis mag durch diese Worte anfänglich beantwortet werden. James betont, daß die hier deskriptive Psychologie notwendig Fragen aufwerfe, die nur durch eine wahrscheinlich noch weit entfernte Metaphysik erfolgreich beantwortet werden könnten. Von besonderem Interesse muß der zuletzt zitierte Satz sein, denn mit ihm wird deutlich, warum James trotz ostentativer Infragestellung des Programms einer wissenschaftlichen Psychologie gleichwohl geglaubt hat, mit seinem Buch einen wichtigen Beitrag zur Psychologie geleistet zu haben. Denn solange diese Wissenschaft im Bewußtsein ihrer Grenzen agiert, handele es sich um eine gesunde Wissenschaft – und in diesem Bewußtsein, in dieser gleichsam kantischen Haltung kritischer Selbstbescheidung, sind die *Principles* in der Tat geschrieben.

Vorsichtig formuliert könnte diese an der Vorrede gemachte Beobachtung für die Frage nach dem Wissenschaftsverständnis bedeuten, daß James die Psychologie dann für eine gesunde Wissenschaft hält, wenn sie sich im Bewußtsein einer Metaphysik artikuliert, von der zu hoffen ist, daß sie dereinst die Unvollkommenheit der gegenwärtigen Psychologie kompensieren und diese Disziplin als Wissenschaft realisieren werde. Unvollkommen ist die gegenwärtige, naturwissenschaftlich ausgelegte Psychologie, weil und insofern sie innerhalb ihres Fachdiskurses die von ihr gemachten Voraussetzungen selbst nicht rechtfertigen und die Einseitigkeit ihrer Perspektiven nicht kompensieren kann. Wissenschaftliche Psychologie und Metaphysik mögen sich für James deshalb in der Gegenwart aus-

10 William James, Brief an Henry Holt, 9. Mai 1890, in: ebd., S. 24.
11 Works VIII (*Principles of Psychology*, a. a. O.), S. 7.

schließen, aber eben das auch nur darum, weil es in der Gegenwart keine Metaphysik gibt, die als wirkliche Wissenschaft der Psychologie Anerkennung finden könnte. Mit anderen Worten: Naturwissenschaftliche Psychologie ist nur so lange tolerierbar, wie es eine Wissenschaft der Psychologie in Form einer Metaphysik noch nicht gibt. Der Galileo der Psychologie – so sollte man vor diesem Hintergrund mutmaßen dürfen – wird für den scheinbar desillusionierten Autor der *Principles* entsprechend Metaphysiker sein müssen. Und das ist – motivgeschichtlich besehen – bemerkenswert.

In der Regel haben sich Disziplinen, die Anerkennung als Wissenschaft anstrebten, dann auf den Begründer der neuzeitlichen, mathematisch begründeten Naturwissenschaft berufen, wenn sie eben in der Mathematisierung den Königsweg der Verwissenschaftlichung erblickten. So wollte Thomas Hobbes ein Galileo der Menschenwissenschaften werden, indem er sich von den Naturwissenschaften die analytische Methode, den ›mos geometricus‹, ausborgte, um die wissenschaftliche Begründung seiner Staatsphilosophie zu gewährleisten.[12] Etwa 250 Jahre später, und nunmehr im Kontext der Psychologie, erscheint Galileo bei William James nicht mehr als Inspirator szientistischer Träume, sondern als Symbolfigur der Überwindung einer insuffizienten Naturwissenschaft. Wahre Wissenschaft stelle sich ein, wenn die Einseitigkeiten der naturwissenschaftlichen Perspektive aufgehoben und ihre Voraussetzungen aufgehellt worden seien. Nicht Dekontextualisierung, sondern Kontextualisierung führe zur Wissenschaft, die jene Aufgaben erfüllen soll, die in dem vorwissenschaftlichen Erkenntniskosmos der vormodernen Welt die Metaphysik wahrgenommen hatte. Entsprechend wandelt sich das Galileo-Bild bei James: Aus der Ikone des heute vielfach als reduktionistisch bezeichneten neuzeitlichen Szi-

12 Kersting spricht von Hobbes als dem *Galilei der Staatsphilosophie*: »Erst Hobbes hat die praktische Philosophie zu einer Wissenschaft gemacht, die Philosophie des Menschen und der menschlichen Angelegenheiten dem zeitgenössischen, den mathematischen Wissenschaften entlehnten Methodenideal unterworfen und damit den aus der Naturphilosophie bereits verbannten Aristotelismus auch aus Ethik und Politik vertrieben. Diese Selbstinterpretation des Philosophen ist vom Bewußtsein dieser Modernität tief geprägt. Hobbes sieht sich mit seiner neubegründeten politischen Philosophie an der Spitze der wissenschaftlich-philosophischen Avantgarde seiner Zeit. Er versteht sich als Galilei der Staatsphilosophie, als Harvey der Lehre vom politischen Körper und seinen Bewegungen.« (Wolfgang Kersting, *Thomas Hobbes zur Einführung*, 2. Aufl. Hamburg 2002, S. 43 f.)

entismus wird der Heros einer ›holistischen‹ Wissenschaftsmetaphysik auf dem Gebiet der Psychologie.

Wer diese Sicht auf James für zu gewagt hält, wird überrascht zur Kenntnis nehmen, daß James selbst nur zwei Jahre später genau dies postuliert und den Galileo der Psychologie in seiner *Psychology: Briefer Course* (1892) als einen Metaphysiker der Zukunft vorgestellt hat. Bei diesem Buch, das anders als die *Principles* ins Deutsche übersetzt worden ist,[13] handelt es sich um eine Kurzfassung der *Principles*, um die der Verleger Holt gebeten hatte; neben der *American Science Series* führte dieser eine *American Science Series – Briefer Course* in seinem Programm, in der die Autoren der erstgenannten Reihe eine verdichtete Darstellung ihrer jeweiligen Bücher gaben. James fügte sich mit seinem ›Jimmy‹, wie die Kurzfassung der *Principles* schnell genannt wurde, also verlegerischen Wünschen, nutzte aber gerne die Chance, das Buch handlicher und weniger polemisch zu gestalten. Neben vielen Weglassungen gab es allerdings auch neu Hinzugesetztes; maßgeblich in unserem Kontext sind die Einleitung sowie ein Epilog mit dem Titel »Psychologie und Philosophie«. Anfang und Ende des Buches bilden dabei gleichsam einen programmatischen wissenschaftstheoretischen Rahmen, in dem das Unternehmen einer naturwissenschaftlichen Psychologie eindrucksvoll beschrieben wird.

»Die Psychologie soll in diesem Buch als eine Naturwissenschaft behandelt werden«,[14] heißt es in der Einleitung, die James nutzt, um den Sinn dieser Aussage zu erläutern. Interessanterweise argumentiert er dabei nicht streng methodologisch, sondern in Auseinandersetzung mit der historischen Situation einer noch jungen Disziplin und in dem Versuch, den Wissensbestand dieser Disziplin mit Hinweis auf den metaphysischen Entwicklungshorizont der Psychologie als *Provisorium* zu plausibilisieren. James hielt daran fest, daß es nur »*eine* Wissenschaft aller Dinge« geben könne, und diese eine Wissenschaft sei die *Philosophie*.[15] Alle zeitgenössischen Wissenschaften bezeichnete er als *Teile* der Philosophie, die – weil es die *eine* Wissenschaft noch nicht gebe – gezwungen seien, unter den für sie gültigen Bedingungen Wissenschaft zu betreiben; die Psycholo-

13 William James, *Psychologie* (1909), übersetzt von Marie Dürr, mit Anmerkungen von Ernst Dürr, 2. Aufl. Leipzig 1920.

14 Ebd., S. 1.

15 Ebd.

gie als ein Teil der Philosophie (Metaphysik) bildete da für James keine Ausnahme. Sie sei zwar nur Provisorium und in diesem Sinne eine historisch notwendige Entwicklungsstufe auf dem Weg zu einem Besitz der »*volle[n]* Wahrheit über die Bewußtseinszustände«,[16] aber in der Akzeptanz ihrer gegenwärtigen Bedingungen und im Bewußtsein, sich in einem »materialistischen Stadium«[17] zu befinden, habe die Psychologie zu diesem Zeitpunkt keine andere Wahl, als sich zunächst noch als reine Naturwissenschaft zu definieren.

Die Provokation liegt auf der Hand: Mit der Behauptung, die naturwissenschaftliche Psychologie sei nur eine Vorstufe zu einer reifen Humanwissenschaft, wird diese Disziplin hier nicht im Rekurs auf das im 19. Jahrhundert etablierte Forschungsverständnis als Naturwissenschaft begründet. James nimmt vielmehr einen metawissenschaftlichen, selbst schon metaphysischen Standpunkt ein, um die Legitimität naturwissenschaftlicher Forschung aus der unbefriedigenden Erkenntnissituation des Menschen zu begründen. Legitimationsgrundlage der Naturwissenschaft ist nicht ihr forschungslogisches Profil, sondern ihr notwendiges Verwiesensein auf eine unvollkommene Stufe in der Entwicklung zu der einen wahren Wissenschaft von der Psyche des Menschen. In diesem wissenschaftslogischen Selbstverständnis dachte James die Psychologie als Naturwissenschaft. Und es ist dieses Selbstverständnis, das zu berücksichtigen ist, wenn er seinen psychologischen Ansatz als einen materialistischen bezeichnet. Die Entstehungsbedingungen des Bewußtseins waren für ihn zweifellos physiologische Gehirnvorgänge, und in diesem Sinne war sein Ansatz materialistisch, aber die »*Natur*«, das »innere Wesen unseres Bewußtseins«, könne aus naturwissenschaftlicher Perspektive keinesfalls erklärt werden – und angesichts dieser Voraussetzung sei dieser Ansatz nicht materialistisch.[18] Die These von der kausalen Abhängigkeit des Bewußtseins von physiologischen Prozessen sei deshalb ebenso wie die Annahme, beim menschlichen Bewußtsein handele es sich um eine »Funktion der Gehirntätigkeit«,[19] nur eine »Arbeitshypothese«.[20]

Besteht die Absicht der Einleitung darin, dem Autor den Frei-

16 Ebd., S. 2.
17 Ebd., S. 7.
18 Ebd.
19 Ebd., S. 6.
20 Ebd.

raum für die Entwicklung einer naturwissenschaftlichen Psychologie zu schaffen, so endet das Buch mit einer erneuten Klärung des Verhältnisses von Psychologie und Philosophie. Die abschließende Passage ist in diesem Kontext so erhellend, daß eine umfangreiche Wiedergabe sinnvoll sein dürfte. James beendet sein zweites und letztes Buch auf dem Gebiet der naturwissenschaftlichen Psychologie mit folgenden Worten:

Wenn wir daher von der ›Psychologie als von einer Naturwissenschaft‹ sprechen, so dürfen wir nicht annehmen, daß damit eine Psychologie gemeint sei, die schließlich auf festem Grund errichtet ist. Gerade das Gegenteil ist gemeint; es handelt sich um eine Psychologie, deren Bestand nicht im mindesten gesichert ist, und in welche die Wasser der metaphysischen Kritik allenthalben eindringen, um eine Psychologie, deren elementare Annahmen und Gegebenheiten samt und sonders in größeren Zusammenhängen betrachtet und in andere Ausdrücke übersetzt werden müssen. Kurz, die Bezeichnung ›Naturwissenschaft‹ drückt Mißtrauen und nicht Stolz auf die Errungenschaften aus. [...] Das ist keine Wissenschaft, das ist nur die Hoffnung einer Wissenschaft. Das Material für eine Wissenschaft ist vorhanden. Etwas Bestimmtes geschieht, wenn einem bestimmten Gehirnzustand ein bestimmtes ›sciousness‹ korrespondiert. Ein richtiger Einblick in das Wesen dieses Geschehens wäre *die* wissenschaftliche Errungenschaft, vor der alle früheren Errungenschaften verblassen müßten. Aber gegenwärtig befindet sich die Psychologie im Zustand der Physik vor Galilei und vor Entdeckung der Bewegungsgesetze oder der Chemie vor Lavoisier und vor dem Bekanntwerden des Gesetzes von der Erhaltung der Materie. Der Galilei und der Lavoisier der Psychologie werden sicherlich berühmte Männer sein, wenn sie auftreten, und auftreten werden sie zweifellos eines Tages, wenn anders bereits errungene Erfolge zukünftige Leistungen voraussagen lassen. Wenn sie aber auftreten, dann werden sie aus innerer Notwendigkeit ›Metaphysiker‹ sein. Inzwischen ist der beste Weg, wie wir ihr Kommen vorbereiten können, der, daß wir einsehen, wie groß die Finsternis ist, in der wir tappen und daß wir nie vergessen, daß die naturwissenschaftlichen Annahmen, die unseren Ausgangspunkt gebildet haben, provisorische und revisionsbedürftige Dinge sind.[21]

Diese Worte lesen sich angesichts der nächsten zwei Lebensdekaden fast schon wie Worte des Abschieds von der Psychologie, den James in der Tat auch kurz darauf genommen zu haben scheint. Lamberth argumentiert, daß der Übergang von der Psychologie zur Philoso-

21 Ebd., 468 f.

phie bereits in den frühen 1890er Jahren, genauer mit dem Epilog in der *Psychologie*, begonnen und sich die Kritik an der Psychologie, die sich im gleichnamigen Werk noch allgemein auf das Fach als solches bezogen hatte, bald darauf in eine spezifische Kritik an den von James selbst gemachten Voraussetzungen gewandelt habe.[22] Neben mehreren Briefen, in denen sich der Übergang zur Philosophie aus heutiger Sicht tatsächlich anzukündigen scheint, bezieht sich Lamberth vor allem auf das Jahr 1895, in dem James den Aufsatz »The Knowing of Things Together« veröffentlichte und ein Seminar über Gefühle abhielt. In beiden Fällen, so Lamberth, kündigt sich die philosophische Position des erst Jahre später entwickelten radikalen Empirismus deutlich an.

Diese Beobachtung nun könnte man vor dem Hintergrund der bisherigen Ausführungen um eine Frage ergänzen. Denn die Tatsache, daß James einerseits von der Psychologie zur Philosophie wechselt, andererseits jedoch als selbstkritischer Psychologe die Notwendigkeit einer Metaphysik postuliert, läßt fragen, ob nicht auch James selbst dazu beitragen wollte, die Psychologie aus dem »Zustand der Physik vor Galilei« in den Zustand einer wirklichen Wissenschaft zu verwandeln. So besehen wäre der Autor des radikalen Empirismus zugleich ein Aspirant, jener Galileo der Psychologie zu sein, der im Epilog der *Psychologie* noch in weiter Ferne schien.

Nun, als Galileo der Psychologie – das zeigt die Geschichte – hat sich der Philosoph William James nicht erwiesen, und er selbst hat diesen Anspruch auch niemals erhoben. Und doch spricht zumindest einiges dafür, daß es eine gewisse Kontinuität in seiner Entwicklung von der Psychologie zur Philosophie gibt, die den metaphysischen Ansprüchen an eine Psychologie geschuldet sein könnte. Eine Beschreibung dieser Kontinuität muß erneut auf den Epilog der *Psychologie* eingehen, da James dort nicht nur seiner Hoffnung auf einen zukünftigen Galileo der Psychologie Ausdruck verleiht, sondern auch sein grundsätzliches Metaphysikverständnis skizziert. Danach ist Metaphysik keine Sache, die unabhängig von den Erkenntnissen der Wissenschaften betrieben würde; sie sei vielmehr ein »Forum«, vor dem diese Erkenntnisse diskutiert werden.[23] Me-

22 Vgl. David C. Lamberth, *William James and the Metaphysics of Experience*, Cambridge 1999, S. 63 ff.

23 James, *Psychologie*, a. a. O., S. 462. Großen Einfluß auf das James'sche Metaphysikverständnis muß dem von James gepriesenen englischen Philosophen Shad-

taphysik, so könnte man deshalb auch sagen, ist Revision des naturwissenschaftlichen Weltbildes zugunsten eines einheitlichen Wissens über diese Welt als ganzer, und zwar Revision aufgrund der Aufklärung und kritischen Würdigung der in den Einzelwissenschaften unkritisch zugrunde gelegten Vorannahmen und Voraussetzungen. Metaphysik ist für James dabei nicht eine neue wissenschaftsjenseitige Ontologie, sondern nur der »ungewöhnlich hartnäckige Versuch«, klar und konsistent zu denken.[24] Das Fehlen dieses Anspruchs wirft James den Einzelwissenschaften nicht vor; diese würden aus praktischen Gründen bestimmte Voraussetzungen machen müssen, die allerdings vom Standpunkt der Philosophie kritisch zu betrachten seien. James nennt vier solche Voraussetzungen, die Gegenstand der metaphysischen Reflexion zu sein hätten: die Annahme eines *Entsprechungsverhältnisses von Bewußtsein und Gehirn*, den *Subjekt-Objekt-Dualismus*, den Begriff des *Zustandes* eines Bewußtseins sowie den Begriff des *Bewußtseins* selbst.

Zwei dieser Problemfelder, die James am Ende seiner *Psychologie* der metaphysischen Reflexion anheimstellt, hat er einige Jahre später in das Zentrum einer eigenen Philosophie gerückt. Diese Philosophie ist der radikale Empirismus, den James in den Jahren 1904/05 in einer Reihe von Aufsätzen begründen wollte und mit dem er schließlich das Problem des Subjekt-Objekt-Dualismus wie auch das Problem des Bewußtseins selbst zu lösen versuchte. Zu den wichtigsten Texten zählen in dieser Hinsicht vier Aufsätze, die entsprechend ihrer Bedeutung in die vorliegende Textsammlung aufgenommen worden sind: »Gibt es ein ›Bewußtsein‹?«, »Eine Welt der

worth H. Hodgson zugesprochen werden. Zweifellos gilt es den Einfluß von Hodgson zu berücksichtigen, will man das Metaphysikverständnis von William James angemessen verstehen (vgl. hierzu ansatzweise Rainer Diaz-Bone/Klaus Schubert, *William James zur Einführung*, Hamburg 1996, S. 50 f.). Hodgson widmet sich in seinem Buch *Philosophy of Reflection* unter anderem der Aufgabe, das Verhältnis von Metaphysik und Wissenschaft zu bestimmen, um zu einer soliden Auffassung darüber zu gelangen, was Metaphysik selbst ist oder sein könnte. Die Metaphysik seiner Zeit sieht er im Rahmen eines historischen Entwicklungsmodells auf einer zweiten Stufe angelangt, auf der die Metaphysik sich der Ergebnisse der Einzelwissenschaften annehme, um diese in einem einzigen System zu vereinigen. (Vgl. Shadworth H. Hodgson, *The Philosophy of Reflection*, London 1878, S. 35.) Das erinnert freilich an das Forum der Metaphysik, das James für so wesentlich für die Metaphysik hält.

24 James, *Psychologie*, a. a. O., S. 462.

reinen Erfahrung«, »Das Ding und seine Beziehungen« und »Wie sich zwei Geister eines Dinges bewußt sein können«.

Auch wenn William James im Frühjahr 1905 unter anderem auf diese vier Aufsätze blicken konnte, so bleibt doch auszuschließen, daß er sich mit ihnen als der Galileo der Psychologie empfunden hat. Tatsächlich wäre es gewagt, den radikalen Empirismus als direkten Versuch zu werten, die Insuffizienzen naturwissenschaftlicher Psychologie metaphysisch zu kompensieren. Insofern handelt es sich bei dieser Philosophie sicherlich um keine unmittelbare Reaktion auf jene Probleme, wie James sie im Jahre 1892 für die Psychologie aus metaphysischer Perspektive geltend gemacht hat. Denn das hieße wirklich, daß der Urheber des radikalen Empirismus *programmatisch* an den Autor der *Principles* und der *Psychologie* angeschlossen hätte, was nicht eindeutig erwiesen werden kann. James selbst hat, soweit wir sehen können, die Aufsätze aus den Jahren 1904/05 nicht in jenen Zusammenhang von Metaphysik und Psychologie gestellt, wie er ihn über zehn Jahre zuvor selbst beschrieben hatte. Und doch kann aus heutiger Perspektive nicht darüber hinweggesehen werden, daß die im Epilog der *Psychologie* genannten Problembezirke dieser Wissenschaft just jene sind, für die der radikale Empirismus eine Lösung zu finden hoffte. Eine gewisse Kontinuität möchte man also durchaus behaupten – die Kontinuität eines Problemverständnisses, das in selbstkritischer Auseinandersetzung mit den Voraussetzungen der eigenen Wissenschaft entstanden ist, sich aber auch dann noch behaupten konnte, als James Jahre später den Plan zu einer eigenen Philosophie in Angriff nahm. Zentrale Themen des radikalen Empirismus haben sich in *diesem* Sinne von der Psychologie bestimmen lassen. Diese Form von Kontinuität ist nun allerdings nicht die einzige, die wir mit Blick auf das Verhältnis von Psychologie und radikalem Empirismus feststellen können. Denn: Der Philosoph hat nicht nur auszuführen versucht, was der Psychologe liegenlassen mußte, sondern sich auch nicht davor gescheut, an argumentativen Schlüsselstellen auf Theoreme seiner psychologischen Theorie zu verweisen und diese für die kritische Auseinandersetzung insbesondere mit dem Bewußtseinsbegriff geltend zu machen. Der Leser der in diesem Band abgedruckten Texte zum radikalen Empirismus wird deshalb – vielleicht überrascht – auch eine Kontinuität inhaltlicher Art erkennen können. Tatsächlich mag die Unbekümmertheit, mit der der radikale

Empirist immer wieder auf die *Principles of Psychology* zurückgreift, irritieren, wenn man einseitig an der Vorstellung festhält, der Psychologe James habe sich in den 1890er Jahren von der Psychologie verabschiedet und den radikalen Empirismus ohne psychologischen Sinn realisiert.

Grundzüge des radikalen Empirismus

Etwa zwei Jahre vor seinen Pragmatismus-Vorlesungen hat James eine Reihe von Aufsätzen publiziert, die von Ralph Barton Perry im Jahre 1912 posthum unter dem Titel *Essays in Radical Empiricism* herausgegeben worden sind. Die Mehrzahl dieser Arbeiten, deren Kritik nicht lange auf sich warten ließ, ist im *Journal of Philosophy, Psychology, and Scientific Methods* im Zeitraum zwischen September 1904 und Mai 1905 erschienen.[25] Nicht Perry, sondern James selbst war es allerdings, der den Ausdruck ›radical empiricism‹ zuerst verwendete, um einer in der Tat neuen philosophischen Position, aber eben auch den entsprechenden Texten in jener Mappe einen Titel zu geben, in der James seine Aufsätze aufbewahrte. James hat diesen Ausdruck hier allerdings nicht zum ersten Mal verwendet. Bereits in *The Will to Believe and Other Essays in Popular Philosophy* (1897) fällt der Ausdruck ›radical empiricism‹. In diesem Buch – dem ersten von James auf dem Gebiet der Philosophie – sind unterschiedliche Vorträge versammelt, die James zwischen 1879 und 1896 an amerikanischen Colleges auf Einladung studentischer Vereinigungen gehalten hatte. Entsprechend handelt es sich um Texte, die sich zwar unter anderem auch mit klassischen Fragen und Problemen der Philosophie beschäftigen, jedoch vor allem Beiträge zu einer populären Philosophie sein wollen, die von Nichtphilosophen verstanden werden kann und die deren Grundfragen an Welt und Dasein wesentlich berücksichtigt. Im Vorwort zum Buch nun findet sich der Hinweis, daß sich in der vorliegenden Sammlung ein sehr ›untechnischer‹, d.h. unzünftiger, den argumentativen Ansprüchen der Fachphilosophie nicht gerecht werdender philosophischer Standpunkt ausdrücke (*philosophic attitude in a very untechnical way*), der – wollte

25 Zur kritischen Rezeption zwischen 1904 und 1915 vgl. den von Eugene Taylor und Robert H. Wozniak herausgegebenen Band *Pure Experience. The Response to William James*, Bristol 1996.

man ihm einen Namen geben – doch am besten als »*radical empiricism*« bezeichnet werden sollte.[26]

Als Buchtitel wollte James diesen Ausdruck in diesem Fall nicht verwenden, und doch stellt sich natürlich die Frage, in welcher Beziehung die Textsammlung von 1897 mit der von James selbst vorbereiteten und schließlich 1912 von Perry edierten Sammlung von Aufsätzen aus den Jahren 1904/05 steht. Sind die *Essays in Radical Empiricism* die Weiterentwicklung und Ausbildung eines philosophischen Standpunktes, den James in seinem ersten philosophischen Buch bezogen hatte? Diese Frage wird man wohl verneinen müssen. Zu unterschiedlich ist die jeweilige Ausrichtung, zu konzentriert bereits die Thematik in den *Essays in Radical Empiricism*, um im thematisch relativ breit gefächerten Verbund der College-Vorträge einen Vorläufer des radikalen Empirismus aus den Jahren 1904/05 sehen zu können. Der wichtigste Unterschied aber betrifft den argumentativen Anspruch. Während James strengeren theoretischen Ansprüchen in seiner Popularphilosophie gar nicht gerecht werden wollte, so gilt das für die Arbeiten, die im *Journal of Philosophy, Psychology, and Scientific Methods* publiziert worden sind, wohl kaum. Denn diese sind zu einer Zeit entstanden, da James sich um eine Metaphysik mit theoretischem Anspruch bemühte. Entsprechend ist es geradezu zu einem Kennzeichen insbesondere der angelsächsischen James-Interpretation geworden, den *Essays in Radical Empiricism* aufgrund der ihnen zugebilligten theoretischen Qualität eine Sonderstellung im philosophischen Gesamtwerk zuzuschreiben. Putnams Urteil, diese Essays würden den »most technical part of James's philosophy« repräsentieren, steht dabei nur an der Spitze einer Tradition dieser Auffassung.[27] Sofern man sich ihr aus guten

26 Works VI (*The Will to Believe*, Cambridge/London 1979), S. 5.

27 Hilary Putnam, »The Permanence of William James«, in: ders., *Pragmatism. An Open Question*, Oxford/Cambridge 1995, S. 20. Ein Interpret aus der Frühzeit der James-Interpretation, Théodore Flournoy, sah sich gar veranlaßt, seiner Erörterung des radikalen Empirismus folgende Worte voranzustellen: »Die Leser, die der etwas trockene und abstrakte Charakter der folgenden Paragraphen erschrecken sollte, mögen sie nur überspringen und direkt zum Kapitel ›Pluralismus‹ übergehen.« (Theodore Flournoy, Die *Philosophie von William James*, mit einem Vorwort von Arthur Baumgarten, übersetzt von H. Baumgarten, Tübingen 1930, S. 38.) Perry zufolge ist James durch die Essays gezwungen gewesen, sich mit den »technical aspects of philosophy« auseinanderzusetzen, zu denen er ein ambivalentes Verhältnis unterhalten habe (Ralph Barton Perry, *The Thought and Character of*

Gründen anschließen darf, stellt sich die Frage, wie diese ›technische‹ Zurüstung eines Philosophen zu erklären ist, der nicht nur früher, sondern auch in der Folgezeit eine stets ambivalente, wenn nicht gar distanzierte Haltung gegenüber der akademischen Philosophie und ihren Standards eingenommen hatte.

Plötzlich und ohne Anzeichen der Vorankündigung hat sich diese Zurüstung nicht vollzogen. Im Jahre 1902 etwa schrieb James, daß er nun seriös und systematisch schreiben wolle, da er genug von dem weichen, populären Stil der Vergangenheit habe.[28] An Henri Bergson richtete er im selben Jahr ein Schreiben, in dem ein *allgemeines System der Metaphysik* in Aussicht gestellt wurde, das der Bergsonschen Kritik am Subjekt-Objekt-Dualismus folgen sollte.[29] Diese noch eher allgemeine Aussicht erfuhr ihre Konkretisierung im darauffolgenden Jahr, denn dem Freund Théodore Flournoy vertraute er nunmehr seine Absicht an, ein *System der Philosophie reiner Erfahrung* entwickeln zu wollen.[30] Auch wenn das große Buch nicht geschrieben wurde, so können die Beiträge zum radikalen Empirismus, die dann kurze Zeit später entstanden sind, zugleich als Beiträge zu einer Einlösung dieser Ankündigungen gelesen werden.

Damit ist die Geschichte des Ausdrucks ›radical empiricism‹ in werkhistorischer Hinsicht keinesfalls beendet. Die meisten von James' philosophischen Schriften sind in seinen letzten zehn Lebensjahren – im ersten Jahrzehnt des 20. Jahrhunderts – entstanden; James mag sich, wie wir bereits gesehen haben, zeitlebens der Philo-

William James (1948), New Paperback Edition, Nashville / London 1996. S. 277). Der radikale Empirismus, so Ayer, sei James' »most original and fruitful contribution to philosophical theory«, und dies wohl vor allem deshalb, weil es sich hier um eine »technical theory« handele (Alfred J. Ayer, *The Origins of Pragmatism. Studies in the Philosophy of Charles Sanders Peirce and William James*, London 1968, S. 183 und 185). Gale ist der Meinung, daß die Lehre von der reinen Erfahrung zu Recht als James' »most significant contribution to technical philosophy« betrachtet wird (Richard M. Gale, *The Philosophy of William James. An Introduction*, Cambridge 2005, S. 140). Ganz anders allerdings Myers, der in den Essays nicht das geringste Bemühen erkennen will, eine Theorie reiner Erfahrung in »technical detail« zu geben (Gerald E. Myers, *William James. His Life and his Thought*, New Haven/London 1986, S. 316).

28 William James, Brief an Elizabeth Glendower Evans, 25. August 1902, in: *The Correspondence of William James*, Vol. 10: 1902-March 1905, a. a. O., S. 112.

29 William James, Brief an Henri Bergson, 14. Dezember 1902, in: *The Correspondence of William James*, a. a. O., S. 167.

30 William James, Brief an Théodore Flournoy, 30. April 1903, in: ebd., S. 240.

sophie verpflichtet gefühlt haben, aber zu einer wirklichen Produktivität auf diesem Gebiet ist es erst am Ende seines Lebens gekommen. Innerhalb weniger Jahre entstanden die wichtigsten Arbeiten und Beiträge zur Philosophie, die James gerne unter einem Dach vereint hätte. Dazu ist es nicht mehr gekommen; auch die Einführung in die Philosophie, die nicht nur als Lehrbuch für Studierende fungieren sollte, sondern auch die Summe eines philosophischen Lebens präsentieren wollte (posthum 1911 unter dem Titel *Some Problems of Philosophy* veröffentlicht), blieb unvollendet. Im Gedränge rasant sich artikulierender Ansichten, Ideen und Überzeugungen erscheint nun der Ausdruck ›radical empiricism‹ auch nach 1905 wiederholt an unterschiedlicher Stelle. James mag in ihm einen Ordnungsbegriff gesucht haben, unter dem sich eine stetig in Entwicklung begriffene Philosophie ihrer selbst vergewissern konnte. Dieser Ausdruck war deshalb gewiß auch Leitfaden, mit dem James der Dynamik seiner philosophischen Arbeit eine Richtung zu geben beabsichtigte. Für jene, die diese Arbeit aus heutiger Perspektive betrachten, kann diese Funktion jedoch nur bedingt erkennbar sein, weil James den Ausdruck zuweilen weit öffnete, in unterschiedlichen Kontexten verwendete und die Leser des Gesamtwerks auf diese Weise zunächst eher verwirrt.[31] Was aber bedeutet nun ›radical empiricism‹? Wie steht der James'sche Empirismus zur Tradition des Empirismus? Und was zeichnet ihn als ›radikal‹ aus? In seinem Vorwort zu jenem Buch, mit dem James auf die Kritik an seiner pragmatistischen Wahrheitstheorie reagierte, *The Meaning of Truth*, werden im Jahre 1909 drei Aspekte für den radikalen Empirismus geltend gemacht, die auch für die Aufsätze aus den Jahren 1904/05 gelten.[32]

Die Konzeption aus den Jahren 1904/05 verdient das Epitheton ›radikal‹ vor allem deshalb, weil sie einen Grundsatz wie den folgenden bereithält:

Um radikal zu sein, darf der Empirismus innerhalb seiner Deutungen weder ein nicht unmittelbar erfahrenes Element zulassen noch ein unmittelbar

31 Vgl. zum Beispiel William James, *Das pluralistische Universum. Vorlesungen über die gegenwärtige Lage der Philosophie* (1909), ins Deutsche übertragen von Julius Goldstein, mit einer neuen Einführung hg. v. Klaus Schubert und Uwe Wilkesmann, Darmstadt 1994, S. 18-24.

32 Vgl. Works II (*The Meaning of Truth*, Cambridge/London 1975), S. 6f.

erfahrenes daraus ausschließen. Für eine solche Philosophie müssen *jene Beziehungen, durch die Erfahrungen miteinander verbunden sind, ihrerseits erfahrene Beziehungen sein, und jede Art von erfahrener Beziehung muß für genauso ›wirklich‹ wie alles andere im System auch erklärt werden.* (S. 29 in diesem Band.)

Dieser Grundsatz wirft einige Fragen auf, an erster Stelle sicherlich jene, wie es zu verstehen ist, daß für eine Philosophie wie den radikalen Empirismus jene Beziehungen, durch die Erfahrungen miteinander verbunden sind, solche sein *müssen*, die selbst erfahren werden. Folgendes ist anzumerken: Das ›müssen‹ reagiert ganz offensichtlich auf das im ersten Satz formulierte wissenschaftstheoretische Postulat. Danach dürfen einerseits keine empirisch unzugänglichen Elemente Eingang in eine Theorie finden, und wenn entsprechend eine empiristische Theorie die Frage nach der Verbindung von Erfahrungen stellt, dann muß vorausgesetzt werden, daß diese Verbindungen selbst empirischer Natur sind. Sollte das nicht der Fall sein, muß der Begriff der Verbindung theoretisch ausgeschlossen werden. Dieses Exklusionspostulat ist für James allerdings ergänzungsbedürftig; die wissenschaftstheoretische Verschärfung des Empirismus besteht deshalb in einem Inklusionspostulat, dem zufolge in einer philosophischen Konzeption alle unmittelbar erfahrenen Elemente berücksichtigt werden müssen. Handelt es sich bei einem solchen Element um eine verbindende Beziehung innerhalb eines erlebbaren Erfahrungszusammenhangs, dann muß dieses konjunktive Moment Eingang in die Theorie finden – und James zufolge schließlich dafür sorgen, daß sich die Frage nach dem Grund des Erfahrungskontinuums erübrigt, weil das verbindende Moment selbst als integraler Bestandteil dieses Erfahrungskontinuums gelten kann, das auf diese Weise empirisch und damit ohne Rückgriff auf metaphysische oder transzendentale Prinzipien zu begründen ist. Damit macht sich zugleich die Hypothese des psychischen Atomismus überflüssig, d. h. die Hypothese, daß es psychische Einheiten gibt, die a priori und gesondert existieren und aus diesem Grunde theoretisch nach einer zusammenhangstiftenden Instanz, nach einem synthetisierenden Verstand etwa, verlangen.

Die kritische Widerlegung dieser Hypothese allerdings kann der radikale Empirist William James als bereits erledigt betrachten, steht er hier doch in seiner eigenen, nämlich psychologischen Tradition. Denn die Grundlage für die im radikalen Empirismus beinahe schon vorausgesetzte Überzeugung, daß Beziehungen weder assoziationistisch noch transzendentalphilosophisch respektive -psychologisch begründet werden müssen, hat James in dem Aufsatz »On Some Omissions of Introspective Psychology«[33] gelegt. Darin entwickelt er den psychologischen Grundsatz, daß die Beweislast nicht auf seiten desjenigen liege, der den kontinuierlich bestehenden Konnex unmittelbar gefühlter Erfahrungen behauptet, sondern denjenigen betreffe, der den Aspekt des Getrenntseins von Erfahrungselementen im Sinne einer existierenden Tatsache voraussetzt.[34] Dieser Auflastung aber könnten klassische Positionen, die diese Voraussetzung machen, nicht standhalten, so James, der nicht nur auf die Kantische Position verweist, sondern in einer modellhaften historischen Skizze zwischen (empiristischem) Assoziationismus und (rationalistischem) Herbartianismus unterscheidet – um schließlich auf deren Gemeinsamkeit hinzuweisen, daß hier wie dort die Hypothese von der diskontinuierlichen Struktur menschlicher Erfahrung zugrunde gelegt werde, die sich angesichts des psychischen Faktums eines Erfahrungskontinuums jedoch nicht halten lasse und unbegründet sei. Um dieses Faktum zu bezeichnen, wählt James eine Metaphorik, die – formal variiert – in den *Principles of Psychology*, aber auch im radikalen Empirismus eine herausgehobene Stellung einnehmen wird. Die Rede ist vom ›mental stream‹ oder auch ›stream of thought‹, der im Jahre 1890 dann auch als ›stream of consciousness‹ bezeichnet wird.[35] Dessen Struktur ist es, auf die James sich bezieht, um die Haltlosigkeit der atomistischen Hypothese zu begründen: »So I hasten to say, by the continuity of the mental stream, all I here contend for is the absence of *separate* parts in it.«[36] In den *Principles* wird diese Einstellung zum Grundbesitz des Psy-

33 Zuerst erschienen in *Mind* 9 (Januar 1884), S. 1-26; wiederabgedruckt in Works XIII (*Essays in Psychology*, Cambridge/London 1983), S. 142-167.

34 Vgl. Works XIII (*Essays in Psychology*, a. a. O.), S. 147.

35 In den *Principles* wird der synonyme Charakter dieser metaphorisch gehaltenen Ausdrücke deutlich herausgestellt: »Consciousness, then, does not appear to itself chopped up in bits. Such words as ›chain‹ or ›train‹ do not describe it fitly as it presents itself in the first instance. It is nothing jointed; it flows. A ›river‹ or a ›stream‹ are the metaphors by which it is most naturally described. *In talking of it hereafter, let us call it the stream of thought, of consciousness, or of subjective life.*« (Works VIII, S. 233.)

36 Works XIII (*Essays in Psychology*, a. a. O.), S. 147.

chologen und der Bewußtseinsstrom entsprechend als »ultimate fact for psychology«[37] ausgewiesen.

Angesichts dieses unhintergehbaren Bewußtseinsstromes kann auch der William James des Jahres 1904 nicht umhin, den Empirismus zu radikalisieren und ein Inklusionspostulat zu formulieren, dessen Konsequenz die Aufgabe des psychischen Atomismus sein muß. Insofern erscheint der oben zitierte radikalempiristische Grundsatz nicht als *creatio ex nihilo*, sondern als eine philosophische Explikation der psychologischen Einsicht in die fundamentalste Wirklichkeit menschlicher Erfahrung. Als ›radikal‹ gibt sich der radikale Empirismus vor diesem Hintergrund deshalb, weil er die atomistische Hypothese durch den radikalen, da konsequenten Bezug auf die Eigenstruktur menschlicher Erfahrung überführen kann und auf diese Weise in der Lage ist, das Problem der Verbindung als Scheinproblem zu entlarven.

Der radikale Empirismus ist nicht allein eine philosophische Position, die die atomistische Hypothese hinter sich läßt. Er ist Bewußtseinskritik – und dies ganz wesentlich. In dieser Bewußtseinskritik entfaltet er ein Profil, dessen Umrisse mit gehöriger Vorsicht nachgezogen werden sollten. James ist kein Philosoph, der die forsche Klassifikation verträgt. Titel wie Metaphysik, Ontologie und Erkenntnistheorie sind schnell bei der Hand, um den radikalen Empirismus zu verorten, nicht zuletzt auch deshalb, weil schließlich James selbst keine Bedenken trug, diesen einmal mit ontologischen, einmal mit erkenntnistheoretischen Problemlagen beschäftigt zu sehen – und auch nicht davor zurückschreckte, deren Überwindung für sich in Anspruch genommen zu haben. Insbesondere der neuzeitliche Subjekt-Objekt-Dualismus ist der Kritik des radikalen Empirismus ausgesetzt; vorschnell aber von dessen Überwindung zu sprechen, wie es hin und wieder geschieht, wird am Zentrum dieser Philosophie vorbeiführen und die philosophische Brisanz dieser Überwindung übersehen lassen. Im wesentlichen ging es James nicht darum, jenen Dualismus partout hinter sich zu lassen; sein Anspruch bestand vielmehr darin, diesen Dualismus neu zu verstehen und auszulegen. Der radikale Empirismus ist in der Tat der Versuch, ein klassisches Interpretament der modernen Philosophie durch seine Reinterpretation auf eine neue Grundlage zu stellen.

37 Works VIII (*Principles of Psychology*, a. a. O.), S. 341.

Überwindung bedeutet hier deshalb Abstandnahme von einem spezifischen Verständnis der Trennung in Subjekt und Objekt, nicht aber den grundsätzlichen theoretischen Ausschluß dieser Trennung. Die folgenden Überlegungen gelten deshalb dem radikalempiristischen Versuch zu einer ›Überwindung‹ des Subjekt-Objekt-Dualismus im skizzierten Sinne.

Die Sprache des Funktionalismus, die die *Principles of Psychology* sprechen, hat für substanzontologische Vorstellungen, die den Phänomenbezirk der Psychologie betreffen, nichts mehr übrig: »My final conclusion, then, about the substantial Soul is that it explains nothing and guarantees nothing.«[38] Ein unbestreitbar existierendes Phänomen wie ›Bewußtsein‹ will damit nicht eskamotiert sein. James ging es vielmehr darum, eine sinnvolle Beschreibungsebene zu finden, die es erlaubt, auch weiterhin von ›Bewußtsein‹ zu sprechen, ohne die essentialistischen Implikationen der Tradition zu akzeptieren. Mit dem funktionalistischen Standpunkt meinte er nun, diese eine Beschreibungsebene gefunden zu haben. Gleichwohl konnte auch James nicht umhin, im Rahmen seiner Wissenschaft eine unausweichliche Voraussetzung zu machen: die Voraussetzung einer objektiven Welt, die von Subjekten der Erkenntnis erkannt werden kann, also die Voraussetzung eines Subjekt-Objekt-Dualismus. Hierzu lesen wir:

> Now the *relation of knowing* is the most mysterious thing in the world. If we ask how one thing can know another we are led into the heart of *Erkenntnistheorie* and metaphysics. The psychologist, for his part, does not consider the matter so curiously as this [...]. Knowledge becomes for him an ultimate relation that must be admitted, whether it be explained or not, just like difference or resemblance, which no one seeks to explain.[39]

Dieser pragmatische Verzicht auf eine erkenntnistheoretische Analyse der kognitiven Beziehung und deren Korrelate wurde dann zwei Jahre später, wie wir bereits gesehen haben, im Epilog der *Psychologie* aus metaphysischer Perspektive kritisch in Frage gestellt. Mit dem Aufsatz »Gibt es ein ›Bewußtsein‹?« (1904) betrat James schließ-

38 Ebd., S. 331.

39 Ebd., S. 212. Das Fazit lautet entsprechend: »The dualism of Object and Subject and their pre-established harmony are what the psychologist as such must assume, whatever ulterior monistic philosophy he may, as an individual who has the right also to be a metaphysician, have in reserve.« (Ebd., S. 126.)

lich das Feld der Metaphysik, um das Problem der kognitiven Beziehung und das damit verbundene Problem der sinnvollen Beschreibung von kognitivem Subjekt und Objekt philosophisch zu bearbeiten. Ein Bewußtsein im Sinne einer Entität, so James, gebe es nicht, aber wenn man darunter eine Funktion verstehe, durch die das Faktum kognitiver Beziehungen zwischen Mensch und Welt erklärt werde, dann könne auch weiterhin von Bewußtsein gesprochen werden. Über den Dualismus von Subjekt und Objekt, darüber also, wie James diesen Dualismus versteht, ist damit allerdings noch nicht alles gesagt. Eine Annäherung an seine Reinterpretation des Subjekt-Objekt-Dualismus muß vielmehr über eine Typologie kognitiver Beziehungen verlaufen, die James in einem anderen Aufsatz mit dem Titel »Eine Welt der reinen Erfahrung« präsentiert, wo drei mögliche Formen der Beziehung zwischen kognitivem Subjekt und Objekt unterschieden werden. Die entsprechende Passage lautet wie folgt:

> Kognitives Subjekt und Objekt sind entweder: (1) ein und dieselbe Erfahrung, die in unterschiedlichen Kontexten zweimal zur Geltung gebracht wird; oder sie sind (2) zwei Momente *aktuell stattfindender* Erfahrung, die zum selben Subjekt gehören und die konkrete Wege einer verbindenden Erfahrung des Übergangs zwischen sich aufweisen; oder (3) das kognitive Objekt ist für dieses oder ein anderes Subjekt eine *mögliche* Erfahrung, zu der die besagten verbindenden Übergänge hinführen *würden*, dehnte man sie denn hinreichend aus. (S. 35 in diesem Band.)

Es ist ersichtlich, daß der Begriff der Erfahrung hier in äußerst ungewohnter Weise verwendet wird. Wie ist zum Beispiel die Redeweise zu verstehen, daß *kognitives Subjekt und Objekt ein und dieselbe Erfahrung sind* (wenn auch zweimal in unterschiedlichen Kontexten zur Geltung gebracht)? Ähnliche Fragen ergeben sich im Falle der beiden anderen Punkte. Für eine vollständige Aufklärung würde hier nur die Diskussion aller drei Möglichkeiten eines Subjekt-Objekt-Verhältnisses sorgen können. Ich werde mich auf eine grundsätzliche Kommentierung der ersten und dritten Möglichkeit beschränken, weil diese es sind, die James in seinen Aufsätzen zum radikalen Empirismus zu begründen sucht.

Wie können kognitives Subjekt und Objekt ein und dieselbe Erfahrung sein, die in unterschiedlichen Kontexten zweimal zur Geltung gebracht wird? Eine Beantwortung dieser Frage ist auf den Begriff der *reinen Erfahrung* verwiesen. In werkhistorischer Hinsicht wird dieser Begriff erstmals wohl im akademischen Jahr 1895/96 verwendet, und zwar in einem Manuskript zu dem Seminar über das Gefühl.[40] Es darf angenommen werden, daß James diesen Begriff zumindest formaliter von Richard Avenarius bezog, dessen *Kritik der reinen Erfahrung* (1888-1890) ihm gut bekannt war.[41] Die Besonderheit dieses Ausdrucks, wie James ihn versteht, besteht nicht nur darin, daß das Attribut ›rein‹ *keine* besonders hochwertige Qualität dieser Erfahrung anzeigt und eine reine Erfahrung deshalb auch keine solche ist, die einen höheren kognitiven Wert besitzen würde. Die eigentliche Pointe dieses Ausdrucks besteht vielmehr darin, daß eine reine Erfahrung im Normalfall überhaupt keine Erfahrung im herkömmlichen Sinne ist. Unter reiner Erfahrung versteht James ein Ursprüngliches, das allen Menschen zu eigen ist. Es ist ein einfaches *Das* (*that*), etwas, das unserem sprachlich imprägnierten Bewußtseinsstrom zugrunde liegt und dabei darauf angewiesen ist, vom bestimmenden Denken in die Sphäre des Bewußtseins gehoben zu werden. Bemerkenswert ist, in welch unterschiedlicher Weise James diesen Begriff thematisiert. Den Bewußtseinsstrom scheint James zum Beispiel als etwas zu verstehen, in dem sich das Unbestimmte reiner Erfahrung in einen mentalen Fluß verwandelt. Die reine Erfahrung könnte man deshalb als den beständigen Untergrund des Bewußtseinsstromes verstehen, die nur dann den psychologisch vorherrschenden Zustand ausmacht, wenn es sich um Säuglinge oder Personen handelt, denen das sprachlich organisierte Tagesbewußtsein noch nicht zur Verfügung steht bzw. abhanden gekommen ist (siehe S. 59 in diesem Band).

Dieser psychologischen Perspektive auf den Begriff der reinen Erfahrung korrespondiert eine metaphysische. Denn wie der Bewußtseinsstrom der »ultimate fact« der Psychologie ist (s. o.), so zeigt sich an der reinen Erfahrung, daß sie ihrerseits als letzte Tatsache der *Philosophie* sollte verstanden werden können. In der Tat sieht James in ihr eine letzte Tatsache, aber eben auch ein Apriori im Sinne eines kognitiv indifferenten Grundelements, von dem auszugehen ist, wenn man über die Natur und das Verhältnis von Subjekt und Objekt Aufschluß erhalten möchte. Die Reinterpretation des Subjekt-

40 Vgl. Works XIX (*Manuscript Lectures*, Cambridge/London 1988), S. 213.
41 Vgl. Lamberth, *William James and the Metaphysics of Experience*, a. a. O., S. 83-87.

Objekt-Dualismus ist mit dem Begriff reiner Erfahrung metaphysisch begründet, denn reine Erfahrung stellt sich in dieser Theorie als unspezifisches Wirklichkeitsfaktum dar, als etwas unbestimmt Gegebenes, das je nach Kontextualisierung als Subjekt oder Objekt erscheint. James verwendet das Wort ›taken‹, das hier grundsätzlich mit ›zur Geltung bringen‹ übersetzt wird. Zur Geltung gebracht wird die reine Erfahrung, und je nachdem, wie sie zur Geltung gebracht wird, geriert sie sich entweder als ›Bewußtsein‹ oder eben als Gegenstand des Bewußtseins. Subjekt und Objekt unterscheiden sich also hinsichtlich der Gegebenheitsweise der reinen Erfahrung. Mit dieser nicht im herkömmlichen Sinne funktionalistischen Theorie des Bewußtseins will James schließlich das essentialistische Erbe der metaphysischen Tradition endgültig überwinden: ›Bewußtsein‹ ist nur noch eine Bezeichnung für das Resultat einer spezifischen Kontextualisierung reiner Erfahrungen. Interessanterweise verweist James dabei unter anderem auf die *Principles of Psychology*, um den neuen Bewußtseinsbegriff zu begründen:

> In dem Kapitel über das Selbst, wie es sich in meinen *Principles of Psychology* findet, habe ich die durchgehende Identität eines jeden persönlichen Bewußtseins als eine Bezeichnung für die praktische Tatsache ausgewiesen, daß sich neue Erfahrungen einstellen, die auf die alten zurückblicken, sie als ›warm‹ empfinden und sie als ›meine‹ aufnehmen und sich aneignen. [...] Der Füllfederhalter, der so retrospektiv als meine Wahrnehmung realisiert wird, erscheint auf diese Weise als eine Tatsache des ›bewußten‹ Lebens. Aber das tut er nur, insoweit ›Aneignung‹ sich vollzogen hat; Aneignung aber ist *Teil des Inhalts einer späteren Erfahrung*, die ganz und gar zum ursprünglich ›reinen‹ Füllfederhalter hinzukommt. *Dieser* Füllfederhalter – potentiell sowohl objektiv als auch subjektiv – ist an sich recht eigentlich und in Wirklichkeit keines von beiden. (S. 80 f. in diesem Band.)

Diese Passage macht deutlich, daß James sich trotz seiner radikalen Bewußtseinskritik nicht scheut, selbst von ›Bewußtsein‹ zu sprechen, dies dann aber natürlich unter neuen semantischen Bedingungen, die sich aus seiner Reinterpretation des Subjekt-Objekt-Dualismus ergeben. In *metaphysischer* Hinsicht ist ›Bewußtsein‹ potentiell in reiner Erfahrung angelegt; erst durch das Moment der Rückwendung überführt sich diese Erfahrung in ein ›Bewußtsein‹ von etwas. Mit diesem reformierten Bewußtseinsbegriff verbindet sich überdies eine neuartige philosophische Wahrnehmungstheorie.[42] Der Begriff der *Aneignung* (*appropriation*) ist dabei ein Terminus technicus, der offenbart, wie tief der radikale Empirismus und die in ihm vertretene neue Bewußtseins- und Wahrnehmungstheorie in der James'schen Psychologie verwurzelt ist. Denn ›Aneignung‹ ist kein Begriff, der zum ersten Mal in diesem Aufsatz aus dem Jahre 1905 verwendet würde. Er gehört vielmehr zum terminologischen Inventar der *Principles*, wo er theoretisch signifikant ist,[43] und entsprechend zur *Psychologie*, wo er ebenfalls konzeptuell entfaltet wird.[44]

Dieser Hinweis auf einen werkimmanenten Zusammenhang läßt sich darüber hinaus um den Hinweis auf einen geistesgeschichtlichen Zusammenhang ergänzen, denn diese Subjekt- und Bewußtseinstheorie erinnert prima facie an zeitgenössische Theorien ganz anderer Couleur. Edmund Husserl, der den Psychologen James schon früh gelesen hatte, sollte mit dem Prinzip der *Retention* ein zumindest strukturell vergleichbares Konzept vertreten.[45] Und wenn

42 Zu den Grundzügen von James' Wahrnehmungstheorie vgl. Kathrin Glüer, »Putnam, James und die Wahrnehmung«, in: *Hilary Putnam und die Tradition des Pragmatismus*, hg. v. Marie-Luise Raters und Marcus Willaschek, Frankfurt/M. 2002, S. 151-172, insb. S. 154-159.

43 Vgl. Works VIII (*Principles of Psychology*, a. a. O.), S. 323 f. Die Ursprünge allerdings reichen wohl bis zu dem bereits genannten Aufsatz »On Some Omissions of Introspective Psychology« aus dem Jahre 1884 zurück, in dem der Begriff selbst zwar nicht fällt, der Sache nach aber schon angelegt scheint: »The only thing that can see the pure feelings as a cluster [...] is a later segment of the stream, to which the ›pure‹ segments and their content appear as objects. It is a peculiarity of the stream that its several parts are susceptible of becoming objects for each other. We cannot explain this peculiarity any more than we can explain any other cognition. As a matter of fact, *every* segment of the stream is cognitive, and seems to look at an object other than itself; and when this object turns out to be a past segment, we say the present one remembers it.« (Works XIII [*Essays in Psychology*, a. a. O.], S. 151.)

44 Vgl. *Psychologie*, a. a. O., S. 203 ff.; Works XIV (*Psychology: Briefer Course*, Cambridge/London 1984), S. 181 f.

45 Husserl hat James ab 1891/92 gelesen. Die Bedeutung, die diese Lektüre für ihn hatte, beschrieb er folgendermaßen: »James' Psychologie, von der ich nur einiges und ganz weniges lesen konnte, gab einige Blitze. Ich sah, wie ein kühner und origineller Mann sich durch keine Tradition binden ließ und, was er schaute, wirklich festzuhalten und zu beschreiben suchte. Es war wohl dieser Einfluß nicht ohne Bedeutung für mich, obschon ich doch gar wenige Seiten zu lesen und zu verstehen vermochte.« (Zitiert nach Karl Schuhmann, *Husserl-Chronik. Denk- und Lebensweg Edmund Husserls*, Den Haag 1977, S. 32.)

Ernst Mach schreibt, daß die einzelne Empfindung »weder bewußt noch unbewußt« sei, sondern erst durch die »Einordnung in die Erlebnisse der Gegenwart« bewußt werde, dann erinnert auch dies jedenfalls ansatzweise an den James'schen Begriff der Aneignung.[46] Einer avancierten James-Forschung wird es vor diesem Hintergrund immer auch darum gehen müssen, die Reinterpretation des Subjekt-Objekt-Dualismus und die damit einhergehende Neufassung des Bewußtseinsbegriffs einerseits in den werkimmanenten Kontext der psychologischen Theorie der Aneignung und andererseits in den philosophiehistorischen Kontext zu stellen. So ließe sich vielleicht nicht nur erweisen, daß ein wichtiger Aspekt des radikalen Empirismus einen wichtigen Aspekt der James'schen Psychologie fortführt; es ließe sich auch untersuchen, wie wichtig die *Principles of Psychology* für die Entwicklung der kontinentaleuropäischen Philosophie der Jahrhundertwende tatsächlich sind.

Für den zweiten wichtigen Fall der kognitiven Beziehung nun, den James nicht weniger ausführlich erörtert, ist die Semantik des Subjekt-Objekt-Dualismus eine vollkommen andere.

Auch wenn James das kognitive Subjekt prinzipiell nur noch als den ›vorüberziehenden Gedanken‹ ausweist, um auf diese Weise jede essentialistische Konnotation des Subjektbegriffs zu vermeiden, so schließt das nicht aus, im Falle unterschiedlicher Typen kognitiver Beziehungen unterschiedliche Bedeutungsaspekte des Begriffs des kognitiven Subjekts zugrunde zu legen. Bei einer kognitiven Beziehung wie der der Wahrnehmung von einem kognitiven Subjekt zu sprechen, ist auf andere Weise sinnvoll, als dies im Falle einer kognitiven Beziehung wie der des abstrakten ›Wissens-über‹ einen Gegenstand zu tun. Kenntnis von einem Gegenstand zu haben, der nicht in der unmittelbaren Wahrnehmung gegeben ist, ist eine andere Form des kognitiven Bezugs, wie er sich in der Wahrnehmung selbst realisieren kann. James' Ausführungen zu dieser kognitiven Beziehung werden entsprechend von gänzlich anderen Faktoren geleitet. Der hier maßgebliche Faktor ist das Moment von *vermittelnden Erfahrungen*, die Subjekt und Objekt dieser abstrakten kognitiven Beziehung allererst in eine wahrhaftige kognitive Beziehung set-

46 Ernst Mach, *Erkenntnis und Irrtum. Skizzen zur Psychologie der Forschung*, 5. Aufl. Leipzig 1926, S. 44. Zu diesem Aspekt der ›Kontextualisierung‹ bei Mach und Husserl vgl. Manfred Sommer, *Evidenz im Augenblick. Eine Phänomenologie der reinen Empfindung*, Frankfurt/M. 1996, S. 81 f., 111, 157 ff.

zen. James gibt folgendes Beispiel: Habe ich eine Vorstellung der ›Memorial Hall‹ in Cambridge in meinem Kopf, ohne sie gleichzeitig zu sehen, dann ist die Legitimität des deskriptiven Anspruchs dieser Vorstellung erst dann erwiesen, wenn ich durch vermittelnde Erfahrungen zu diesem Gebäude hingeführt worden bin und seiner ansichtig werde (siehe S. 36 f. in diesem Band). Diesen Aspekt des Hinführens zu jenem Wahrnehmungsgegenstand, der zuvor allein vorgestellt wurde, begreift James als Verifikation der ursprünglichen Vorstellung, als Verifikation dessen, was er ›potentielle Kenntnis‹ nennt. Auf diese Weise kommt er zu einem Neuverständnis des *Gegenstandsbezugs* und damit zugleich zu einer zweiten Variante des Subjekt-Objekt-Dualismus. In welchem Sinne dieser empirisch begründet wird, zeigt das folgende Zitat:

> Wissen über wahrnehmbare Wirklichkeiten entsteht dementsprechend innerhalb des Erfahrungsgewebes. Es ist *gemacht*, und zwar durch Beziehungen, die sich in der Zeit entfalten. Wann immer bestimmte vermittelnde Glieder gegeben sind, und zwar so, daß es in ihrer Entfaltung auf den Endpunkt hin eine von Punkt zu Punkt einer bestimmten Richtung folgende und einen bestimmten Prozeß abschließende Erfahrung gibt, dann ist die Folge diese, daß *ihr Ausgangspunkt dadurch zu einem kognitiven Subjekt und ihr Endpunkt zu einem gemeinten oder gekannten Gegenstand wird.* Etwas anderes kann unter Kenntnis (in dem hier betrachteten einfachen Fall) nicht verstanden werden, hierin besteht ihr ganzes Wesen, formuliert in empirischen Ausdrücken. (S. 38 in diesem Band.)

Die Potentialität, die im Falle dieser kognitiven Beziehung besteht, ist damit eine gänzlich andere als jene Potentialität von Subjekt und Objekt, die der reinen Erfahrung inhäriert. Denn potentiell sind hier nicht Subjekt und Objekt (als jeweils mögliche Geltungsdimensionen eines Ursprünglichen), da schließlich beide bereits vor der Verifikation und ganz unabhängig von den vermittelnden Erfahrungen existieren, durch die die Trennung beider Sphären überbrückt wird. Potentiell ist hier vielmehr der veridische Status einer Vorstellung und entsprechend auch die Qualifizierbarkeit eines Gegenstandes als eines solchen, der gekannt wird. Da die Aktualisierung beider Momente durch eine Verifikation geschieht, unter der James wesentlich ein ›Hinführen zu‹ und ein ›Münden in‹ versteht, ist diese Form des Gegenstandsbezugs durch ein spezifisch empirisches Wahrheitskriterium gekennzeichnet, das die nur wenige Jahre

später unternommene *pragmatistische* Reinterpretation der Thomasischen Wahrheitsdefinition (*veritas est adaequatio intellectus et rei*) interessanterweise antizipiert.
James selbst warnte allerdings einmal davor, Pragmatismus und den radikalen Empirismus der Jahre 1904/05 in einen unmittelbaren Zusammenhang zu stellen: »Um zumindest dieses eine Mißverständnis zu vermeiden, möchte ich betonen, daß es keine logische Verbindung gibt zwischen dem Pragmatismus, wie ich ihn verstehe, und der von mir kürzlich begründeten Lehre des ›radikalen Empirismus‹. Letztere steht auf eigenen Füßen. Man kann sie völlig ablehnen und trotzdem Pragmatist sein.«[47] Mit diesen Worten beschließt William James das Vorwort zu seinem Pragmatismus-Buch. Ob er damit Mißverständnisse vermeiden konnte, ist allerdings fraglich. Denn: Wer ihm in diesem Punkt unkritisch folgte und fortan der Meinung war, daß Pragmatismus und radikaler Empirismus in inhaltlicher Hinsicht unabhängig voneinander seien, der hat sich eventuell ein nur unvollständiges Bild vom Pragmatismus machen können. Im nun folgenden letzten Abschnitt soll allerdings weniger das Verhältnis von radikalem Empirismus und Pragmatismus erörtert werden, als vielmehr der Pragmatismus selbst. Drei der in diesem Band versammelten Texte sind Arbeiten auf diesem Gebiet: »Humanismus und Wahrheit«, »Die Bedeutung des Wortes ›Wahrheit‹« sowie »Die pragmatistische Darstellung der Wahrheit und ihre Fehldeutungen«. Mit ihnen läßt sich das Bild von der ›neuen‹ Philosophie, wie es in den berühmten Vorlesungen zum Pragmatismus präsentiert wird, wesentlich erweitern. Andererseits ist die Rezeption dieser Arbeiten ihrerseits auf einen Kontext angewiesen. Diesen Kontext bildet unter anderem das von James in seinen Vorlesungen vorgetragene Philosophieverständnis, das abschließend zu thematisieren und an jenes »Diskursuniversum« zurückzubinden ist, von dem James in einer seiner kleineren Arbeiten auf so aufschlußreiche Art und Weise spricht.

47 William James, *Pragmatismus. Ein neuer Name für einige alte Denkweisen*, übersetzt und mit einer Einleitung herausgegeben von Klaus Schubert und Axel Spree, Darmstadt 2001, S. 34.

Der Pragmatismus von William James ist zweierlei: eine *Methode* und eine *Wahrheitstheorie*. Mit beidem wußte er an bestehende Konzeptionen anzuknüpfen (an die von Peirce in puncto Methode, an die von Dewey und F. C. S. Schiller in puncto Wahrheitstheorie). Und beides wurde schnell zum Gegenstand radikaler Kritik. Die scheinbar utilitaristische Ausdeutung des Wahrheitsbegriffs schien den Zeitgenossen unannehmbar. In der Folgezeit hat man sich dann vielfach von der prominenten Kritik Bertrand Russells beeindrucken lassen und den James'schen Wahrheitsbegriff für vernachlässigenswert gehalten.[48] In epistemologischer Hinsicht scheint dieser Wahrheitsbegriff in der Tat problematisch zu sein. Wird hier nicht die Rationalität einer der fundamentalsten Kategorien abendländischer Philosophie zugunsten der Ansprüche einer Ökonomie des menschlichen Lebens geopfert? Man ist zutiefst irritiert, wenn James das Wahrsein einer Einstellung, Überzeugung, Aussage etc. davon abhängig macht, ob sie sich in lebensweltlicher Hinsicht bewährt und entsprechend für eine produktive Entfaltung menschlicher Erfahrung sorgen kann. Diese Irritation kann in Ablehnung umschlagen. Sie kann aber auch hermeneutisches Movens werden und zu der Frage führen, ob es einen Grund gibt, diesem Wahrheitsbegriff eine zumindest werkimmanente Plausibilität zuzugestehen.

Einen solchen Grund scheint es zu geben. Er liegt in der Neuausrichtung der Philosophie – darin, diese mit einem neuen Selbstverständnis auszustatten. James unternimmt diese Neuausrichtung der Philosophie in der ersten Vorlesung seiner im Winter 1906/07 gehaltenen Vortragsreihe, in der er das Dilemma der gegenwärtigen Philosophie beschreibt und seinen Pragmatismus als die Lösung dieses Dilemmas anpreist.[49] Den späteren Ausführungen darüber, was Methode und Wahrheit aus pragmatistischer Sicht sind, geht also die historische Selbstsituierung des Pragmatismus voran, mit der zu-

48 Vgl. Bertrand Russell, »James's Conception of Truth«, in: ders., *Philosophical Essays* (1910), London/New York 1994, S. 112-130.

49 Über Aspekte von James' pragmatistischem Philosophiebegriff, die hier nicht zur Sprache kommen, informiert Klaus Oehler, »Die pragmatistische Konzeption der Philosophie«, in: *Pragmatismus. Ein neuer Name für einige alte Wege des Denkens* (Klassiker Auslegen, Bd. 21), hg. v. Klaus Oehler, Berlin 2000, S. 17-31.

gleich eine Funktionsbestimmung der Philosophie vorgenommen werden soll. Was der Pragmatismus zu Methode und Wahrheit zu sagen hat, sollte aus diesem Grunde niemals unabhängig von dem fundamentalistischen Anspruch dieser Philosophie betrachtet werden. Als Fundamentalist intendiert James die Grundlegung einer neuen Philosophie; das Neue aber ist für den in bestimmter Hinsicht konservativen Denker nicht ohne das Alte zu formieren. Und so geht es diesem Pragmatisten in der Grundlegung einer zeitgemäßen Philosophie immer auch um *Versöhnung*. Tatsächlich bezeichnet James den Pragmatismus als »Vermittler und Versöhner«,[50] worin er ein wesentliches Merkmal seiner Philosophie zu sehen scheint. Wenn wir uns die Hintergründe dieses Motivs vergegenwärtigen, dann sind zwei Aspekte zu berücksichtigen.

Zum einen gibt es zwischen der ›genetischen‹ Wahrheitstheorie, wie James sie in der zweiten Vorlesung mit Rekurs auf Dewey und Schiller referiert, und dem Pragmatismus selbst die interessante Parallele, daß das Moment der Vermittlung und Versöhnung hier wie dort von zentraler Bedeutung ist. Die ›genetische‹ Theorie der Wahrheit bildet für James den theoretischen Höhepunkt in der Entwicklung des modernen Wahrheitsbegriffs. Nach der Verabschiedung absoluter Ansprüche habe sich in den Naturwissenschaften die Auffassung durchgesetzt, daß Gesetze nichts weiter als Annäherungsformeln sind, die ihren Dienst im Fortgang der Wissenschaften in praktischer Hinsicht unter Beweis stellen. Dewey und Schiller sind für James Philosophen, mit denen diese grundsätzliche Relativierung des Wahrheitsbegriffs ihre philosophische Zuspitzung und Begründung erfährt. Danach sind solche Vorstellungen wahr, die in der Lage sind, zwischen alten Wahrheiten und neuen Erfahrungen zu vermitteln. Tatsächlich bemüht sich James, diesen Vermittlungsaspekt als das entscheidende Kriterium der Wahrheit vorzuführen. »Die neue Wahrheit«, lesen wir, »ist immer ein Mittler, etwas, wodurch Übergänge erleichtert werden. Sie vereinigt alte Ansichten mit neuen Tatsachen, und zwar mit einem Minimum an Erschütterung und einem Maximum an Kontinuität.«[51]

Und so möchte man fragen, ob sich James dieses Resultat der ›genetischen‹ Wahrheitstheorie nicht in besonderer Weise zu eigen ge-

50 James, *Pragmatismus*, a. a. O., S. 77.
51 Ebd., S. 68.

macht und darin einen Imperativ für ein menschliches Denken der besonderen Art, der Philosophie nämlich, gesehen hat. Das Gesetz der Vermittlung und Versöhnung ist zwar zunächst nur ein deskriptives, aus einer Psychologie menschlichen Denkens gewonnenes Gesetz, das per se sicherlich ohne normative Verbindlichkeit für jedwede Philosophie ist. Um so auffälliger ist, daß James den Pragmatismus eben nicht nur als »Vermittler und Versöhner« bezeichnet, sondern auch der Meinung ist, er bringe »Altes und Neues in einen harmonischen Zusammenhang«.[52] Es bliebe zu untersuchen, ob hierin eine methodische Konsequenz der Einsicht in die Unhintergehbarkeit eines nunmehr erkannten Vermittlungsgesetzes für die Herausbildung menschlicher Wahrheiten gesehen werden darf. Pragmatistische Versöhnung wäre dann gleichsam Versöhnung auf höherer Stufe – auf dem Niveau philosophischer Reflexion. Ob James die pragmatistische Versöhnung nun als methodische Wiederholung eines anthropologisch verankerten Gesetzes der Meinungs- und Wahrheitsbildung hat inszenieren wollen oder nicht, ist allerdings völlig unerheblich für die Feststellung, daß das Prinzip der Versöhnung ein entscheidendes Motiv des Pragmatismus in seiner philosophiegeschichtlichen Selbstvergewisserung ist. Ich komme damit zum zweiten Aspekt des Versöhnungsmotivs, der auf die Frage nach der Neuausrichtung der Philosophie zurückführt.

Die eigentliche Provokation dieser Neuausrichtung besteht in ihrer sympathetischen Grundhaltung gegenüber den außerakademischen Ansprüchen, die Menschen gemeinhin an die Philosophie stellen. Der Pragmatist erweist sich als Komplize des Common sense. Nicht mehr philosophieimmanente Kriterien entscheiden über Erfolg oder Mißerfolg einer Philosophie, sondern ihre Aufnahme und Beurteilung durch die Bürger. Die Zuhörer seiner ersten Vorlesung spricht James dabei konkret als die Subjekte der Legitimation an: »Wir Philosophen müssen mit solchen Gefühlen Ihrerseits rechnen. Schließlich, ich wiederhole mich, werden all unsere Philosophien letztlich auf diese Weise beurteilt. Die überzeugende Sichtweise wird am Ende diejenige sein, die den umfassendsten *Eindruck* bei normal denkenden Menschen hinterläßt.«[53]

Diese Verlagerung des Beurteilungsstandpunktes bleibt nicht vage oder ohne System. James unterscheidet drei Betrachtungsperspekti-

52 Ebd., S. 72.

53 Ebd., S. 57.

ven: die Sichtweise des philosophischen *Laien*, des philosophischen *Amateurs* und des *professionellen Philosophen*. Den Laien zeichnet aus, mit Widersprüchen zwischen den Aussagen unterschiedlicher philosophischer Strömungen leben und ein »Mischmasch-System«[54] akzeptieren zu können. Das gilt allerdings nicht für den philosophischen Amateur, der von der Philosophie ein gewisses Stringenzniveau verlangt und durch zu viel Inkonsequenz, Unbestimmtheit und Widersprüchlichkeit zwischen verschiedenen Philosophien beunruhigt wird. Das Bedürfnis nach Kohärenz ist jedoch nicht das einzige Merkmal, das James dem philosophisch sensibilisierten Mitmenschen seiner Zeit attestiert. Denn wie alle Menschen dieser Zeit, so erlebt auch er in sich das spannungsgeladene Verhältnis von Realismus und Idealismus in Form von konkreten Bedürfnissen. Zum einen, so James, hat es nie so viele Menschen mit einer so entschieden »empiristischen Orientierung«[55] gegeben, d. h., niemals zuvor habe es so viele Menschen gegeben, deren Sinn für Realismus, Weltzugewandtheit und Tatsachenbezug so ausgeprägt gewesen sei wie zu seiner Zeit. Zum anderen aber bedeute diese Haltung keinesfalls die vollkommene Säkularisierung, denn mit einem grundlegenden Bedürfnis nach metaphysischem oder auch religiösem Trost lebe in der Gegenwart immer auch eine spezifische Form der Religiosität fort. Diese spannungsreiche Disposition, zusammen mit dem Bedürfnis nach Kohärenz philosophischer Sätze, zeichnet den philosophischen Amateur aus.

Die Konsequenzen für die Evaluierungspraxis sind offensichtlich: Urteilt dieser philosophisch sensibilisierte Mitmensch über die Philosophie, dann immer auf einem Standpunkt, von dem aus er den Wert der Philosophie vornehmlich von der Frage abhängig macht, ob sie den Ansprüchen seiner spezifischen Disposition genügen kann, also wirklichkeitsorientiert und religiös gleichermaßen ist. Für ein Verständnis des James'schen Pragmatismus ist es nun wichtig zu beachten, daß William James diesen Standpunkt selbst einnimmt und auf diese Weise das initiiert, was man den *pragmatischen Perspektivenwechsel* nennen könnte. Die Funktion dieses Perspektivenwechsels, wie er uns in der ersten Vorlesung begegnet, besteht darin, das Profil des modernen Menschen zu zeichnen und die Philosophie mit Blick auf dieses Profil neu zu entwerfen, d. h. die Phi-

54 Ebd., S. 46.

55 Ebd.

losophie dem modernen Menschen anzumessen. Die von James vorgefundene Philosophie seiner Zeit wird seiner Meinung nach den Sinnbedürfnissen des modernen Menschen nicht gerecht, schließt nicht an sein Selbstverständnis an. Gemessen an den Ansprüchen, die man an sie zu richten hat, so der Impuls, versage die Gegenwartsphilosophie. James formuliert dabei ein Dilemma innerhalb der Philosophie, das eben nicht aus den Ansprüchen der professionellen Philosophie erwächst, sondern mit dem Standpunkt einer Gemeinde philosophischer Geister begründet wird. Dieses Dilemma ergibt sich mit Blick auf die zwei philosophischen Hauptströmungen, Empirismus und Rationalismus, die sich gegenseitig ausschließen und aus diesem Grunde nicht in Frage kommen, der Bedürfnisstruktur des ausgewählten Zeitgenossen gerecht zu werden. Der Empirismus könne zwar einen Zugang zur Welt menschlicher Lebendigkeiten herstellen, aber zugleich sei er inhuman und mit »Abkehr von der Religion« verbunden, während der Rationalismus zwar religiöse Motive habe, aber zugleich den Kontakt zur menschlichen Lebenswelt verloren habe.[56] Das Dilemma besteht deshalb darin, zwei philosophische Positionen vorzufinden, die nur gemeinsam die gesamte Bedürfnisdisposition dieses Zeitgenossen vollkommen befriedigen können, sich zugleich aber gegenseitig ausschließen. Die Auflösung dieses Dilemmas wird deshalb darin bestehen müssen, das jeweils positive Moment in Empirismus und Rationalismus zu berücksichtigen und in einer neuen Philosophie zusammenzuführen.

Der Pragmatismus ist diese neue Philosophie. Er weiß sich in seiner empiristischen Grundhaltung den menschlichen Tatsachen verbunden, verfällt aber nicht in den Naturalismus, Materialismus und Atheismus, sondern hält an der Notwendigkeit fest, das religiöse Bedürfnis des Menschen zu befriedigen: »Ich biete Ihnen das Ding mit dem kuriosen Namen Pragmatismus als eine Philosophie an, die beide Arten von Forderungen befriedigen kann. Diese Philosophie kann religiös sein wie der Rationalismus, aber zugleich kann sie, wie der Empirismus, auch nahe an den Tatsachen bleiben.«[57] In diesem Sinne kann James den Pragmatismus schließlich als Vermittler und Versöhner bezeichnen. Die mit der Versöhnung ›dämmernde Morgenröte‹ kündet so von einer neuen Philosophie, und entsprechend

56 Ebd., S. 49.

57 Ebd., S. 55.

einer unter neuen Bedingungen sich artikulierenden Philosophie entfaltet der Pragmatismus eine Methode und Wahrheitstheorie, die als Spiegelbild eines dem pragmatischen Perspektivenwechsel angepaßten philosophischen Selbstverständnisses betrachtet werden könnten. Betrachten wir vor diesem Hintergrund kurz die pragmatistische Wahrheitskonzeption.

»Unsere Konzeption der Wahrheit ist eine Konzeption von Wahrheiten im Plural, von Prozessen des Hinführens, die *in rebus* vollzogen werden und nur die eine Eigenschaft gemeinsam haben, daß sie sich *bezahlt machen*.«[58] Ein Satz wie dieser scheint das weitverbreitete Urteil über den James'schen Pragmatismus, er sei im Grunde genommen nichts weiter als ein epistemologischer Utilitarismus, nur zu bestätigen. Bei genauerem Hinsehen allerdings zeigt sich, daß zumindest dieser Satz denkbar ungeeignet ist, James zu unterstellen, er würde praktische Nützlichkeit als ein wesentliches Kriterium der Wahrheit auszeichnen. Denn hier wird nur behauptet, daß Wahrheiten sich bezahlt machen – und nicht etwa, daß etwas wahr ist, wenn es sich bezahlt mache. Wer aber würde bestreiten, daß sich Wahrheiten bezahlt machen können? Eine andere Textstelle wiederum scheint freilich jeden Versuch zunichte zu machen, den pragmatistischen Wahrheitsbegriff zu retten. Schreibt James doch klar und deutlich, man könne entweder sagen, daß eine Vorstellung »nützlich ist, weil sie wahr, oder auch, daß sie wahr ist, weil sie nützlich ist«.[59] Weiter allerdings heißt es: »›Wahr‹ bezeichnet jede Vorstellung, die den Verifikationsprozeß auslöst, ›nützlich‹ bezeichnet deren perfektes Funktionieren in der Erfahrungswelt. Wahre Vorstellungen wären nie als solche herausgestellt worden und hätten nie eine spezifische Bezeichnung erhalten – schon gar nicht eine Bezeichnung, die einen bestimmten positiven Wert impliziert –, wenn sie nicht von Anfang an in dieser Weise nützlich gewesen wären.«[60] Diesen Worten zufolge scheint die Nützlichkeit einer Vorstellung weniger als Wahrheitskriterium denn als Grund dafür ausgewiesen zu werden, die Eigenschaft ›wahr‹ sprachlich zu fixieren. Und es kommt zum Ausdruck, daß Wahrheit und Nützlichkeit zusammen auftreten. Muß das indes notwendig der Fall sein? Nein, wie die Ausführungen zum sogenannten ›Prototyp des Wahrheitsprozesses‹ zeigen:

58 Ebd., S. 141.
59 Ebd., S. 134.
60 Ebd.

Der Besitz der Wahrheit ist eben kein Selbstzweck, sondern lediglich ein Hilfsmittel zur Befriedigung anderer vitaler Bedürfnisse. Wenn ich mich im Wald verlaufen und nichts zu essen habe und dann etwas entdecke, was wie ein Kuhpfad aussieht, so ist es von allerhöchster Wichtigkeit, daß ich mir an seinem Ende eine menschliche Ansiedlung vorstelle; denn wenn ich dies tue und dem Pfad folge, werde ich mich retten. Der wahre Gedanke ist hier also nützlich, weil sein Gegenstand, das Gebäude, nützlich ist. So leitet sich der praktische Wert von wahren Vorstellungen in erster Linie von der praktischen Wichtigkeit ihrer Gegenstände ab. Tatsächlich sind diese Gegenstände nicht zu allen Zeiten gleich wichtig. Bei anderer Gelegenheit hätte ich vielleicht keine Verwendung für das Haus, und dann wäre meine Vorstellung von ihm zwar verifizierbar, aber für praktische Zwecke irrelevant, und so wäre sie besser latent geblieben.[61]

Vorstellungen, die auf konkrete Gegenstände bezogen sind, können demnach wahr sein, ohne nützlich zu sein. Denn die Vorstellung vom Gebäude am Ende des Kuhpfads wird sich nur dann als nicht nur wahr, sondern auch nützlich erweisen, wenn der Wanderer auf die Hilfe anderer Menschen angewiesen ist. Ohne dieses Angewiesensein kann das mentale Bild vom Gebäude zwar bewahrheitet werden, sich aber nicht als nützlich erweisen. Und so läßt sich zumindest an dieser Form des gegenständlichen Wirklichkeitsbezugs festmachen, daß man gute Gründe hat, den Aspekt der Nützlichkeit als etwas zur Wahrheit Hinzukommendes zu betrachten.[62] Was den Pragmatisten James jedoch interessiert, ist nicht die wahre, aber nutzlose, sondern die wahre und nützliche Vorstellung, und entsprechend widmet sich die pragmatistische Wahrheitstheorie dem spezifisch praktischen Aspekt der Wahrheit.

Dieses Interesse hat der radikale Empirist James nicht gezeigt. Es fällt leicht, in dem Kuhpfadbeispiel eine Variation des bereits skizzierten Memorial-Hall-Beispiels zu erkennen (s. o., S. 182). Hier wie dort hat jemand die Vorstellung eines Gebäudes, zu dem er durch

61 Ebd.

62 James unterscheidet verschiedene Wirklichkeiten und variiert dabei die Semantik der Begriffe Übereinstimmung, Führung und Verifikation. Zu James' Wahrheitsbegriff vgl. ausführlich Kai-Michael Hingst, *Perspektivismus und Pragmatismus. Ein Vergleich auf der Grundlage der Wahrheitsbegriffe und Religionsphilosophien von Nietzsche und James*, Würzburg 1998, S. 139-186. Vgl. auch ders., »James' pragmatistische Deutung der Korrespondenztheorie der Wahrheit«, in: *Pragmatismus*, a. a. O., S. 131-164.

diese Vorstellung hingeführt wird, die also durch einen Prozeß der sich entfaltenden Erfahrung verifiziert werden kann. Allerdings gibt es eine entscheidende Verschiebung: Während es James in dem Aufsatz »Eine Welt der reinen Erfahrung« darum ging, das Prädikat ›wahr‹ im Rahmen einer Theorie der kognitiven Beziehung zu gewinnen, so interessiert sich der Pragmatist James nicht mehr für diese rein erkenntnistheoretische Dimension, sondern lenkt den Blick auf den Aspekt der Nützlichkeit, mit dem der Begriff der Wahrheit nunmehr zusammenzudenken ist.

Dieser pragmatistische ›Mehrwert‹ gegenüber der radikalempiristischen Ausführung könnte als Konsequenz dessen verstanden werden, was ich den pragmatischen Perspektivenwechsel genannt habe. Im Rahmen einer lebensweltlich ausgerichteten Philosophie war mehr zu leisten als eine rein erkenntnistheoretische Revolution, wie sie die Reinterpretation des Subjekt-Objekt-Dualismus im Grunde beabsichtigte. Die Verquickung von Nutzen und Wahrheit ist das Ergebnis einer zweiten Revolution, die nicht mehr den rein theoretischen, sondern den praktischen Geist befriedigen sollte – und die aus diesem Grunde auch weniger eine unbedingt gültige Theorie der Wahrheit im Sinne gehabt haben könnte. Ob sich im Zuge des pragmatischen Perspektivenwechsels eine Relativierung der Wahrheitstheorie als solcher einstellt, d. h. eine Relativierung der Ansprüche, die James mit ihr verbindet, läßt sich exemplarisch im Rekurs auf einen Ausdruck diskutieren, den James wiederholt verwendet. Die Rede ist vom Begriff des *Diskursuniversums.*

Begriffsgeschichtlich führt der Begriff des Diskursuniversums auf die Logik des 19. Jahrhunderts zurück. Wahrscheinlich war es George Boole, der den Ausdruck ›universe of discourse‹ als erster verwendete, wenn auch Augustus de Morgan derjenige war, auf den sich in sachlicher Hinsicht nicht nur Boole selbst, sondern später auch Peirce bezog.[63] Booles Grundgedanke bestand darin, daß Aus-

63 Einen Überblick über die Entwicklung dieses Begriffs von den Ursprüngen bei Boole über die pragmatistische Weiterentwicklung bei Peirce bis hin zur Verwendung bei Mead und Cassirer gibt Helge Schalk, »Diskurs. Zwischen Allerweltswort und philosophischem Begriff«, in: *Archiv für Begriffsgeschichte* 40 (1997/98), S. 56-104, hier 92-100 (»Vom Diskurs zum Diskursuniversum«). Zu Peirce vgl. Helmut Pape, »Einleitung«, in: Charles S. Peirce, *Semiotische Schriften*, Bd. 3, 1906-1913, herausgegeben und übersetzt von Christian Kloesel und Helmut Pape, Frankfurt/M. 1993, S. 46-55 (»Der Begriff des Diskursuniversums«).

sagen stets abhängig sind von einem ›Feld‹, innerhalb dessen sich die Gegenstände befinden, auf die sich diese Aussagen beziehen. Dieses Feld nannte Boole das Diskursuniversum. Da dieses Diskursuniversum in der Regel beschränkt ist, müssen die entsprechenden Aussagen als bezogen auf einen *eingeschränkten* Gegenstandsbereich gesehen werden. In diesem Sinne sprach Boole auch von einem »ultimate *subject* of discourse«.[64] Insbesondere Peirce hat den Begriff des Diskursuniversums für eine allgemeine Bedeutungstheorie fruchtbar machen wollen, der zufolge das Verstehen sprachlicher Äußerungen immer von dem Diskursuniversum, d. h. dem Kontext, abhängig ist, in dem diese sprachlichen Äußerungen vorgenommen werden. Wie Boole und andere Logiker mit diesem Begriff das »semantische Problem eines geeignet eingeschränkten Gegenstandsbezugs«[65] lösen wollten, so ging es auch Peirce um die durch ein spezifisches Diskursuniversum begründbare Limitation eines Geltungsbereichs von Aussagen und Gedanken.

William James verwendet den Begriff des Diskursuniversums an unterschiedlichen Stellen, ohne allerdings dessen logische und semiotische Tradition zu erwähnen oder den Versuch zu unternehmen, den Stellenwert dieses Begriffs im Rahmen seiner eigenen Philosophie zu konturieren. So beginnt er etwa die für den radikalen Empirismus zentrale Diskussion des Begriffs der Beziehung unter Verwendung dieses Ausdrucks (siehe S. 30 in diesem Band). Systematisch relevant ist der Begriff allerdings im Kontext des Pragmatismus, wie die abschließende Diskussion deutlich machen soll.

In der vierten Vorlesung zum Pragmatismus, die mit Monismus und Pluralismus beschäftigt ist, stellt sich James die Frage nach der Bedeutung des Begriffs der Einheit. Unter anderem könne unter Einheit die Bezeichnung des Einen verstanden werden, das er sogleich als das *Diskursuniversum* qualifiziert. Neben dieser Bedeutung gebe es allerdings noch die Bedeutung des *einen Allwissenden*. Für diejenigen, die Einheit in der Regel mit einem Allwissenden assoziieren, gelte, daß die Teile der Welt dieses Allwissenden in seinem »ewigen Traum, diesem einen, logisch-ästhetisch-teleologischen Einheitsbild, miteinander zusammenhängen«. Für James allerdings sei es unmöglich, die Beschaffenheit dieses vom Allwissenden be-

64 Vgl. George Boole, *An Investigation of the Laws of Thought, on which are founded the Mathematical Theories of Logic and Probabilities*, London 1854, S. 42.

65 Pape, »Einleitung«, a. a. O., S. 49.

dingten Bildes der Einheit klar und deutlich vorzustellen, was ihn zu der polemischen Bemerkung veranlaßt, eine angemessene Interpretation des absoluten Monismus bleibe dem Mystizismus vorbehalten.[66]

Um von dieser Passage zu jener überzuleiten, in der der Begriff des Diskursuniversums sich als systematisch bedeutsam erweisen könnte, bleibt festzuhalten und auszulegen, als was der Allwissende diesen Worten zufolge fungiert und welche Möglichkeiten er dem philosophischen Begründungsbedürfnis gewährt. Als Allwissender ist er nicht nur das metaphysische Subjekt des Wissens, sondern auch das metaphysische Subjekt, das in seiner Allwissenheit die Einheit der Welt bedingt und garantiert. Die Metaphorik des Traumes hat naturgemäß die Leistungsfähigkeit, diese beiden Aspekte gemeinsam zur Geltung zu bringen, denn die strukturelle Einheit des Traumbildes geht ja notwendig auf die Struktur ihrer ›kognitiven‹ Entstehung zurück. Ist die Welt einmal entsprechend als Traum dieses metaphysischen Subjekts hingestellt, kann ihre Einheit mit dem Standpunkt dieses außerweltlichen Subjekts begründet werden, indem man diesen Standpunkt intellektuell selbst einnimmt und die Welt aus der Perspektive ihres Urhebers als Einheit sehen und begreifen lernt. Die Metaphorik des Traumes entfaltet sich, so besehen, zu einer metaphysischen Begründungsrelation, die wesentlich auf der Idee des veränderten Standpunktes basiert und Weltwissen entsprechend mit Perspektivenwechsel begründet. Die spezifische Relation nun von Begründungsstandpunkt und Welt ist es, die an anderer Stelle von maßgeblicher Bedeutung ist, wenn auch, wie zu zeigen bleibt, in einem entscheidenden Aspekt verändert.

Interessanterweise handelt es sich dabei nicht um die Vorlesungen zum Pragmatismus selbst, sondern um einen Aufsatz mit dem Titel »Die pragmatistische Darstellung der Wahrheit und ihre Fehldeutungen« (S. 117-138 in diesem Band), in dem James zur konzentrierten *Verteidigung* des Pragmatismus ansetzt. In dieser Verteidigung argumentiert er auffallend häufig unter Verwendung des in Frage stehenden Begriffs. Zur aufschlußreichsten Verwendung sieht er sich leider nur in einer Fußnote veranlaßt, die aus diesem Grunde hier einmal vollständig zitiert zu werden verdient:

66 Vgl. James, *Pragmatismus*, a. a. O., S. 110. Die Übersetzer wählen in ihrer Übertragung von ›universe of discourse‹ allerdings nicht den Ausdruck ›Diskursuniversum‹, sondern »*Uni*versum [...], wie wir es in unserer Sprache antreffen«.

Der transzendentale Idealist denkt, daß die endlichen Geisteszustände in unerklärlicher Weise identisch sind mit dem überendlichen Allwissenden [*all-knower*], den zu postulieren er sich genötigt sieht, um ein *fundamentum* für die kognitive Beziehung, wie er sie versteht, bereitzustellen. Pragmatisten können die Frage nach der Identität offen lassen. Aber wollen sie einen Fall von Kenntnis *beweisen*, dann kommen sie genausowenig ohne denjenigen aus, der eine umfassendere Kenntnis besitzt [*wider knower*], wie sie auch nicht ohne die Wirklichkeit auskommen. Sie selbst spielen für das Diskursuniversum, das ihnen als Material für ihre erkenntnistheoretischen Ausführungen dient, die Rolle des absoluten Wissenden [*absolute knower*]. Sie bürgen dort für die Wirklichkeit sowie für das wahre Wissen über sie auf seiten des Subjekts. Aber ob das, was sie selbst über jenes ganze Universum sagen, objektiv wahr ist, d. h., ob die pragmatistische Theorie der Wahrheit *wirklich* wahr ist, dafür können sie nicht bürgen – sie können es nur glauben. So wie ich es mit meinen Lesern tue, so können sie ihren Hörern diese Theorie nur als etwas *vorschlagen*, daß *ambulando* zu verifizieren ist, oder in der Weise, in der ihre Konsequenzen sie bestätigen mögen. (S. 136 in diesem Band.)

Diese Worte werfen ein erhellendes Licht auf das Selbstverständnis der pragmatistischen Wahrheitstheorie. Mit ihnen unternimmt James die radikale Relativierung ihres Geltungsstatus. Warum er sie in eine Fußnote verbannt, bliebe zu beantworten. Vielleicht hatte er selbst eingesehen, daß er seinen sonst üblichen Impetus zur emphatischen Aufstellung seiner Wahrheitstheorie mit dieser Passage recht eigentlich konterkarierte und das pragmatistische Wahrheitsverständnis nunmehr selbst kritisch betrachtete. Wie dem auch sei, die Relativierung findet statt, und dies auf höchst interessante Art und Weise. Denn es ist der Pragmatist, dem hier ein Standpunkt zugewiesen wird, von dem aus er das ›Material‹ dieses Universums erkenntnistheoretisch inszeniert. Bei diesem ›Material‹ handelt es sich einerseits um die Wirklichkeit, andererseits um das Wissen von dieser Wirklichkeit. Als derjenige, der aufgrund seines besonderen Standpunktes ›absolutes‹ Wissen besitzt, ist der Pragmatist derjenige, der für diese zwei zentralen Aspekte des pragmatistischen Diskursuniversums bürgt, d. h. derjenige, der über Faktizität und Semantik zentraler Kategorien dieses Universums richtet. Nicht *sub specie aeternitatis* wird begründet, denn schließlich besteht die Begründungsrelation nicht zwischen ›metaphysischem‹ Standpunkt und empirischer Welt. James' Standpunkt ist ein durch und durch weltlicher, von dem aus er seinen limitierten Gegenstandsbereich des Diskursuniversums betrachtet und bewertet.

Um dieses ›Universum‹ des Pragmatisten zu verstehen, erscheint es sinnvoll, zunächst jenen Standpunkt zu verstehen, von dem aus er die Gesetze für dieses ›Universum‹ entwirft. Zu diesem Zweck sollte an den pragmatischen Perspektivenwechsel der Philosophie erinnert werden. Fallen pragmatistischer Begründungsstandpunkt und die neue philosophische Perspektive insofern zusammen, als jener Standpunkt diese Perspektive einnehmen läßt? Die Wahrheitstheorie kann vor dem Hintergrund der bisherigen Ausführungen nur noch als pragmatistische Interpretation eines ›Universums‹ gelten, in dem Wahrheit auch und vor allem zu einer zweckrationalen Kategorie jener wird, die handeln und leben wollen. Das Phänomen ›Wahrheit‹ interessiert hier vornehmlich aus der Perspektive derjenigen, die sie lebensweltlich für sich geltend machen können, und die Forderung an die Philosophie könnte entsprechend darin bestehen, Wahrheit theoretisch in einer Weise aufzuhellen, daß sich damit zugleich das menschliche Leben in seinen praktischen Bezügen erhellt und die Philosophie auf diese Weise ihre lebensdienliche Funktion erfüllen kann.

Sollten diese Überlegungen in die richtige Richtung zielen, dann liegen die Konsequenzen für eine angemessene Kritik einer solchen Wahrheitsauffassung auf der Hand. Denn dann muß diese Kritik dem James'schen Fundamentalismus folgen und zunächst die Legitimität des Standpunktes selbst und die damit verbundene Limitierung seiner Perspektive kritisch betrachten. Wer diese pragmatistische Wahrheitstheorie herausfordern wollte, müßte zunächst das James'sche Philosophieverständnis herausfordern, von dem die Wahrheitstheorie in nicht unerheblicher Weise abhängen könnte. Die Logik des Widerspruchs könnte sich dabei als von ganz neuer Qualität erweisen; in jedem Fall wäre diese Wahrheitstheorie vor solchen Interpreten geschützt, die sie dekontextualisieren, aus dem komplexen Geflecht der James'schen Philosophie herauslösen und so natürlich auf logische Widersprüche und andere Probleme stoßen müssen. Ob William James der Philosoph ist, der ausschließlich so gelesen werden kann, ist jedoch fraglich. Die interpretatorischen Implikationen des pragmatistischen ›Diskursuniversums‹ machen vor dem Begriff der Wahrheit nicht halt und lassen James als einen Philosophen erscheinen, der den lebensweltlichen Primat zwar dort verkündet, wo die abendländische Philosophie ihr Heiligstes gesehen hat, allerdings scheinbar nicht ohne diesen Primat an ein spezifisches Philosophieverständnis zu knüpfen und die Wahrheitstheorie auf diese Weise konsequent zu relativieren. Diese Beobachtung ist um so wichtiger, als James diese Relativierung dort vornimmt, wo er den Pragmatismus zu verteidigen sucht – in jenem Aufsatz mit dem Titel »Die pragmatistische Darstellung der Wahrheit und ihre Fehldeutungen«. Dieser Text erschließt den Kontext, und auf einen solchen ist James für uns heute nicht weniger angewiesen als jeder andere Denker auch, den wir zu verstehen suchen. Die Vorlesungen zum Pragmatismus allein sind tatsächlich ergänzungsbedürftig, und zwar um jene Texte, die den philosophischen Horizont dieses Autors deutlicher vor Augen führen. »Humanismus und Wahrheit« sowie »Die Bedeutung des Wortes ›Wahrheit‹« sind auf ihre Art und Weise hilfreich, diesen Zweck zu erfüllen. Sie fügen sich der allgemeinen Absicht des vorliegenden Bandes, der Diskussion um William James eine breitere Grundlage zu geben.

Wenn der Band mit dem Aufsatz »Die Philosophie und ihre Kritiker« schließt, ohne daß dieser unmittelbar im Kontext von Pragmatismus und radikalem Empirismus steht, dann auch und vor allem deshalb, um die wichtigste Grundlage überhaupt – das James'sche Philosophieverständnis – einmal unabhängig vom pragmatistischen Philosophiebegriff und dem damit verbundenen pragmatischen Perspektivenwechsel zu vermitteln. Dieser kurz vor seinem Tode entstandene Text zeigt einen Denker, der noch an die Einheit des Wissens sowie die integrative Funktion der Philosophie glaubte und in dieser Hinsicht nicht nur dem modernen Philosophie-, sondern auch dem modernen Wissenschaftsbegriff kritisch gegenüberstand. Und er zeigt, wie sehr James die Philosophie in historischer Entwicklung begriffen sah, als deren Glied er sich selbst verstand – und dies nicht zuletzt aufgrund seiner Beiträge zum Pragmatismus und radikalen Empirismus.

Textnachweise

1. »Gibt es ein ›Bewußtsein‹?«. Unter dem Titel »Does ›Consciousness‹ Exist?« zuerst erschienen im *Journal of Philosophy, Psychology, and Scientific Methods* 1 (1904), S. 477-491. Wiederabgedruckt in: William James, *Essays in Radical Empiricism*, London/New York 1912, S. 1-38, und in Works III (*Essays in Radical Empiricism*, Cambridge/London 1976), S. 3-19 (editorische Vorlage: Textversion aus *Journal of Philosophy, Psychology, and Scientific Methods*).

2. »Eine Welt der reinen Erfahrung«. Unter dem Titel »A World of Pure Experience« zuerst erschienen im *Journal of Philosophy, Psychology, and Scientific Methods* 1 (1904), S. 533-543 und 561-570. James hat die Abschnitte III-V fünf Jahre später in revidierter Form unter dem Titel »The Relation between Knower and Known« veröffentlicht in: *The Meaning of Truth. A Sequel to »Pragmatism«*, New York/Bombay 1909, S. 102-120 (wiederabgedruckt in Works II, *The Meaning of Truth*, Cambridge/London 1975, S. 61-69). Gesamttext wiederabgedruckt in: William James, *Essays in Radical Empiricism*, London/New York 1912, S. 39-91, und in Works III (*Essays in Radical Empiricism*, Cambridge/London 1976), S. 21-44 (editorische Vorlage: Textversion aus *Journal of Philosophy, Psychology, and Scientific Methods* und »The Relation between Knower and Known«, a. a. O.).

3. »Das Ding und seine Beziehungen«. Unter dem Titel »The Thing and Its Relations« zuerst erschienen im *Journal of Philosophy, Psychology, and Scientific Methods* 2 (1905), S. 29-41. Eine von James revidierte Fassung bildet den Anhang A in *A Pluralistic Universe* (New York 1909, S. 347-369). Perry hat die hier vorgenommenen Veränderungen für die Veröffentlichung in den *Essays in Radical Empiricism* (London/New York 1912, S. 92-122) berücksichtigt. Wiederabgedruckt in Works III (*Essays in Radical Empiricism*, Cambridge/London 1976), S. 45-59 (editorische Vorlage: Textversion aus *A Pluralistic Universe*, a. a. O.).

4. »Wie sich zwei Geister eines Dinges bewußt sein können«. Unter dem Titel »How Two Minds Can Know One Thing« zuerst erschienen im *Journal of Philosophy, Psychology, and Scientific Methods* 2 (1905), S. 176-181. Wiederabgedruckt in: William James, *Essays in Radical Empiricism*, London/New York 1912, S. 123-136, und in Works III (*Essays in Radical Empiricism*, Cambridge/London 1976), S. 61-67 (editorische Vorlage: Textversion aus *Journal of Philosophy, Psychology, and Scientific Methods*).

5. »Humanismus und Wahrheit«. Unter dem Titel »Humanism and Truth« zuerst erschienen in: *Mind* 13 (1904), S. 457-475. In revidierter Form wiederabgedruckt in: William James, *The Meaning of Truth. A Sequel to »Pragmatism«*, New York/Bombay 1909, S. 51-101, und in Works II (*The Meaning of Truth*, Cambridge/London 1975), S. 37-60 (editorische Vorlage: Textversion aus *The Meaning of Truth*, 1909).

6. »Die Bedeutung des Wortes ›Wahrheit‹«. Unter dem Titel »The Meaning of the Word ›Truth‹« zuerst erschienen in: *Mind* 17 (1908), S. 455-456. In revidierter Form wiederabgedruckt in: William James, *The Meaning of Truth. A Sequel to »Pragmatism«*, New York/Bombay 1909, S. 217-220, und in Works II (*The Meaning of Truth*, Cambridge/London 1975), S. 117-119 (editorische Vorlage: Textversion aus *The Meaning of Truth*, 1909).

7. »Die pragmatistische Darstellung der Wahrheit und ihre Fehldeutungen«. Unter dem Titel »The Pragmatist Account of Truth and Its Misunderstanders« zuerst erschienen in: *Philosophical Review* 17 (1908), S. 1-17. In revidierter Form wiederabgedruckt in: William James, *The Meaning of Truth. A Sequel to »Pragmatism«*, New York/Bombay 1909, S. 180-216, und in Works II (*The Meaning of Truth*, Cambridge/London 1975), S. 99-116 (editorische Vorlage: Textversion aus *The Meaning of Truth*, 1909).

8. »Die Philosophie und ihre Kritiker«. Posthum unter dem Titel »Philosophy and Its Critics« erschienen in: William James, *Some Problems of Philosophy. A Beginning of an Introduction to Philosophy*, London/New York 1911, S. 3-28. Wiederabgedruckt in Works VII (*Some Problems of Philosophy*, Cambridge/London 1979), S. 9-20.

Namenregister*

Alexander, H. B. 7
Allen, G. W. *157*
Anaxagoras 144
Aristoteles 141, 144, 146, 151
Avenarius, R. *178*
Ayer, A. J. *171*

Baldwin, J. M. 7, 44, 141
Bawden, H. H. 7
Bergson, H. 93, *171*
Berkeley, G. 12, 30, 48 f., 92
Boole, G. 102, *191 f.*
Bowen, Ch. 142
Boyle, R. 149
Bradley, F. H. 39, 61 f., 67-75, 85 f., 92 f., 96

Caesar, J. 105
Cassirer, E. *191*
Clifford, W. K. 44
Comte, A. 146 f.

Dalton, J. 149
Demokrit 12, 144
Descartes, R. 23, 145, 149-151, 159, *159*
Dewey, J. 35, 56, 86, 88, 90, 96, 115, 133, *184 f.*
Diaz-Bone, R. *167*
Drobisch, M. W. *160*
Duclaux, E. 100

Eliot, Ch. W. *156*
Eliot, G. 106
Empedokles 144
Eucken, R. 101
Evans, E. G. *171*

Fechner, G. T. 84, *159 f.*
Flournoy, Th. *170 f.*
Frazer, J. G. 148

Gale, R. M. *171*
Galilei, G. 149 f., *158 f.*, *162 f.*, *165 f.*, *168*
Gardiner, H. N. *156*
Glüer, K. *180*

Harper, Th. M. 144
Harvey, W. 149, *162*
Haye, T. D. 18
Hegel, G. W. F. 67, 125
Heraklit 144
Herbart, J. F. 67, *159*
Hertz, H. 93
Hingst, K.-M. *190*
Hobbes, Th. *162*
Hobhouse, L. T. 68
Hodder, A. L. 18, 68
Hodgson, S. H. 21, 32, 82, *167*
Höffding, H. 83
Holt, H. *158*, *160 f.*, *163*
Hume, D. 29 f., 64, 145
Husserl, E. *180 f.*
Huyghens, Chr. 149
Huxley, Th. H. 149

James, H. *156*
Jastrow, J. 148
Jevons, F. B. 148
Jevons, W. S. 102

* Die kursivierten Einträge beziehen sich auf das Nachwort von Claus Langbehn.

Kant, I. 7, 27, 119, 145 f.
Kepler, J. 149
Kersting, W. *162*
Kierkegaard, S. 83
King, I. 7
Kopernikus, N. 149

Ladd, G. T. 11
Lamberth, D. C. *165 f.*, *178*
Lavoisier, A. L. *165*
Leibniz, G. W. 145
Leroy, E. 93
Lewes, G. H. 146, 148
Locke, J. 12, 104, 145
Lotze, H. 39, 48, 101
Lovejoy, A. O. 148

Mach, E. 93, *181*
Marett, R. R. 148
Mead, G. H. *191*
Milhaud, G. 93
Mill, J. 30
Mill, J. S. 30, 48, 92
Miller, D. S. 36
Moore, G. E. 10
Moses 105
Münsterberg, H. 7, 16 f.
Mulford, P. 148
Myers, G. E. *171*

Natorp, P. 7, 10
Newton, I. 149, *159 f.*

Oehler, K. *184*
Ostwald, W. 93

Pape, H. *191 f.*
Parmenides 144
Pascal, B. 149
Paulsen, Fr. 146
Peirce, Ch. S. 85, *184*, *191 f.*
Perry, R. B. 7, 20, *169-171*
Pythagoras 144
Platon 141, 144
Poincaré, H. 93
Prince, M. 55 f.
Pringle-Pattison, A. S. 68
Putnam, H. *157*, *170*

Rehmke, J. 7
Rickaby, J. 144
Royce, J. 18, 75, 93, 96
Russell, B. *184*

Schalk, H. *191*
Schiller, F. C. S. 56, 68, 86, 90, 115, 119, 121, 133, 136 f., *184 f.*
Schopenhauer, A. 152
Schubert, K. *167*
Schubert-Soldern, R. v. 7
Schuhmann, K. *180*
Schuppe, E. J. W. 7
Shakespeare, W. 142
Simmel, G. 93
Sommer, M. *181*
Spencer, H. 23, 101 f., 145, 153
Spir, A. 67
Stöckl, A. 140
Stout, G. F. 68, 85, 121 f.
Strong, C. A. 21, 36, 55 f.
Suárez, F. 145

Taine, H. A. 17 f., 40
Taylor, E. *169*
Taylor, A. E. 70, 96, 109
Tennyson, A. Lord 87
Thales 144
Thomas von Aquin 144
Torricelli, E. 149

Voltaire, F. M. 149, 152

Wallace, W. 125
Ward, J. 7, 151

Whewells, W. 148
Wilbois, J. 93
Wolff, Chr. 145
Wozniak, R. H. *169*
Wundt, W. *159*

›Pragmatismus‹ im Suhrkamp Verlag Eine Auswahl

John Dewey

- Erfahrung, Erkenntnis und Wert. Herausgegeben und übersetzt von Martin Suhr. stw 1647. 468 Seiten
- Erfahrung und Natur. Übersetzt von Martin Suhr. 480 Seiten. Gebunden
- Kunst als Erfahrung. Übersetzt von Christa Velten und Dieter Sulzer. 411 Seiten. Kartoniert. stw 703. 416 Seiten
- Logik. Die Theorie der Forschung. Übersetzt von Martin Suhr. 636 Seiten. Gebunden
- Philosophie und Zivilisation. Übersetzt von Martin Suhr. stw 1674. 324 Seiten
- Die Suche nach Gewißheit. Eine Untersuchung des Verhältnisses von Erkenntnis und Handeln. Übersetzt von Martin Suhr. Leinen und stw 1527. 319 Seiten

Philosophie der Demokratie. Beiträge zum Werk von John Dewey. Herausgegeben und eingeleitet von Hans Joas. stw 1485. 371 Seiten

George Herbert Mead

- Geist, Identität und Gesellschaft. Aus der Sicht des Sozialbehaviorismus. Übersetzt von Ulf Pacher. stw 28. 456 Seiten
- Gesammelte Aufsätze. Band 1. Herausgegeben von Hans Joas. Übersetzt von Klaus Laermann u. a. 476 Seiten. Leinen. stw 678. 475 Seiten
- Gesammelte Aufsätze. Band 2. Herausgegeben von Hans Joas. Übersetzt von Hans Günter Holl, Klaus Laermann u. a. 485 Seiten. Leinen. stw 679. 484 Seiten

NF 110/1/4.05

Charles W. Morris
- Pragmatische Semiotik und Handlungstheorie. Herausgegeben von Achim Eschbach. Übersetzt von Achim und Stefan Eschbach. stw 179. 423 Seiten
- Symbolik und Realität. Herausgegeben und übersetzt von Achim Eschbach. stw 342. 367 Seiten

Helmut Pape. Erfahrung und Wirklichkeit als Zeichenprozeß. Charles S. Peirce' Entwurf einer Spekulativen Grammatik des Seins. 530 Seiten. Kartoniert

Helmut Pape (Hg.). Kreativität und Logik. Charles S. Peirce und das philosophische Problem des Neuen. stw 1110. 361 Seiten

Charles Sanders Peirce
- Naturordnung und Zeichenprozeß. Schriften über Semiotik und Naturphilosophie. Herausgegeben von Helmut Pape. Übersetzt von Bertram Kienzle. stw 912. 484 Seiten
- Phänomen und Logik der Zeichen. Herausgegeben und übersetzt von Helmut Pape. stw 425. 182 Seiten
- Semiotische Schriften. Band I-III. Herausgegeben und übersetzt von Christian J. W. Kloesel und Helmut Pape. stw 1480-1482. 1445 Seiten. Auch einzeln lieferbar
- Das Denken und die Logik des Universums. Die Vorlesungen der Cambridge Conferences von 1898. Mit einem Anhang unveröffentlichter Manuskripte. Übersetzt von Helmut Pape. 412 Seiten. Gebunden

NF 110/2/4.05

Zu Charles Sanders Peirce

Gerhard Schönrich. Zeichenhandeln. Untersuchungen zum Begriff einer semiotischen Vernunft im Ausgang von Charles Sanders Peirce. 450 Seiten. Gebunden

Die Welt als Zeichen und Hypothese. Perspektiven der Peirceschen Semiotik. Herausgegeben von Uwe Wirth. stw 1479. 456 Seiten

NF 110/3/4.05